W0192865

JOHN ROSS
BARBARA McKINNEY

Hunde
verstehen und richtig erziehen

JOHN ROSS
BARBARA McKINNEY

Hunde
verstehen und
richtig
erziehen

FRANCKH-KOSMOS

Aus dem Amerikanischen übersetzt von Eva-Maria Krämer.

Titel der Originalausgabe:»Dog Talk – Training Your Dog Through a
Canine Point of View«, erschienen bei St. Martin's Press, New York 1992,
ISBN 0-312-07726-2. Copyright © John Ross und Barbara McKinney, 1992.

Mit 106 Schwarzweiß-Fotos von James Parker und Cathrin Cammett.

Umschlaggestaltung von Atelier Reichert, Stuttgart, unter Verwendung
zweier Farbaufnahmen von Eva-Maria-Krämer.

*Dieses Buch ist meinen Eltern, Jean und Joseph Ross, meiner
Großmutter Rose Torcaso gewidmet, die mich so viele Jahre lang
moralisch und finanziell unterstützten und mir damit erlaubten,
eine Laufbahn einzuschlagen, die ich liebe. Ohne sie gäbe es dieses
Buch nicht.*

J. R.

Im Gedenken an meine Mutter.

B. M.

Die Deutsche Bibliothek – CIP-Einheitsaufnahme

Ross, John:
Hunde verstehen und richtig erziehen / John Ross; Barbara
McKinney. [Aus dem Amerikan. übers. vom Eva-Maria Krämer.
Mit Schwarzweiß-Fotos von James Parker und Cathrin
Cammett.] – Stuttgart: Franckh-Kosmos, 1994
 Einheitssacht.: Dog talk ‹dt.›
 ISBN 3-440-06671-1
NE: McKinney, Barbara:

Für die deutschsprachige Ausgabe:
© 1994, Franckh-Kosmos Verlags-GmbH & Co., Stuttgart
Alle Rechte vorbehalten
Lektorat: Angela Wolf
Herstellung: Kirsten Raue
ISBN 3-440-06671-1
Printed in Germany / Imprimé en Allemagne
Satz: G. Müller, Heilbronn
Druck und Binden: Westermann Druck Zwickau GmbH

Inhalt

5

Notiz für die Leser
Die Informationen in diesem Buch sollen dem Hundebesitzer bei
der Erziehung und im Umgang mit dem Hund helfen. Da alle Hunde
unterschiedliches Temperament besitzen, können die Ergebnisse
aufgrund der Empfehlungen dieses Buches variieren. Die Techniken
sollen human und mit großer Sorgfalt angewandt werden. Die Autoren entschuldigen keine Maßnahmen oder übernehmen die Verantwortung für jegliche Härte bei der Ausbildung, die einem Hund
schaden können.

Vorwort

Ich frage mich manchmal, wie Menschen überhaupt ohne die Freude an einem angenehmen vierbeinigen Gefährten leben können. Wahrscheinlich, weil mir Hunde selbst so viel Spaß machen. Ihre Anhänglichkeit und Spielfreude erinnern mich immer wieder daran, welch wahrer Schatz ein guter Hund ist.

Der Schlüssel zu solch einer wundervollen Beziehung ist das angenehme Benehmen des Hundes. Ein unerzogener Hund hat weniger Freiheit, und Ihr Vergnügen ist geschmälert. Ganz offen gesprochen: Ein unerzogener Hund ist eine Plage. Das Geheimnis ist, den Hund zu verstehen, damit man der Besitzer wird, den der Hund respektiert und liebt. Nur dann bekommt man einen Gefährten, auf den man stolz sein kann.

Als Gründerin und Direktorin des »Camp auf den Hund gekommen«, einem Sommerlager für Hundehalter, hatte ich Gelegenheit, viele Hundeausbilder kennenzulernen. John Ross ist ein echter Glücksgriff. Ich stellte ihn ein, um eine auf den Hausgenossen ausgerichtete Erziehung zu vermitteln, und meine »Camper« aus allen Teilen der USA waren von ihm begeistert. Sie mochten ihn gern, genossen die Unterrichtsstunden in vollen Zügen und konnten nachvollziehen, was er ihnen beibrachte. Sie konnten das Gelernte in alltäglichen Situationen mit gutem Erfolg anwenden. Sie hatten nie zuvor einen Ausbilder wie ihn angetroffen.

Dem kann ich nur zustimmen! Johns Liebe zu Menschen und Hunden ist nicht zu übersehen bei allem, was er tut. Seine Einstellung zur Erziehung aus der Sicht des Hundes macht Sinn.

Ich habe auch das Vergnügen, John und Barbara ganz persönlich zu kennen. Sie lieben und verwöhnen ihre Hunde. Ich erinnere mich immer wieder gerne daran, wie John seinem Hund Byron beibrachte, Mais vom Kolben zu essen. Keine Gewaltakte – Liebe, Humor und mit dem Hund »reden«. Das ist sein Geheimnis.

Genießen Sie dieses Buch. Es wird Sie überraschen, zum Lachen bringen und Ihnen zeigen, wie man den Hund zu dem Hausgenossen erzieht, den man sich immer wünschte.

Honey Loring, M. A. Ed.
Gründerin und Direktorin des »Camp auf den Hund gekommen«
Putney, Vermont, USA

Danksagungen

Besonderer Dank gilt Chuck Noonan, D. V. M., und Chris Benyei, D. V. M., für ihre jahrelange Unterstützung und Ermutigung; Brian Silverlieb, D. V. M., für seine stete Hilfe und dafür, daß wir sein wundervolles Anwesen für die Fotos benutzen durften; Al Reuben für seine Freundschaft und Hilfe, dieses Projekt zu starten; Bob Weil, unserem großartigen Herausgeber, für seine Fachkenntnis und sein Vertrauen in unsere Idee sowie Jocelyn Sandor, James Parker und Cathrin Cammett für ihr künstlerisches Talent.

Wir danken ebenfalls Joyce Jaskula, Ted Godfrey, Cork und Glin für ihre Gastlichkeit, Freundschaft und die herrlichen Abenteuer; Richard, Gail und P. J. Stieglitz für ihre Freundschaft und moralische Unterstützung; der Brotherhood of Thieves für die Mahlzeiten und dem Atlantic Cafe für Apfelstrudel und Eiscreme. Dank an Jim Dasbach, D. V. M., John Rae, D. V. M., Judy Clarkson und die gesamte Belegschaft der Nantucket MSPCA Tierklinik sowie an Ann Van Arsdale und ihre großartigen Hunde.

Von John: Besonders danke ich Carolyn Stauffer, die mir meinen ersten Hund Jason verkaufte, und Travis McGee, Jimmy Buffett und Captain Augustus McCrae für die Inspiration, meinen eigenen Weg zu gehen. Von Barbara: Herzlichen Dank an Julie Starkweather, die mir zeigte, wieviel Freude es macht, mit Hunden zu leben. Dank ebenfalls an Jeff LaCroix, D. V. M., der sich stets Zeit genommen hat, mir hundemedizinische Dinge zu erklären.

In besonderer Liebe an Hunde, die uns begleiteten: Jason, der Irish Setter, Jena, die Deutsch Kurzhaar-Hündin, Woody, der Golden Retriever, Joslyn, der Großpudel, und Michelle, der Zwergpudel, der Kaninchen und Eisbären jagte.

Besonderer Dank gilt unseren Schülern und ihren Hunden für die Bereitschaft, die HUNDESPRACHE-Ausbildungsmethoden vorzuführen: Jordana Bloom mit Remington und Riley (Jack Russell Terrier), Cathrin Cammet mit Barclay (Dalmatiner), Debbie Corcione mit Joshua (Husky-Schäferhund-Mix), Carolyn Crabtree mit Shannon (Terrier-Mix), Susan Dale mit Raven, Brucie und Scruffy (drei großartige Mischlinge), Karen DiMargo mit Sam (Cairn Terrier), Cheryl Dixon mit Owen (Welsh Springer Spaniel), Rich Duncan mit Whitnall (gelber Labrador Retriever), Martha Ewbank mit Winston (Schäferhund-Mix), Michael Feely mit Casey (Cocker Spaniel),

Rose Fogelman mit Turbo (Tervueren), Robin Henner mit Max (Bouvier des Flandres), Stephen Herman mit Holly (Golden Retriever), Judith Hibbard mit Murphy (Irish Setter), Susan Hubregsen mit Captain (Australian Shepherd), Beverly Kessler mit Buddy (Lakeland Terrier), Carol Martin mit Spencer (Old English Sheepdog), Barbara und Mindee Reuben mit Sneakers (Golden Retriever), Bill und Lori Streaman mit Casey (Beagle), Pamela Wienski mit C. B. (Bermuda Fox Terrier), Edward Wienski mit Molly, dem fliegenden Eichhörnchen (auch bekannt als Mini-Bermuda Fox-Terrier), Barbara Yarbrough mit Janus (American Foxhound).

Einleitung

Wohlerzogene Hunde sind kein Wunderwerk. Sie sind das Ergebnis einer Investition ihres Besitzers – eine Investition an Zeit, Geduld und einem bewährten Erziehungsprogramm. Wenn Sie bereit sind, ein wenig Zeit zu opfern und Geduld aufzubringen, dann haben Sie alles, was Sie brauchen.

HUNDESPRACHE wird das Zusammenleben mit Ihrem Hund verändern. Das Buch läßt Sie Ihren Hund mit anderen Augen sehen. Es zeigt Ihnen, warum die Erziehung das Beste ist, das Sie Ihrem Hund antun können – insbesondere dem Familienhund. Es wird Sie überraschen, denn die HUNDESPRACHE-Erziehung macht Spaß.

Der Schwerpunkt von HUNDESPRACHE ist es, den Junghund zu einem wohlerzogenen erwachsenen Hund heranwachsen zu lassen. Unerwünschtes Verhalten in den ersten beiden prägenden Jahren des Hundelebens zu vermeiden, ist viel einfacher, als schlechte Angewohnheiten nach Jahren zu korrigieren. Aber die Erziehungsmethoden von HUNDESPRACHE können bei Hunden jeden Alters angewendet werden. An unserem Training nahmen schon zehn Jahre alte Hunde mit erstaunlichem Erfolg teil.

Ob Sie gerade einen Welpen bekommen haben, einen zügellosen Junghund oder einen unerzogenen mittelalten Hund besitzen, Sie können sofort damit beginnen, sein Verhalten zu verbessern. Durch die Ausbildung wird die Lebensqualität Ihres Hundes verbessert. Und als Folge davon die Ihre ebenfalls!

Ehe Sie mit der Erziehung beginnen

Wie spricht man mit dem Hund?

Mit einem gut erzogenen Hund lebt man bis zu 15 Jahre zusammen, man liebt ihn und hat Freude an ihm. Einen solchen Hund kann man überall hin mitnehmen und hat ihn jederzeit unter Kontrolle. Ein gut erzogener Hund belästigt weder seine Familie noch Gäste noch die Nachbarschaft. (Der Einfachheit halber benutzen wir für den Hund die männliche Form. Die Autoren sprechen übrigens im Namen von John Ross. Das Wort »ich« bezieht sich auf John Ross.) Die Erziehungsmethoden in HUNDESPRACHE sind auf den Haus- und Familienhund ausgerichtet. Die Übungen helfen Ihnen, Ihrem Hund zu zeigen, wie er ein wohlerzogener Hausgenosse wird. Wenn Sie die Übungen in diesem Buch durcharbeiten, dürfen Sie einen glücklichen und gehorsamen Hausgenossen erwarten.

Die Übungen in HUNDESPRACHE sind nicht gedacht für hundesportliche Zwecke. Ich lege keinen Wert auf militärisch exakte Ausführung. Darauf zu bestehen, daß ein Hund unbedingt korrekt vorsitzt, um eine Prüfung zu bestehen, bedeutet für den Hund Streß. Meiner Meinung nach nimmt es der Ausbildung das Vergnügen. HUNDESPRACHE zielt auf eine fröhliche Einstellung eines aufmerksamen Hundes, der gerne mitmacht.

Die Philosophie der HUNDESPRACHE-Erziehungsmethode

Eine vernünftige Philosophie hinter der Erziehungsmethode ist Voraussetzung für jede gute Hundeausbildung. Sie setzt den Rahmen für die Übungen und weist Richtlinien für den täglichen Umgang mit dem Hund aus. Ehe Sie sich mit diesem Buch an die Arbeit machen, sollten Sie meine Einstellung kennenlernen.

Die Philosophie von HUNDESPRACHE beruht auf gesundem Menschenverstand und gründlicher Kenntnis von Hunden. Ich habe viele Jahre damit zugebracht, Erfahrung in der Hundeausbildung zu sammeln und dieses Programm zu entwickeln. Ich höre immer wieder von Leuten, die mein Programm absolviert haben: »Es macht so viel Sinn!«

Kurz gesagt, meine Einstellung ist die Erziehung aus der Sicht des Hundes. Das wurde sogar das Motto meiner Hundeschule. Warum? Ganz einfach: Ich weiß nicht, ob Ihr Hund glaubt, ein Mensch zu sein – oder ob er Sie für einen Hund hält. Aber ich bin überzeugt davon, daß er der Meinung ist, ein Wesen zu sein wie Sie.

Leider kann ein Hund nicht denken und lernen wie ein Mensch. Aber dieses Buch lehrt Sie, wie ein Hund zu denken und die Erziehung mit den Augen eines Hundes zu sehen. Nur wenn Sie auf der Basis des Hundeverständnisses erziehen, kann ein Hund verstehen, was Sie wollen.

Ein weiterer Punkt ist, daß wir auf der vernünftigen Idee aufbauen, daß man einem Hund zeigen muß, was wir von ihm wollen. Wir zeigen Ihnen, die Übungen in kleine, einfache Schritte zu teilen. Erst zeigen Sie dem Hund den einfachen Schritt, dann üben Sie dies im-

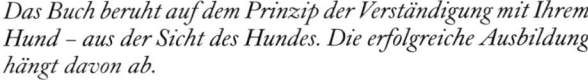

Das Buch beruht auf dem Prinzip der Verständigung mit Ihrem Hund – aus der Sicht des Hundes. Die erfolgreiche Ausbildung hängt davon ab.

mer wieder. Dann fügen Sie den nächsten einfachen Schritt hinzu, bis man das gewünschte Ergebnis erreicht. Einfache Erziehungsschritte machen es dem Hundebesitzer leicht, die Gehorsamsübungen technisch auszuführen. Einfache Schritte machen es dem Hund leichter, erfolgreich zu lernen. Ich habe festgestellt, daß Erfolg die beste Erziehungsmotivation in der Hundeerziehung ist. Je mehr Erfolg ein Hundebesitzer hat, desto lieber erzieht er seinen Hund.

Ein Hund sollte möglichst nie korrigiert werden, wenn er auf eine Übung nicht eingeht, die ihm nicht gezeigt wurde. Zu viele Ausbilder – Amateure und Professionelle – machen diesen Fehler.

Die Korrekturen, die ich unterrichte, sind niemals hart. Ich empfehle niemals, einen Hund zu schlagen, auf ihm zu knien und ihn zu würgen. Hüten Sie sich vor solchen Methoden! Es gibt absolut keinen Grund, einen Hund zu strafen, wenn man ihn erziehen will.

Sie werden lernen, Ihren Hund mit einem grollenden Laut zu korrigieren. Das ist eine der wichtigsten Ausbildungshilfen. Des weiteren brauchen wir ein Ausbildungshalsband, fälschlicherweise Würgeband genannt. Ein Ausbildungshalsband wird erst dann zum Würger, wenn es falsch angewandt wird. Sie lernen, sanften Druck auszuüben und nachzulassen und nicht daran zu zerren, was zum Würgen führt.

Ich lege großen Wert auf ausgiebiges Lob. Auch hier wird Ihre Stimme zu einem wichtigen Hilfsmittel. Freundliches Tätscheln und Umarmungen sind nötig. Auch Leckerbissen sind akzeptabel, um einen Hund bei meinen Erziehungsmethoden zu motivieren. Sie gehören zu den vielen Dingen, die ich benutze, um die Aufmerksamkeit des Hundes auf mich zu lenken, um ihn zu veranlassen, ein gewisses Verhalten zu zeigen und ihn für seine Mitarbeit zu belohnen usw.

Voraussetzungen der Hundebesitzer

Zwei Voraussetzungen müssen Hundebesitzer erfüllen, um ihren Hund erfolgreich zu erziehen. Das erste ist gesunder Menschenverstand. Hundehalter, die ihn besitzen, sind anderen um Längen voraus. Wenn Sie noch nie mit einem Hund gearbeitet haben, werden Sie eine Menge gesunden Menschenverstand im Zusammenhang mit Hunden in diesem Buch finden.

Die zweite und vielleicht wichtigere Voraussetzung ist: Sie müssen Ihren Hund lieben. Einen Hund zu lieben bedeutet, daß man gerne seine Zeit mit dem Hund verbringt. Das bedeutet, den Hund als wichtiges Mitglied der Familie zu betrachten. Es bedeutet auch, sich nach bestem Wissen und Gewissen um den Hund zu kümmern, vom ersten Tag des Welpen an bis ins hohe Alter. Der Hund muß immer ganz oben auf Ihrer Prioritätenliste stehen, egal, was im Leben auch passiert. Ich bin der festen Überzeugung, daß jemand, der dieses Zugeständnis nicht machen will, keinen Hund haben sollte.

Auch Hundebesitzer, die klar denken und ihren Hund lieben, machen Fehler bei der Erziehung. Ein üblicher Fehler ist ziellose Ausbildung; ein weiterer ist Unkenntnis der Erziehungsmethoden, die sich als wirksam erwiesen haben. Dieses Buch gibt dem Hundebesitzer praktische Ratschläge zum Hundeverhalten, zu erprobten Ausbildungsmethoden und ein Schritt-für-Schritt-Übungsprogramm.

Was dieses Buch nicht ist

Das Buch ist kein Zauberstab. Man kann es nicht über dem Kopf des Hundes schwingen und erwarten, daß er über Nacht ein wohlerzogener Hausgenosse wird. Wäre es nicht herrlich, wenn es so etwas gäbe? Leider gibt es in der Hundeerziehung keine Zauberkräfte. Die Zeit und der Aufwand, den man aufbringen muß, entsprechen genau dem Stand des Gehorsams und der Zuverlässigkeit, die Ihr Hund zu geben im Stande ist.

Dieses Buch ist nicht voller kluger Sprüche. Einige Autoren von Erziehungsbüchern behaupten, daß sie keine Hunde erziehen, sondern die Hunde lehren, wie sie zu denken haben. Dann bieten sie die übliche Reizauslöse- und Befriedigungstechnik an, wie jedes andere Buch auch. Andere Bücher sind nichts weiter als eine Sammlung nutzloser Spielereien, die von Leuten zusammengetragen wurden, die selbst wenig Erfahrung in der Hundeausbildung besitzen. HUNDESPRACHE ist kein Laienwerk, sondern beruht auf vielen Jahren erfolgreicher Ausbildung für Begleithunde.

Sie werden auch keine Namen hochgeschätzter Persönlichkeiten finden, obwohl ich mit international bekannten Leuten zusammengearbeitet habe. Wieviel haben sie erreicht? Nicht mehr und nicht weniger als meine Kunden – Hausfrauen, Direktoren, Lehrer, Künstler und Briefträger. Gefeierte Persönlichkeiten haben keine besonderen Fähigkeiten bei der Hundeerziehung. Sie zu meinen Kunden zu zählen, bringt mich als Trainer nicht weiter. Wenn Sie sich mehr davon beeindrucken ließen, wenn ich hie und da einen wichtigen Namen einfließen ließe, ist dies nicht das richtige Buch für Sie!

Wieder andere Bücher sagen Ihnen: »Lieben Sie Ihren Hund, das reicht. Sie brauchen Ihren Hund *nie* zu korrigieren.« Liebe ist genauso wichtig bei der erfolgreichen Erziehung wie Korrektur – wenn sie fair angewandt wird. Wenn Sie die Ausbildung aus der Sicht eines Hundes betrachten, dann werden Sie feststellen, daß der Rudelführer einer Wolfsmeute Ordnung und Harmonie nicht durch Zuneigung erreicht. Es gibt Gelegenheiten, bei denen ein gezieltes Grollen oder ein Biß nötig sind.

Einige Trainer behaupten, sie könnten Wunder mit dem Hund vollführen und ihn in 30 Minuten erziehen. Kann irgend jemand ein Kind in 30 Minuten zu einem verantwortungsbewußten Erwachsenen erziehen? Hundeerziehung braucht Zeit! Wenn es leicht wäre, hätte jeder einen wohlerzogenen Hund, und Millionen von Hunden würden nicht ausgesetzt, in Tierheime abgeschoben oder gar getötet.

Sie sind der Ausbilder

Es gibt einen letzten, aber sehr wichtigen Aspekt des HUNDESPRACHE-Programms: Ich rate dringend, daß die Hundebesitzer selbst ihren Hund erziehen. Wenn ich Gruppen unterrichte, trage ich oft ein T-Shirt mit der Aufschrift: »Ich gebe die Hinweise, Sie sind der Ausbilder.« Das sagt alles.

Ich empfinde so aus verschiedenen Gründen. Ich habe jahrelange Erfahrung in beiden Formen der Hundeerziehung: Hundebesitzer, die ihre eigenen Hunde erziehen, und solche, die ihre Hunde von einem professionellen Ausbilder erziehen lassen. Ich habe festgestellt, daß die besten Ergebnisse erzielt werden, wenn die Besitzer lernen, ihre Hunde selbst zu erziehen, indem sie sich nach den Vorgaben eines bewährten Ausbildungsprogramms richten.

Ich könnte zwar eine Menge Geld verdienen, wenn ich die Leute dazu überredete, mir ihre Hunde zur Erziehung zu überlassen. Ich tue es aber nicht. Ich glaube wirklich, daß es auf lange Sicht nichts nützt, wenn man seinen Hund durch andere Menschen erziehen läßt. Man erreicht nur, daß der Hund diesem Ausbilder gehorcht. Hunde gehorchen nur zuverlässig dem, der sie erzogen hat. Wenn Sie wollen, daß Ihr Hund auf Sie hört, dann müssen *Sie* ihn erziehen.

Des weiteren bringen Sie dem Hund während des Zusammenlebens bei der Erziehung auch bei, sich in Ihr Leben einzufügen. Wenn man den Hund zur Ausbildung verschickt, dann lebt er meist im Zwinger. Selbst wenn ein Ausbilder täglich eine ganze Stunde mit dem Hund arbeitet, was tut er in den restlichen 23 Stunden? Er steckt vermutlich in einem Käfig oder im Auslauf eines Zwingers. Er lernt ganz sicher nicht, mit Ihnen umzugehen.

Wenn Ihr Hund in Ihr Leben passen soll, dann bilden Sie ihn selbst aus. Benutzen Sie das Schritt-für-Schritt-Programm dieses Buches. Folgen Sie den Anweisungen zur Erziehung der guten Manieren im täglichen Leben. Ganz wichtig: Lesen Sie die Kapitel über Hundeverhalten, und lernen Sie, wie man den Hund aus der Sicht des Hundes erzieht. Mit etwas Zeit, Geduld und Aufwand können Sie mehr erreichen als jeder Ausbilder. Denn Sie benutzen HUNDESPRACHE, um eine Beziehung zwischen dem Hund und der wichtigsten Person in seinem Leben – Ihnen – zu knüpfen.

Soll ich mit meinem Hund an einer Ausbildung teilnehmen?

Ich erhalte häufig Anrufe von Leuten, die ihren Hund gerne erziehen möchten, aber nicht sicher sind, ob die angebotenen Ausbildungskurse das richtige für sie sind. Hier sind einige der Fragen, die diese Leute beschäftigen. Vielleicht haben Sie sich diese Fragen auch schon gestellt.

»Ich habe Schreckensgeschichten über brutale Trainer gehört, die die Hunde würgen und die Besitzer anbrüllen. Muß ich das bei einer Hundeausbildung hinnehmen?«

Es ist kein Platz für geistige oder körperliche Härte in der Hundeerziehung. Ein qualifizierter Trainer hat es nicht nötig, einen Hund aufzuhängen, zu schlagen oder sich auf ihn zu knien, um Ergebnisse zu erzielen. Diese Techniken werden nur von Menschen angewandt, die nicht wissen, was sie tun. Qualifizierte Trainer verstehen ihr Geschäft. Ihre Aufgabe ist es, ihren Schülern Sachkenntnis und ein gutes Erziehungsprogramm zu vermitteln. Ihre Aufgabe ist es nicht, Menschen zu unterdrücken und zu beschämen.

Jeder gute Trainer braucht Erfahrung, aber Jahre machen niemanden kompetent. Ob ein Trainer Hunde nun seit vier Jahren oder vier Jahrzehnten ausbildet, er oder sie hat die Verantwortung, Menschen zu helfen, nicht sie zu belästigen. Ein guter Trainer bietet ein Programm, das Spaß macht und produktive Erfahrung für Hund und Besitzer vermittelt. (Siehe auch Seite 226, »Wie finde ich einen qualifizierten Ausbilder?«).

»Wäre es meinem Hund lieber, nicht ausgebildet zu werden?« Ich kann es Ihnen nicht sagen. Ich bin sicher, viele Hunde täten lieber, wonach ihnen gerade der Sinn steht. Ich habe einen Hund namens Drifter, der am liebsten den ganzen Tag seinen eigenen Geschäften nachginge. Wenn es nach ihm ginge, würde er in der Nachbarschaft herumstromern, Autos jagen, Mülltonnen ausräumen und Kinder von den Fahrrädern holen. Aber ich hindere ihn zu seiner eigenen Sicherheit daran, denn ich liebe ihn. Ich möchte ihn so lange wie möglich bei mir haben.

Ich weiß, daß Hunde ein Ausbildungsprogramm lieben können. Drifter z. B. ist begeistert, wenn ich mit ihm übe, und er macht seine Sache gut. Es liegt daran, daß die Arbeit für ihn eine lustvolle Erfahrung ist.

Leider wird mein Hund nie verstehen, *warum* ich ihn erziehe. Aber ich weiß es. Die Ausbildung bietet ihm nicht nur Sicherheit, sondern er kann dadurch sein Leben besser genießen. Wenn Drifter nicht sofort käme, wenn ich ihn rufe, dann wäre es vorbei mit den täglichen Ausflügen am Strand. Wenn er nicht bei Fuß gehen könnte, könnte ich ihn nicht mit in die Stadt nehmen. Kämen Besucher, würde er ins Schlafzimmer oder in die Garage verbannt, hätte er nicht gelernt, zuverlässig abzuliegen. Mein Hund begleitet mich jedes Jahr im Urlaub, denn ich weiß, daß er das Hotelzimmer nicht auseinandernimmt. Dies sind nur ein paar Dinge im Leben, die mein Hund mit mir genießen kann, weil er eine Gehorsamsausbildung genossen hat.

»Entspricht eine Ausbildung der Natur des Hundes?« In gewissem Sinn ja. Erziehung ist sehr natürlich. Es ist natürlich für einen Hund, sein Gehirn anzustrengen und Anweisungen des Rudelführers zu folgen. Zugegeben, einige Dinge, die wir unseren Hunden beibringen, würde er in der Wildnis nie brauchen. Aber wilde Hunde leben nicht in Häusern, fahren nicht im Auto und werden auch nicht allabendlich gefüttert.

In vieler Hinsicht sind Hunde ihren wilden Vettern, den Wölfen, sehr ähnlich, aber der Hauptunterschied ist, daß sie nicht wild sind. Sie sind domestizierte Kreaturen, die vom Menschen abhängig sind. Ein Hund, der aus der Sicht eines Hundes erzogen wurde – indem man gesunden Menschenverstand benutzt –, ist wesensmäßig ausgeglichen und ein zufriedenes Tier.

Auch Hunde sind Gewohnheitstiere. Sie streben Strukturen in ihrem Leben an. Ausbildung bietet nicht nur solche Strukturen, sondern sie gibt dem Hund Anregung. Wenn ein Hund weiß, was passiert, und eine Aufgabe hat, dann ist er sehr zufrieden. Ein im Hinterhof angeketteter Hund, der unzureichend bewegt wird und dem es an Zuwendung fehlt – weil er nicht gehorcht –, ist ein armes Tier, das in einer unnatürlichen Umgebung lebt.

Bricht die Ausbildung die Lebensfreude meines Hundes? Nur brutales Training kann einen Hund brechen. Verständnisvolle Erziehung ist gesund für die geistige Entwicklung und fördert sein Selbstvertrauen.

Leider sind Hunde solch widerstandsfähige Wesen, daß es schwer ist, mit schlimmen Ausbildungsmethoden ihren Geist zu brechen. Jedoch sind einige Hunde sehr sensibel – ebenso wie Menschen. Diese leiden am meisten unter schlechten Ausbildern. Auch wenn die meisten Hunde nicht übersensibel sind, muß ein Besitzer sorgfältig abwägen, welcher Art des Trainings und des Trainers er sich und seinen Hund aussetzen will.

Sollte nur ein Familienmitglied den Hund erziehen? Keineswegs. Jeder, dem der Hund gehorchen soll, muß mit ihm arbeiten. Ein Hund ist kein Computer, der darauf programmiert wird, jedem zu gehorchen. Hunde folgen nur dem, der sie erzieht. Wenn dies nur eine Person in der Familie tut, dann wird der Hund nur dieser Person zuverlässig gehorchen.

Gleichermaßen kann niemand Ihre Ausbildung ungeschehen machen. Wenn Sie den Hund ausbilden, formen Sie eine Beziehung durch Verständigung mit dem Hund. Niemand kann das für Sie tun (deshalb empfehle ich den Besitzern, die Hunde selbst auszubilden). Wenn Sie Ausdauer beweisen und richtig üben, dann wird Ihnen der Hund gehorchen – auch wenn andere Familienmitglieder falsch an die Sache herangehen.

Wenn Ihr Hund allen Familienmitgliedern gehorchen soll, zeigen Sie jedem einzelnen, wie man die Übungen durchführt. Lassen Sie jeden mit dem Hund üben. Es ist ebenso wichtig, daß jedes Familienmitglied den Hund davon überzeugt, daß es im Rang, in der »Hackordnung des Rudels«, höher steht als er (siehe auch Seite 47, »Rudelführer«). Denken Sie bitte daran, daß Kinder unter acht Jahren keine wirksamen Ausbilder sind. Kinder zwischen acht und 16 sollten bei der Ausbildung helfen, solange sie unter der Aufsicht von Erwachsenen stehen.

Die Ausbildung ist für jeden da

Mittlerweile ist Ihnen sicherlich aufgefallen, wie sehr ich die Ausbildung für alle Hunde empfehle. Aber Hundeausbildung ist harte Arbeit. Man braucht Zeit, Geduld und Fachkenntnis. Wie ich schon sagte: Wenn Hundeerziehung leicht wäre, hätte jeder einen wohlerzogenen Hund. Aber die meisten Hunde sind es nicht. Und weil viele Menschen es zu schwierig oder zu unbequem finden, ihre Hunde zu erziehen, werden viele Hunde ausgesetzt, in Tierheime abgeschoben oder getötet.

Wenn ich nicht überzeugt wäre, daß die HUNDESPRACHE-Erziehung das Leben meiner Hunde wesentlich angenehmer gestaltete, dann würde ich sie ihnen nicht zumuten. Ich finde es viel amüsanter, mit meinen Hunden Frisbee zu spielen oder schwimmen zu gehen, anstatt Bei-Fuß-Gehen zu üben und das Herankommen zu vervollkommnen. Aber da ich weiß, daß ein wohlerzogener Hund ein glücklicher Hund ist, mache ich aus der Erziehung einen Spaß, indem ich sie abwechslungsreich und interessant gestalte. Meine Stimmung ist immer freundlich und begeistert, wenn ich mit meinen Hunden arbeite.

Denken Sie an Ihre Schulzeit: Gute Lehrer versuchen es genauso. Sie versuchen, ihren Schülern zu helfen, Freude am Lesen, Schreiben und Rechnen zu haben. Dennoch wäre selbst der beste Schüler lieber am Strand, auf dem Rummelplatz oder hörte Musik, als im Klassenzimmer zu sitzen. Aber niemand wird in Abrede stellen, daß eine gute Schulbildung das Leben wesentlich angenehmer zu gestalten hilft.

Das gilt ebenso für die Hunde. Der erzogene Hund kann Dinge erleben, die dem unerzogenen Hund vorenthalten bleiben. Ich halte es für unsere Aufgabe, wenn wir einen Welpen aufziehen, ihm zu helfen, das beste und schönste Leben zu genießen, das wir ihm bieten können. Gutes Gehorsamstraining ist der einzige Weg dahin.

Wie Hunde denken und lernen

Hunde lernen durch Verhaltensabläufe. Wenn sich ein Verhalten als angenehm erweist, wiederholen sie es. Wenn ein Verhalten Unbehagen auslöst, vermeiden Hunde dieses Verhalten. Wenn sie eine bestimmte Verhaltensweise x-mal wiederholen, entsteht daraus eine Gewohnheit oder eine konditionierte Reaktion. Eine konditionierte Reaktion ist eine dauerhafte Reaktion, die ein Tier zeigt, wenn ein entsprechender Auslösemechanismus erfolgt.

Menschen zeigen täglich konditionierte Reaktionen. Ein Beispiel: Sie lesen ein Buch, und das Telefon klingelt. Das Klingelgeräusch ist ein Signal. Ihre konditionierte Reaktion ist das Aufheben des Telefonhörers und die Nennung Ihres Namens. Oder Sie fahren auf eine rote Ampel zu. Das rote Licht ist ein Signal. Ihre konditionierte Reaktion ist es, das Auto abzubremsen. Sie zeigen auch konditioniertes Vermeideverhalten, wenn Sie sich beispielsweise hüten, einen heißen Ofen zu berühren. Wenn Sie sich ein-, zweimal verbrannt haben, lernen Sie, die Hände wegzulassen.

Ein erzogener Hund zeigt viele konditionierte Reaktionen auf bestimmte Sginale. Das Wort »Sitz« ist eines. Der ausgebildete Hund setzt sein Hinterteil auf den Boden, wenn er es hört. Auf das Kommando »Bleib« hin zeigt der Hund ein konditioniertes Vermeideverhalten gegenüber dem Weglaufen. Er reagiert deshalb so, weil er, wann immer er sich fortbewegte, vom Ausbilder ein hartes »Nhaa« hörte. Schnell lernt der Hund stillzusitzen, wenn »Bleib« ertönt.

Ein Hund kann auch konditioniertes Verhalten zeigen, das man ihm gar nicht beibringen wollte. Ein Beispiel: Jeden Nachmittag nehmen Sie das Frisbee und gehen mit dem Hund hinaus zum Spielen. Nach einigen Tagen oder Wochen bemerken Sie, daß der Hund, wann immer Sie das Frisbee aufnehmen, vor lauter Vorfreude zur Tür rennt. Das Aufnehmen des Frisbees wurde für ihn zum Signal. Das Laufen zur Tür ist die konditionierte Reaktion.

Der Hund kann sich ebenso konditioniertes Vermeideverhalten beibringen. Wenn er sich die neugierige Nase an der Backofentür verbrennt, wird er künftig die Ofentür meiden.

Das Erreichen einer konditionierten Reaktion

Wie kann man eine konditionierte Reaktion beim Hund erreichen? Es ist wichtig, das Verhalten ständig zu wiederholen. Hunde entwickeln selten eine konditionierte Reaktion ohne zahlreiche Wiederholungen. Aber wie viele sind nötig? Das hängt von einigen Dingen ab. Ein Faktor ist, ob die Erfahrung bei dem Verhalten angenehm oder unangenehm war. Ein weiterer ist, inwieweit das Verhalten dem Instinktverhalten der speziellen Rasse entgegenkommt. Ein verspielter Hund mit starkem Apportier- und Hetztrieb wird sehr schnell lernen, mit einem Frisbee umzugehen.

Andere Faktoren, die beeinflussen, wie schnell ein Hund eine konditionierte Reaktion aufbaut, sind seine Intelligenz, körperliche und geistige Gesundheit und seine physische Gleichmut.

Dieser Ausdruck bedarf der Erläuterung. Auslesezucht hat im Laufe vieler Jahre bei den verschiedenen Rassen unterschiedliche Erbanlagen entwickelt. Einige verstärken vorhandene Instinkte, z. B. Jagen und Apportieren. Andere betreffen äußere Merkmale, z. B. die rotbraune Fellfarbe beim Irish Setter.

Eine Erbanlage, die insbesondere das Lernen beeinflußt, ist die Gleichmut; man könnte sie auch Schmerztoleranz nennen. Ein gutes Beispiel dafür ist der Springer Spaniel, der Dorngestrüpp durchdringen muß, um Fasane aufzustöbern. Ihm machen die Dornen nichts aus, er scheint sie nicht einmal zu bemerken. Solch ein Hund lernt das Stöbern im Dorngestrüpp sehr viel schneller als ein schmerzempfindlicher Hund, der Angst vor dem Pieksen hat.

Wir kommen zu einem wichtigen Punkt: Wie Menschen, so lernen auch Hunde verschiedene Dinge verschieden schnell. Denken Sie bitte auch daran, daß einige Male wiederholen nicht bedeutet, daß der Hund eine konditionierte Reaktion entwickelt hat. Die meisten Gewohnheiten brauchen Tage, Wochen oder sogar Monate, um sich einzuprägen. Sie programmieren Ihre eigene Enttäuschung vor, wenn Sie glauben, ein Hund habe etwas dauerhaft gelernt, nur weil er es zwei- oder dreimal wiederholt. Helfen Sie Ihrem Hund, indem Sie den erwünschten Angewohnheiten Zeit zur Entwicklung geben. Schaffen Sie das, dann wird die Ausbildung Ihres Hundes zu einer sehr viel erfreulicheren Erfahrung für Sie beide.

Der richtige Zeitpunkt (timing)

Der richtige Zeitpunkt spielt bei der Schnelligkeit des Lernens wahrscheinlich die größte Rolle. Ich meine folgendes: Nehmen wir an, Ihr Hund schüffelt an der heißen Ofentür. Einige Sekunden später betritt er das Wohnzimmer und schaut auf den Fernseher, da fühlt er erst den brennenden Schmerz an seiner Nase. Er würde das Brennen mit dem Fernseher verknüpfen. Durch den zeitlichen Abstand würde er niemals begreifen, daß das Brennen seiner Nase auf die heiße Ofentür zurückzuführen ist.

Dieses Timing ist außerordentlich wichtig, wenn Sie dem Welpen Manieren beibringen, wie z. B. nicht am Teppich zu knabbern. Angenommen, Sie kommen, fünf Minuten nachdem der Hund aufgehört hat, am Teppich zu kauen, ins Wohnzimmer. Er schläft, und Sie zerren ihn herüber zum Teppich. Sie deuten darauf und schimpfen mit dem Hund. Ihre Reaktion kam zu spät. Der Hund wird nie verstehen, daß die unangenehme Erfahrung Ihres Verhaltens mit etwas zu tun haben könnte, das schon fünf Minuten zurückliegt.

Wenn man einen Hund erst einige Sekunden nach einer Tat für etwas bestrafen will, ist es zu spät. Er wird die Korrektur nicht mit seinem vorherigen Tun in Verbindung bringen. Wenn Sie natürlich Stunden später ins Zimmer kommen und toben wie ein Verrückter, wird sich Ihr Hund niederkauern und Unterwerfung zeigen. Mißverstehen Sie dieses Verhalten nicht als Schuldgefühl (siehe Seite 77, »Schuldig oder nicht schuldig?«). Um dem Hund zu helfen, schnell und sinnvoll zu lernen, müssen Sie ein gutes Timing entwickeln.

Was ist ein gutes Timing? Man versteht darunter Loben, wenn der Hund noch an sein Verhalten denkt. Das ist der beste Weg, damit der Hund das Lob mit der Tat verbindet, die Sie wünschen. Sie brauchen dazu kein Hundegedankenleser zu sein, um zu wissen, was Ihr Hund denkt. Hunde sind offene, ehrliche Kreaturen. Alles, was sie tun wollen, steht ihnen im Gesicht geschrieben.

Die Fähigkeit, den nächsten Schritt des Hundes vorherzusehen, nennt man »den Hund lesen«. Das ist nicht so schwer, wie es klingt. Je mehr Zeit Sie mit Ihrem Hund verbringen, desto besser können Sie ihn lesen. Stellen Sie sich folgende Situation vor: Sie erwarten Besuch und stellen eine Käseplatte auf dem Couchtisch zurecht. Ihr Hund schaut auf den Käse und geht ein paar Schritte auf den Tisch zu. Nun ist der richtige Zeitpunkt, mit »Nhaa« zu warnen. Höchstwahrscheinlich haben Sie ihn dabei ertappt, wie er über den Käse

Der ideale Zeitpunkt, einen Hund zu korrigieren, ist, wenn er daran denkt, *ein unerwünschtes Verhalten zu zeigen.*

Der nächstbeste Zeitpunkt ist, wenn der Hund gerade etwas Falsches tut.

Der schlechteste Zeitpunkt jedoch ist, wenn Sie am Ort des Geschehens ankommen und die Tat bereits begangen wurde.

nachdachte. Gut getimte Korrekturen lehren Ihren Hund, nicht zu stehlen.

Die nächstbeste Gelegenheit, einen Hund zu korrigieren, ist, wenn er ein unerwünschtes Verhalten zeigt. Bleiben wir bei unserem Beispiel: Wir geben ein hartes »Nhaa« von uns, wenn der Hund mit dem Fang nach dem Käse greift. Der schlechteste Zeitpunkt ist zehn Sekunden nach dem unerwünschten Verhalten. Den Hund anzuschreien, nachdem Sie die leere Käseplatte entdeckt haben, kann ihm nicht sinnvoll beibringen, daß er Käse gar nicht erst stehlen darf.

Als Besitzer kann man sehr leicht das Verhalten des Hundes beeinflussen, wenn man ihn genau beobachtet und sich fragt: »Möchte ich, daß der Hund dieses Verhalten sein Leben lang an den Tag legt?« Ist die Antwort ja, dann finden Sie einen Weg, der den Hund veranlaßt, dieses Verhalten zu wiederholen. Ist die Antwort nein, dann erlauben Sie ihm nicht, dieses unerwünschte Verhalten zu wiederholen. Man kann das Verhalten eines Hundes alleine durch Beobachtung formen!

Wie Hunde denken

Hunde haben ein aktives Gehirn und können über ihr Tun nachdenken. Tatsächlich erstaunt mich ihre Fähigkeit zu denken immer wieder. Ich habe viele, viele Beispiele des Hundeverhaltens beobachtet, die mich davon überzeugten, daß Hunde denken und Vernunft beweisen. Ich glaube nicht, daß sie die gleichen Fähigkeiten wie ein Mensch besitzen, aber ich glaube, daß in ihren Köpfen etwas vorgeht. Denken Sie über folgende Geschichten nach!

Byron ist ein schwarzer Labrador, der Quietschtiere, echte Knochen, Tennisbälle etc. liebt. Noch im Alter von sieben Jahren vergnügt er sich im Bällchenbringen oder beim Benagen seiner Spielsachen, die in einem großen Korb im Wohnzimmer aufbewahrt werden. Oft geht er zum Korb und wühlt eine Weile darin herum. Er sucht etwas Bestimmtes. Einmal ist es der quietschende Gorilla, das nächstemal ein neuer, orangefarbener Tennisball, wieder ein anderes Mal ein Knochen.

Es erstaunt mich immer wieder, daß er nach dem quietschenden Gorilla sucht, wenn ihm danach ist, und sich nicht mit der quietschenden Schildkröte oder dem Schweinchen zufriedengibt. Er will den alten, zerfransten Tennisball nicht, wenn er den neuen sucht. Am bemerkenswertesten ist (weil alle harten, weißen Knochen für mich gleich aussehen), wenn er minutenlang nach einem ganz bestimmten Knochen sucht, auf den er gerade Appetit hat.

Ein bestimmter Denkvorgang veranlaßt ihn, zum Korb zu gehen. Er hatte etwas ganz Bestimmtes vor Augen, als er darin herumfischte, bis er fand, was er suchte. Was waren seine Gedanken? Wir werden es nie wissen. Wenn ich drei Wünsche offen hätte, dann wäre einer, einen Tag lang Hund zu sein, um zu wissen, was in einem Hundekopf vorgeht. (Ich möchte klarstellen, daß ein Hund zu sein der *dritte* meiner drei Wünsche wäre. Im Lotto zu gewinnen und auf einer tropischen Insel zu leben, wären der erste und der zweite!) Ihr Verhalten zeigt deutlich, daß sie sich etwas denken.

Nun zur nächsten Geschichte: Mein Hund Drifter liebt es, die Katzenfutterschüssel zu leeren. Als Welpe hat er es oft versucht. Ich grollte dann »Nhaa«. Die ersten paarmal ignorierte er dies, ich wurde lauter und bestimmter: »Nnhhaaa«, unterstützt durch ein kräftiges Schütteln am Kragen. Nach einigen derartigen Korrekturen mied er die Katzenschüssel … wenn ich daneben stand. War ich nicht im Zimmer, fraß er sie leer. Da ich keinen sinnvollen Weg fand, meinen kleinen Gremlin auf humane Weise zu korrigieren, beschloß ich, das Umfeld zu ändern.

Damals lebte ich in einem Haus mit mehreren Ebenen. Ich verlegte das Speisezimmer der Katze nach unten in unser Wohnzimmer und hielt die Tür zwischen den Etagen verschlossen. Wollte der Kater fressen, miaute er an der Tür. Wenn er wieder herauf wollte, kratzte er an der Tür. Solange ich nicht darauf konditioniert war, die Wohnzimmertür verschlossen zu halten, stahl Drifter das Katzenfutter. Ich brauchte etwa eine Woche, bis ich die Tür automatisch zumachte. Das System schien richtig zu sein – wenigstens eine Zeitlang.

Am Ende der Treppe unten neben dem Wohnzimmer war die Waschküche. Während ich bei offener Tür die Wäsche machte, beobachtete ich Drifter viele Male, wie er auf Zehenspitzen die Treppe herunterschlich und versuchte, sich an mir vorbeizumogeln. Wenn er merkte, daß ich ihn gesehen hatte, machte er kehrt und rannte die Treppe rauf. Manchmal kam ich aus der Waschküche hoch und suchte meinen entzückenden kleinen Welpen. Ich rief ihn beim Namen, ohne Reaktion. Mein kleiner Sofawolf hatte es geschafft, an mir vorbeizuhuschen und das Katzenfutter zu fressen. Nun war er unten hinter der verschlossenen Tür eingesperrt.

Es gehörte mehr dazu als nur Konditionieren. Es gab Denkprozesse. Aber im Gegensatz zum Menschen können sich Hunde nicht überlegen, was in der Folge geschehen wird. Das ist der wesentliche

Unterschied. Ich glaube nicht, daß Drifter so dachte: »Oh, wie schön, es ist Freitag, Waschtag! Heute nachmittag, wenn der Boss in die Waschküche geht, dann werde ich über das Katzenfutter herfallen!« Aber sobald sich die Gelegenheit ergab, fingen bei Drifter die Räder an zu rollen.

Vergessen Sie nie, daß Hunde die größten Opportunisten der Welt sind! Das ist insbesondere wichtig, wenn man dem Hund Hausmanieren beibringen will. Der Hund kann nicht denken: »Ich fresse diesen Teppich besser nicht an, denn Frauchen kommt in zwei Stunden zurück und wird mich strafen.« Der Hund lernt nur ein Verhalten zu unterlassen, wenn das Verhalten unmittelbar mit einer unangenehmen Erfahrung zusammentrifft.

Andererseits haben Hunde ein großartiges Gedächtnis. Eine unerfreuliche Begebenheit kann das künftige Verhalten eines Hundes stark beeinflussen. Er erinnert sich an gestern, als er die fremde Katze beschnüffelte und eine schmerzhafte Ohrfeige erntete. Er wird es wohl nie wieder wagen.

Ein Hund kann ein Verhalten wiederholen, das nur uns unangenehm erscheint. Es ist wichtig, das Verhalten genau zu analysieren und zu wissen, was der Hund mit seinen Aktionen erreicht. Ein Hund jagt immer wieder ein Stachelschwein. Der offensichtliche Schmerz, den er dabei erleidet, läßt uns rätseln, warum er es wohl immer wieder tut. Wenn das Vergnügen der Hatz und des Zweikampfs den Schmerz durch die Stacheln überwiegt, dann wird er weiter jagen. Die Hunde wählen stets die für sie angenehmste Möglichkeit.

Hunde haben keine moralischen Vorstellungen von Gut und Böse wie Menschen. Menschen wissen, daß es nicht gut ist, zu töten, zu stehlen, zu lügen usw. Wir wissen, daß es gut ist, einem Freund zu helfen, Kranke zu pflegen, Schulden zu bezahlen. Hunde wissen nicht, daß es falsch ist, auf den Perserteppich zu pinkeln oder das Katzenfutter zu fressen. Sie wissen nicht, daß es gut ist, auf Kommando zu sitzen oder auf Ruf zu kommen.

Sie wissen nur, daß alles gut ist, was gut schmeckt, gut riecht oder angenehm für sie ist, während sie etwas tun. Schmeckt etwas schlecht, riecht unangenehm und tut weh, während sie etwas tun, dann vermeidet man dieses Tun besser. Das sind die Moralbegriffe des Hundeverhaltens. Der einzige Weg, das Verhalten Ihres Hundes zu formen (d. h. ihn zu erziehen) ist, ein Verhalten angenehm (durch Lob) oder unangenehm (durch Korrektur) zu gestalten, während der Hund das Verhalten ausübt.

Ein vollkommener Hund?

Wie schon besprochen, beruht hundliches Lernen größtenteils auf Wiederholung. Wenn ein Verhalten oft genug wiederholt wird, entwickelt der Hund daraus eine Gewohnheit oder konditionierte Reaktion. Vorausgesetzt, diese Angewohnheiten sind erwünscht – wie sich draußen lösen, auf Ruf kommen, auf Kommando abzuliegen und zu bleiben usw. –, haben Sie Ihr Ziel erreicht: einen gehorsamen Hund. Es funktioniert, weil ein Hund ein Gewohnheitstier ist. Wenn Sie erst einmal eine Routine verschiedener Signale und konditionierter Reaktionen festgelegt haben (Sitz, Platz, Bleib), dann wird der Hund jedesmal genau das tun, was Sie ihm sagen. Richtig? Falsch!

Keine konditionierte Reaktion ist unfehlbar. Wesen mit ausgebildetem Gehirn können denken. Sie können sich gegen die Konditionierung sträuben. Sie können auch Fehler machen. Denken Sie dabei an zwei Ihrer eigenen konditionierten Reaktionen. Sie haben sich angewöhnt, beim Klingeln des Telefons den Hörer abzunehmen und sich zu melden. Aber heute wollen Sie nicht an den Apparat gehen. Das Telefon klingelt, aber Sie lesen weiter Ihr Buch. Sie wissen, daß Sie normalerweise ans Telefon gehen, aber Sie haben sich entschlossen, dies heute nicht zu tun.

Sie haben sich ebenso angewöhnt, bei roter Ampel das Auto abzubremsen. Aber eines Tages sind Sie müde oder abgelenkt und rollen auf die Kreuzung. Auch die erfahrensten Fahrer machen gelegentlich solche Fehler.

Genauso wird der besterzogene Hund eine Konditionierung ablehnen oder Fehler machen. Darum dürfen Sie das Erlernte nicht als Garantie nehmen. Verlassen Sie sich niemals auf eine konditionierte Reaktion in gefährlichen Situationen! Ich würde nie auch den gehorsamsten Hund an einer belebten Straße ableinen. Ein Fehler könnte zur Verletzung oder gar zum Tode des Hundes führen.

Man muß die konditionierten Reaktionen immer wieder üben und festigen. Natürlich wird der Hund immer zuverlässiger gehorchen, je öfter und intensiver Sie mit ihm üben. Erfolgreiche Menschen, vom Berufstennisspieler bis zur Typistin, brauchen Übung, um in Topform zu bleiben – aus dem einfachen Grund, weil alles Können der ständigen Auffrischung bedarf.

Wenn Sie glauben, nun einen gehorsamen Hund zu haben, üben Sie weiter mit ihm, wenn auch nur gelegentlich. Es macht Ihnen und dem Hund Spaß. Und es verstärkt die erwünschten Verhaltensweisen Ihres Hundes, für die Sie so hart gearbeitet haben. Sie können eher auf die Zuverlässigkeit Ihres Hundes in Notsituationen, z.B. »Steh, bleib« in der Tierarztpraxis, rechnen. Der Hund ist selbstsicherer, wenn er etwas tut, das er kennt – und wofür er sich ein Lob verdienen kann.

Die Entwicklung vom Welpen zum Althund

Welpen durchlaufen ähnliche Entwicklungsphasen wie Kinder. Auf manche Art machen sie sehr ähnliche Erfahrungen. Im Laufe des folgenden Kapitels werden Sie sehen, wie vieles wir Menschen mit den Hunden in unserer Entwicklung gemeinsam haben.

Obwohl die Gemeinsamkeiten zwischen Welpen und Kindern interessant und lehrreich sind, sind dies keine Parallelen der Intelligenz, sondern der Reifeprozesse. Kinder können unendlich viel mehr Dinge im gleichen Entwicklungsstadium als ein Hund tun, z.B. lesen, schreiben, sprechen. Wenn Sie das im Auge behalten, werden Sie die Parallelen zwischen Kindern und Welpen sehr aufschlußreich finden.

»Man muß die Kindheit durchleben«

Kinder aufzuziehen, erfordert Zeit und Aufwand. Manche Eltern leisten wundervolle Arbeit. Aber wie gut sie auch sein mögen – es gibt keinen Weg, die Entwicklungsphasen eines Kindes zu umgehen. Man kann ein zweijähriges Kind nicht dazu bringen, sich wie ein fünfjähriges zu benehmen. Ein Zwölfjähriges kann die Lebenserfahrung und das herangereifte Verhalten eines Zwanzigjährigen nicht zeigen. Trotzdem lassen gute Eltern ihre Kinder nicht unbeachtet und warten lediglich darauf, daß sie erwachsen werden. Statt dessen beginnen gute Eltern, ihren Kindern schon im Krabbelalter etwas beizubringen, so daß sie, wenn sie erwachsen werden, schon gewisse Gewohnheiten haben. Nur die Zeit und ständige Beobachtung der Eltern machen die Kinder zu reifen, respektierten und wohlerzogenen Erwachsenen.

Das gilt auch für Welpen. Die ideale Zeit, um mit der Erziehung zu beginnen, liegt bei sieben Wochen. Doch noch soviel Zeit und Aufwand an Erziehung machen aus einem Welpen über Nacht keinen wohlerzogenen, erwachsenen Hund. Um das zu erreichen, muß der Besitzer viel Zeit aufwenden, um den Hund stetig zu erziehen.

Ich bekomme regelmäßig Anrufe von frustrierten Welpenbesitzern. Meist verläuft ein solches Gespräch so: »Ich bin mit Rover zum Welpentraining gegangen, als er zehn Wochen alt war. Ich habe beinahe täglich mit ihm gearbeitet. Nun ist er $5\frac{1}{2}$ Monate alt und noch immer voller Energie. Er hört mir nicht immer zu und befolgt meine Kommandos nicht sofort.«

Meine Antwort ist ebenfalls immer die: »Natürlich sprüht er voller Energie; er ist ein Junghund! Wenn ein Hund Kommandos zuverlässig befolgt, bedeutet das, daß sie ihm zur Gewohnheit wurden. Der Hund folgt beinahe automatisch dem Hörzeichen. Ihr Hund ist erst $5\frac{1}{2}$ Monate alt. Er ist noch gar nicht lange genug auf der Welt, um solche Gewohnheiten angenommen zu haben.«

Die Besitzer müssen die Junghundzeit durchmachen. Es gibt keine Möglichkeit, sie zu umgehen. Zwei Dinge sind entscheidend bei der Erziehung zum gehorsamen Hund: Die eine ist, den Welpen aufwachsen zu lassen. Die andere ist, daran zu arbeiten, Gewohnheiten durch wiederholtes Üben zu festigen. Obwohl das Durchleben der Jugend eines Hundes oft mühsam ist, kann das Wissen um die Entwicklungsphasen den Frust etwas mildern. Nun folgt eine kurze Beschreibung dessen, was in den einzelnen Phasen auf Sie zukommt.

Geburt bis drei Wochen

Das erste Entwicklungsstadium Ihres Hundes beginnt mit der Geburt und endet mit der dritten Woche. In dieser Zeit kann der Welpe kein Verhalten erlernen. Seine Hauptfunktionen sind trinken, schlafen und sich lösen. Die Mutter kümmert sich um alle Bedürfnisse des Welpen. Zwischen dem 10. und 14. Tag öffnen sich die Augen, und die Ohren beginnen zu hören. Obwohl Augen und Ohren dann offen sind, sind Seh- und Hörvermögen noch sehr begrenzt.

Drei bis sieben Wochen

Ein wichtiges Entwicklungsstadium liegt zwischen der dritten und der siebten Woche. Ab der dritten Woche wird das Seh- und Hörvermögen täglich besser. Die Welpen beginnen herumzukriechen und werden sich allmählich ihrer Umgebung bewußt.

Am wichtigsten ist nun die Eigenschaft des Welpen, lernen zu können. Die Erfahrungen und erlernten Verhaltensweisen beeinflussen nun das weitere Leben des Welpen. In diesem Stadium lernen die Welpen die Regeln innerhalb des Rudels. Im Instinkt des Hundes liegt es, ein Meutetier zu sein, aber die Regeln innerhalb einer Meute müssen erlernt werden.

Diese Rudelgesetze lernt der Welpe im Umgang mit seinen Geschwistern und der Mutter. Die Welpen kämpfen miteinander und bekauen sich. Sie experimentieren mit Über- und Unterlegenheit. In der siebten Woche kann ein erfahrener Züchter die Rangordnung unter den Welpen erkennen. Er kann Ihnen genau sagen, welchen Platz ein bestimmter Welpe im Rudel hat. Auch wenn sich diese Rolle von Tag zu Tag ändert, weiß der Züchter, wer der Meuteführer ist. Dieser Welpe knurrt am lautesten und beißt am häufigsten. Er oder sie ist immer zuerst am Futter und herrscht die meiste Zeit über die Wurfgeschwister.

Ich fragte einmal eine befreundete hervorragende und erfahrene Züchterin von Labrador Retrievern, welches Geschlecht der Meuteführer meistens hat. Sie sagte, es ist entweder der größte Rüde oder die Hündin mit dem größten Maul! Wer immer auch der Meuteführer unter den Welpen ist, die Führungsrolle der Mutter wird nie in Frage gestellt. Sie übt Disziplin über die ganze Meute aus.

Hier, gemeinsam mit der Mutter und den Wurfgeschwistern, lernt der Welpe das Geben und Nehmen in einem Rudel. Welpen lernen, sich einem Ranghöheren zu unterwerfen. Wenn sie auf rangniedere Welpen stoßen, können sie diese rumschubsen und dominieren.

Sieben Wochen bis sechs Monate

Sieben Wochen ist das ideale Alter, um den Wurf zu verlassen und zu seinen neuen Menschen zu kommen. Da der Welpe Sie für seinesgleichen hält, betrachtet er die Familie als neue Meute. Er benutzt

Dieser verschwommene Fleck ist ein Welpe! Welpenspinnen gehört zum Erwachsenwerden des Hundes.

die gleichen Techniken, die er in seiner alten Meute gelernt hat, auch in seiner neuen. Er tut das, um festzustellen, welche Rolle in der Rangordnung des Haushaltes er einnimmt. Dies ist der Zeitpunkt, in dem Sie sich als neuer Rudelführer des Welpen qualifizieren müssen. Der Erfolg jeglicher Gehorsamserziehung beruht hierauf (siehe Seite 47, »Rudelführer«).

Von der körperlichen Entwicklung her kann man den sieben Wochen alten Welpen mit einem Kleinkind vergleichen. Der sieben Wochen alte Welpe ist sehr abhängig von Ihnen. Wenn Sie z. B. mit ihm einen Spaziergang machen, bleibt er dicht bei Ihnen. Wenn er besonders kühn ist, entfernt er sich vielleicht ein paar Schritte. Wenn Sie sich hinhocken, in die Hände klatschen und Lockrufe ausstoßen, macht auch der tapferste Welpe auf dem Absatz kehrt und kommt zu Ihnen zurück. In diesem Alter bleibt der Welpe instinktiv in der Nähe des Rudelführers.

Wie Kinder werden Welpen mit zunehmendem Alter unabhängiger. Bei Welpen geht das sehr schnell. Die Unabhängigkeitsphase beginnt im Alter von vier Monaten. Einige Verhaltensforscher bezeichnen sie als Fluchtinstinktperiode.

In dieser Zeit höre ich von Welpenbesitzern: »Mein Welpe war so gehorsam. Ich ließ ihn auf den Hof, und er rannte nie weg. Wenn ich ihn jetzt rauslasse, finde ich ihn auf dem Nachbargrundstück drei Häuser weiter wieder. Warum tut er das?«

Bis zu vier Monaten blieb der Welpe instinktiv bei der »Wurfhöhle«, dem Haus. Dann auf einmal ist die große, schreckliche Welt gar nicht mehr so furchterregend. Der Welpe nimmt einen Geruch auf und zieht los. Man muß den Welpen in diesem Alter unbedingt stets im Auge behalten. Lassen Sie keinesfalls schlechtes oder gar gefährliches Verhalten, z. B. das Verlassen des Grundstücks, zur Gewohnheit werden.

Vor dem Alter von vier Monaten entwickeln Welpen nur geringe Zerstörungswut. Dann jedoch beginnen die Milchzähne auszufallen und die bleibenden Zähne nachzuwachsen. Nun beginnt das lästige Beknabbern. Welpen versuchen in diesem Stadium an alles heranzukommen. Deshalb muß man sie im Haus sorgfältig beobachten. Dies ist auch wichtig, um die Erziehung zur Stubenreinheit fortzusetzen (siehe Seite 206).

Die ideale Zeit, um mit der eigentlichen Gehorsamsausbildung zu beginnen, liegt bei vier Monaten. Die Ausbildung gibt Ihnen eine gewisse Kontrollmöglichkeit über den Hund, die wiederum ein Formen der Verhaltensweisen erlaubt. Beides brauchen Sie, um mit der Selbständigkeitsphase fertig zu werden. (Es ist jedoch nie zu spät. Wenn Sie einen älteren Hund bekommen, fangen Sie sofort mit der Ausbildung an.)

Eine weitere Entwicklungsphase beginnt mit dem vierten Monat, die wir »Welpen-Spinnen« nennen. Auch andere Hundeleute sprachen von diesen »Ausrastern«. Der Welpe rennt im Kreis herum, springt über Möbel, saust unter den Tisch, um Bäume, den Garten auf und ab usw. Manchmal knurrt er dabei, und das Nackenfell sträubt sich. Genausogut kann er die Rute einklemmen, oder er schüttelt sein Spielzeug. Wenn ein Hundebesitzer dies zum erstenmal beobachtet, hält er seinen Hund für verrückt. Verzweifeln Sie nicht, das ist ganz normaler Welpenübermut. Solange er die Einrichtung nicht zerlegt, schaue ich einfach zu und lasse ihn toben. Es macht mir sogar Spaß, weil ich sehe, daß der Hund selbst begeistert ist. Versuchen Sie ihn nicht zu bremsen. Mit dem Erwachsenwerden hören diese Phasen allmählich auf.

Sechs Monate bis ein Jahr

Sechs Monate alte Welpen kann man etwa mit fünf oder sechs Jahre alten Kindern vergleichen. Diese Junghunde haben *sehr viel* Energie. Je mehr Sie sie physisch ermüden können, desto leichter läßt sich mit ihnen leben. Nun müssen Sie mit einem grollenden »Nhaa« schon die Aufmerksamkeit des Hundes erregen.

Welpen kauen an allem. Man muß sie ständig beaufsichtigen.

Mit sechs Monaten sind alle Milchzähne ausgefallen und die bleibenden Zähne nachgewachsen. Doch noch immer hat der Hund einen starken Zwang zum Nagen, denn die neuen Zähne bewegen sich noch im Kiefer, bevor sie sich an ihrem richtigen Platz festigen. Auch in diesem Alter ist sorgfältige Überwachung notwendig. Geben Sie dem Hund brauchbare Dinge zum Kauen. (Ein alter Schuh oder Handschuhe sind ungeeignet – es sei denn, daß es Ihnen nichts ausmacht, wenn auch neue dran glauben müssen. Hunde kennen keinen Unterschied.) Ist der Hund ein Jahr alt, haben die Zähne ihre bleibende Lage erreicht, und der Kauzwang läßt erheblich nach. Allerdings kann das unerwünschte Beknabbern anhalten, wenn Sie zulassen, daß sich eine Gewohnheit daraus entwickelt.

In diesem Zeitraum geht die Entwicklung rasch voran. Nun sind tägliche Übungen unerläßlich. Wie ich schon sagte, bilden Hunde Gewohnheiten durch ständiges Wiederholen bestimmter Verhaltensweisen aus. Diejenigen, die Ihr erwachsener Hund zuverlässig beherrschen soll, müssen in diesem Stadium eingeprägt werden.

Ein bis zwei Jahre

Der einjährige Hund befindet sich im vergleichbaren Entwicklungsstadium eines 13jährigen Menschen. Hunde sind in diesem Alter ruhiger und weniger nervenaufreibend als mit einem halben Jahr. Wenigstens braucht man sie nicht mehr auf Schritt und Tritt zu beobachten. Trotz der fortgeschrittenen Reife haben sie noch ihre verrückten Momente. Sie sind Teenager! Sie wollen noch immer spielen, gelegentlich bricht das »Welpen-Spinnen« wieder durch. Viel Auslauf und tägliche Übungen formen das beste Verhalten dieses jugendlichen Hundes.

Die meisten Hunde haben im Alter von zwei Jahren ihre Persönlichkeit vollständig ausgebildet. Wie Menschen, wachsen auch Hunde unterschiedlich schnell heran. Manche Rassen scheinen sich langsamer zu entwickeln als andere, z. B. der Bichon Frisé oder der Pudel.

Im Alter von zwei Jahren können unterschwellige Verhaltensweisen des Welpen verstärkt auftreten. Für den unerfahrenen Hundebesitzer treten diese unerwünschten Verhaltensweisen vollkommen unerwartet auf. Ein Beispiel: Der zweijährige Hund beißt plötzlich den Teenager-Sohn der Familie, als dieser den Hund vom Sofa schieben will. Die entsetzten Besitzer rufen mich an und sagen den berühmten Satz: »Das hat er noch nie gemacht!«

Beim Nachhaken erfahre ich, daß der Hund schon Arme und Hände in den Fang genommen hat. »Aber er hat doch nur gespielt«, erklärt man mir. Dann erfahre ich, daß der Hund beim Krallenschneiden brummte. »Das tut er nur, weil er sich nicht gerne die Pfoten anfassen läßt«, lautet die Entschuldigung. »Hat er jemals zuvor gebissen?« frage ich. »Ja, er hat ein paarmal geschnappt, wenn wir ihm seine Büffelhautknochen abnehmen wollten. Aber gebissen hat er uns nie. Wir haben ihm dann keine Kauknochen mehr gegeben, deshalb trat das Problem nicht mehr auf.«

Der erfahrene Hundehalter hätte bemerkt, daß der Hund alle Anzeichen dafür zeigte, daß er später beißen würde. Es gibt im allgemeinen beim Welpen immer unterschwellige Anzeichen für potentielle Verhaltensprobleme beim erwachsenen Hund. Sie sind lediglich weniger ausgeprägt, solange der Hund seine eigene Persönlichkeit nicht gefestigt hat. Es liegt an den Besitzern, unerwünschtes Welpenverhalten zu unterbinden, damit sie später mit dem erwachsenen Hund keine Schwierigkeiten bekommen.

Zwei Jahre und älter

Ich glaube nicht an das Sprichwort: »Man bringt einem alten Hund keine neuen Tricks mehr bei.« Es gibt kein Alter beim Hund, in dem das Gehirn »dichtmacht« und keine neuen Informationen mehr verarbeiten kann. Aber natürlich ist die Ausbildung bei einem zwei-jährigen Hund mit entwickelter Persönlichkeit schwieriger. Sehr viel schwieriger (wenn nicht unmöglich) ist es, wenn der Hund erst einmal die Rolle des Rudelführers in der Familie übernommen hat (siehe Seite 47, »Rudelführer«).

Auch wenn Sie einem alten Hund neue Tricks beibringen können, ist es immer schwieriger, schlechte Angewohnheiten abzugewöhnen. Hunde sind Routinewesen. Haben sie einmal eine Angewohnheit angenommen, setzt sie sich fest. Halten Sie sich an folgende

Brucie gehört zu den älteren Mitbürgern, die gerne neue Tricks lernen. Kein Hund, der Sie als Rudelführer akzeptiert, ist zu alt zum Lernen.

Faustregel: Erstens: Hindern Sie den Hund daran, das unerwünschte Verhalten zu wiederholen. Zweitens: Ersetzen Sie die unerwünschte Handlung durch eine erwünschte. Drittens: Der Hund muß die neue, erwünschte Handlung ständig so lange wiederholen, wie er die alte zeigte.

Ein Beispiel: Ihr Hund kaut am Teppich, sobald Sie ihn alleine lassen. Er tut das schon seit drei Jahren. Um den Teppich zu schonen, sperren Sie den Hund in eine Hundebox, wenn Sie nicht länger als vier Stunden ausgehen. (Müssen Sie länger weg, muß jemand den Hund herauslassen, sonst führt das zum Mißbrauch der Box.) Damit unterbinden Sie das unerwünschte Verhalten. In der Box hat der Hund zwei Möglichkeiten: Er kaut an seinen Spielsachen, die Sie ihm mitgegeben haben, oder er schläft. Dies sind nun die Ersatzhandlungen für das Teppichfressen.

Theoretisch dauert es drei Jahre (gleiche Zeit) des Wiederholens dieser Ersatzhandlung, ehe man den Hund unbeaufsichtigt alleine lassen kann, ohne befürchten zu müssen, daß er wieder am Teppich nagt. Aber Theorie ist nicht immer Praxis. Der Neuprägeprozeß kann schneller oder langsamer vonstatten gehen als diese Faustregel. Ich glaube jedoch nicht, daß es möglich ist, ein eingeprägtes Verhalten jemals vollkommen aus dem Gehirn des Hundes auszulöschen. Bestenfalls kann man das unerwünschte Verhalten mindern. Hat sich eine Angewohnheit erst einmal festgesetzt, dann bringt man den Hund nie mehr zum Ausgangspunkt zurück. Ich brauche deshalb nicht extra zu betonen, daß Ausbildung sehr viel sinnvoller beim jungen Hund ist, ehe Sie sich mit schlechten Angewohnheiten herumschlagen müssen.

Alter

Verschiedene Rassen haben eine unterschiedliche Lebenserwartung. Tierärzte berichten von Toy Pudeln, die 18 Jahre alt werden. Deutsche Doggen und andere Großrassen leben manchmal nur acht Jahre. Die durchschnittliche Lebenserwartung eines Hundes liegt bei 14 Jahren. Beim über fünf Jahre alten Hund sind Veränderungen mehr physischer als psychischer Natur. Der Fang beginnt zu ergrauen. Ältere Hunde schlafen mehr. Obwohl alle Hunde ihr Leben lang gerne spielen, läßt die Häufigkeit der Spielphasen nach. »Welpenspinnen« tritt nur noch selten auf.

Ältere Hunde können Arthritis bekommen. Es fällt auf, wenn sich der Hund nach einem Schläfchen steif erhebt. Geht es dem Hund nicht gut, ist er nicht mehr so liebenswürdig, wie er es immer war. Manche Hunde werden im Alter richtig grimmig. Ein ganz alter Hund kann senil werden. Der 17 Jahre alte Pudel eines Bekannten vergaß beim Lösen im Hof, wo er war. Man mußte ihm den Weg zurück ins Haus zeigen.

Hunde benötigen die gleiche Behandlung und das gleiche Verständnis, das wir auch geliebten Menschen in dieser Phase ihres Lebens entgegenbringen.

Wann ist der ideale Zeitpunkt für den Beginn der Ausbildung?

Verhaltensforscher haben herausgefunden, daß die beste Lernzeit zwischen dem Alter von sechs und 16 Wochen liegt. Das bedeutet: Sobald Ihr acht Wochen alter Welpe sein neues Heim betritt, ist er bereit und begierig zu lernen. Dem Welpen fehlt hauptsächlich Erfahrung, die er im täglichen Leben gewinnt.

Wäre Ihr Hund ein wildes Tier wie der Wolf, dann würde er dem Rudel in diesem Alter zur Jagd folgen, um alle lebensnotwendigen Verhaltensweisen zu lernen, z. B. wie er Konfrontationen mit Stachelschweinen oder giftigen Schlangen umgeht oder eine Kaninchenspur aufnimmt. Es ist ihm instinktiv vorgegeben, in diesem Alter Anweisungen zu folgen.

Das gleiche gilt für den domestizierten Hund. Er lernt in dieser Zeit – ob Sie ihm nun etwas beibringen oder ob er zufällig das aufschnappt, was ihm begegnet.

Leider empfehlen noch immer viele Trainer, Züchter und Tierärzte, mit der Gehorsamsausbildung zu warten, bis der Hund sechs Monate alt ist. Bis dahin hat der Welpe seine instinktive optimale Lernphase schon überwunden und kommt in die Selbständigkeitsphase.

In der Wildnis fangen sechs Monate alte Wolfswelpen an, ohne die Aufsicht der Erwachsenen mit ihren Geschwistern die Umgebung zu erkunden. Auch Haushundwelpen werden in diesem Alter immer unabhängiger von der Sicherheit ihrer Höhle (Ihrer Wohnung) und der Führung erwachsener Rudelmitglieder (Sie und Ihre Familie).

Die zweite große Gefahr bei der Methode, den Hund erst ein halbes Jahr alt werden zu lassen, besteht darin, daß er sich unerwünschte Verhaltensweisen angewöhnt, z. B. Möbel benagen und Leute anspringen, und sie sich zu einer schlechten Angewohnheit festigen.

Ganz offensichtlich ist es zu Ihrem eigenen Vorteil, wenn Sie mit der Gehorsamsausbildung früh beginnen – selbst wenn es sich um das ganz einfache Training des jungen Hundes handelt, wie ab Seite 51 beschrieben.

Hundepersönlichkeiten und ihr Einfluß auf die Erziehungsfähigkeit

Wie beim Menschen gibt es auch bei Hunden unterschiedliche Persönlichkeiten. Wenn Sie mehr als nur ein paar Hunde in Ihrem Leben kennengelernt haben, konnten Sie das beobachten. Wie Sie an die Erziehung Ihres Hundes herangehen, sollte von seinen Persönlichkeitsmerkmalen abhängen. Ihr Erfolg hängt davon ab, wie gut Sie darauf eingehen können.

Die Persönlichkeit eines Hundes besteht aus drei Teilen. Betrachten Sie sie wie ein Spektrum. Am Ende jeden Spektrums liegen die Extreme der Persönlichkeitsmerkmale, die innerhalb des Spektrums unterschiedlich stark ausgeprägt sind.

Der erste Teil hängt mit seinem **Selbstvertrauen** zusammen. Dieses Spektrum reicht von einem aufgeschlossenen, aus sich herausgehenden Hund bis hin zur scheuen, angsterfüllten Kreatur. Der extrovertierte Hund springt bei der Begrüßung an Ihnen hoch und will Ihr Gesicht ablecken, er fordert: »Streichle mich! Streichle mich!« Der scheue Hund rennt davon und versteckt sich unter dem Tisch, sobald Sie das Haus betreten. Dort bleibt er vielleicht zitternd liegen, als ob die Welt unterginge. Manchmal bellen oder knurren solche Hunde unter Streß. Dies sind die Extreme. Wie bei jedem Spektrum zeigen Hunde dieses Verhalten unterschiedlich stark ausgeprägt.

Der zweite Teil hängt mit der **Dominanz** des Hundes zusammen. Das Spektrum reicht von sehr dominant bis sehr unterwürfig. Begegnet man einem dominanten Hund, fällt sofort die aufrechte Körperhaltung auf. Er geht bei der Begrüßung geradewegs auf Sie zu und schaut Ihnen mit gesträubtem Nackenfell ins Gesicht. Die Rute ist erhoben, die Ohren sind nach vorne gerichtet. Andere Hunde urinieren bei der Begrüßung unterwürfig. Sie rollen sich sofort auf die Seite und legen ihren Bauch bloß. Auch das sind die Extreme. Verschiedene Hunde zeigen unterschiedlich ausgeprägte Formen der Dominanz oder Unterwürfigkeit.

Der dritte Teil hängt mit der **Schmerzempfindlichkeit** zusammen. Einige Hunde sind schmerzunempfindlich. Es macht ihnen nichts aus, im Januar im eiskalten Atlantikwasser Neu-Englands zu schwimmen. Andere Hunde sind schmerzempfindlich und lernen rasch, jegliche Situationen zu vermeiden, die mit Schmerz verbunden sind. Das geht so weit, daß sie an einem kalten Morgen nicht vor die Tür gehen wollen. Wie bei den anderen beiden Teilen auch, gibt es innerhalb des Spektrums alle Varianten.

Interessanterweise sind diese drei Komponenten unabhängig voneinander. Ein scheues Tier z. B. braucht nicht unbedingt unterwürfig und schmerzempfindlich zu sein. Ein aufgeschlossener Hund ist keineswegs immer dominant und schmerzunempfindlich. Die Möglichkeiten der Kombination der drei Komponenten und ihrer unterschiedlichen Ausprägung sind unendlich.

Sneaker ist ein extrovertierter Hund, der seine Freunde stürmisch begrüßt.

Joshua, rechts, drückt durch Körperhaltung seine Überlegenheit aus. Bentley begrüßt ihn ergeben.

Die Größe des Hundes spielt keine Rolle. Ich kenne scheue Deutsche Doggen, die dominant und schmerzempfindlich sind. Ich kenne Jack Russell Terrier, die schmerzempfindlich, aufgeschlossen und unterwürfig sind. Bei den gleichen Rassen habe ich auch genau umgekehrte Verhaltensweisen angetroffen.

Es gibt nur eine Möglichkeit, die Verbindung der Komponenten vorherzusagen, nämlich die Abstammung des Hundes zu betrachten. Meiner Erfahrung nach haben Labradors meist eine hohe Schmerzgrenze. Mir scheint, daß die meisten Greyhounds schmerzempfindlich sind. Das sind die Auswirkungen der Zuchtauslese. Ich habe festgestellt, daß Huskies dominanter sind als Golden Retriever. Viele der Hütehundrassen scheinen eine Tendenz zur Scheuheit zu haben.

Obwohl viele dieser Verhaltensweisen rasseabhängig zu sein scheinen, gibt es auch innerhalb der Rassen Unterschiede, ebenso wie vollkommene Ausnahmen zur Regel. Ich kenne extrem unterwürfige Huskies und schmerzunempfindliche Greyhounds.

Persönlichkeit und Ausbildung

Für die Ausbildung müssen wir unbedingt die drei Komponenten unseres Hundes kennen. Das ist aus mehreren Gründen wichtig. Erstens gibt es Hinweise auf die Reaktion Ihres Hundes bei der Ausbildung, zweitens hilft es, die richtige Einstellung während der Übungen zu entwickeln, und drittens können Sie anhand dieser Kenntnis bestimmen, welche Trainingshilfen größeren Erfolg versprechen.

Ein Beispiel: Die Platz-bleib-Übung. Hunde mit verschiedenen Persönlichkeiten reagieren unterschiedlich. Der dominante Hund kämpft gegen diese Übung an, denn es ist die unterwürfigste Haltung des Hundes. Der unterwürfige Hund macht viel weniger Schwierigkeiten (dieser Hund verbringt die meiste Zeit auf dem Rücken in der Unterwürfigkeitshaltung). Der aufgeschlossene Hund will dauernd aufspringen, um alle Leute zu begrüßen, die hereinkommen. Das gleiche versucht der scheue Hund auch, nur will er sich unter dem Tisch verkriechen.

Wenn der Hund das Platz-bleib unterbricht, können Sie den schmerzempfindlichen Hund körperlich durch ein einziges Schütteln am Kragen korrigieren. Das überzeugt ihn liegenzubleiben. Beim schmerzunempfindlichen Hund müssen Sie diese Korrektur mehrmals vornehmen, bis er liegenbleibt. Wenn diesem Hund das Nackenschütteln nichts ausmacht, müssen Sie eventuell den Nasenbiß oder Leinenruck am Trainingshalsband anwenden (siehe Seite 69, »Belohnung und Korrektur«).

Die Persönlichkeit Ihres Hundes sollte während der Ausbildung Ihr Verhalten und Ihre Haltung beeinflussen. Ein festes, eintöniges »Nhaa« überzeugt Ihren unterwürfigen Hund liegenzubleiben, vielleicht können Sie dabei sogar im Sessel sitzenbleiben. Im Falle eines dominanten Hundes müssen Sie sich laut und drohend »Nhaa«-knurrend über dem Hund aufbauen, um ihn zu überzeugen. Die Stimme allein macht es bei ihm nicht, Sie benötigen möglicherweise die Unterstützung einer Rasselbüchse.

Die Persönlichkeit Ihres Hundes bestimmt die Auswahl der Ausbildungshilfen. Ein extrem schmerzempfindlicher und unterwürfiger Hund lernt schnell, bei Fuß zu gehen, weil er den Zug am geschnallten Lederhalsband vermeiden möchte. Bei einem weniger schmerzempfindlichen Hund, der zur Dominanz neigt, braucht man zur Erlangung des Ziels ein Kettenhalsband. Ein ausgesprochen schmerzunempfindlicher Hund reagiert nur auf das Stachelhalsband, ehe er ordentlich bei Fuß geht (siehe Seite 59, »Ausbildungs-hilfen«).

Ehe Sie mit der Ausbildung beginnen, denken Sie nach, mit welchem Hundetyp Sie es zu tun haben. Der scheue, unterwürfige Hund darf niemals brutal, grob und angsteinflößend behandelt werden. Freundliche, aber bestimmte Ausgeglichenheit braucht dieser Hund für eine erfolgreiche Erziehung. Der aufgeschlossene Hund benötigt ununterbrochene Aufmerksamkeit während des Trainings. Man muß ihm immer einen Schritt voraus sein, oder er macht ganz schnell

Casey gehorcht gerne, eine ideale Verhaltensweise für die Ausbildung.

etwas anderes. Der dominante Hund wird Sie ständig »antesten«. Seien Sie darauf vorbereitet, sobald er die ersten Anzeichen zeigt. Leider sind einigen sog. erfahrenen Ausbildern diese drei Komponenten nicht bewußt. Deshalb gehen sie oft mit der falschen Einstellung an einen Hund heran. Hunde sind Einzelwesen, jeder hat seine eigene Persönlichkeit und angeborene Überempfindlichkeit, er muß entsprechend behandelt und erzogen werden.

Welches ist der ideale Hund für die Ausbildung?

Das ist eine subjektive Sache. Eine Hundepersönlichkeit, die dem einen liegt, mag für den anderen unerträglich sein. Z.B. ist ein aggressiver, körperlich zäher Hund möglicherweise kein idealer Familienhund. Aber unter bestimmten Umständen können diese Eigenschaften vorteilhaft sein. Solch ein Hund ist wahrscheinlich ein idealer Hund für den Sicherheitsdienst beim Militär.

Die Eigenschaften, die ein Hund für seine Aufgaben braucht – schützen, apportieren oder hüten –, sind beim Familienhund möglicherweise völlig unangebracht. Dieses Buch wurde für Familienhundebesitzer geschrieben. Es sind typische Menschen mit Familien und Arbeit, die mit Nachbarn zusammenleben. Sie wollen einen zufriedenen, aufmerksamen, gut erzogenen Begleithund. Obwohl diese Auflistung noch immer etwas subjektiv ist, gibt es Verhaltensmuster, die bei einigen Hunden die Erziehung zum Familienhund erleichtern.

Der ideale Familienhund ist freundlich und aufgeschlossen (er neigt zur Extrovertiertheit), er möchte gerne gehorchen (auf der unterwürfigen Seite) und benötigt nicht viele Korrekturen (mäßig schmerzempfindlich). Wenn Sie dieses Buch lesen, ehe Sie einen Welpen kaufen, dann benutzen Sie es als Hilfe bei der Welpenauswahl.

Der Rudelführer

Um einen Hund erfolgreich auszubilden, muß man zuerst lernen, ihn auf hundlicher Basis zu unterrichten. Er kann nicht auf menschliche Weise lernen. Ihr Hund ist in erster Linie ein Canide (Gattung, zu der Wölfe, Koyoten und Dingos gehören), in zweiter Linie ein domestizierter Hund, in dritter Linie eine Rasse oder eine Mischung von Rassen und in vierter Linie Ihr geliebter Gefährte. Durch das Verständnis dieser wichtigen Unterschiede kann man den Erfolg bei der Erziehung verbessern. Ein Hund kann nur deshalb Anordnungen von Menschen befolgen, weil er instinktiv einem Rudelführer folgt.

Weil Ihr Hund ein Canide ist, besitzt er die gleichen Instinkte, Reflexe und Verhaltensweisen wie seine wilden Vettern. In der Wildnis leben Tiere wie der Wolf in Rudeln. Sie verständigen sich untereinander, um Nahrung zu finden und ihre Jungen aufzuziehen. Dieses Verhalten ist außerordentlich erfolgreich und hilft jedem einzelnen Gruppenmitglied zu überleben. In jedem Rudel gibt es einen Rudelführer, der Rest sind Mitläufer in einer bestimmten Rangfolge. Das dominanteste Tier in der Gruppe ist der Rudelführer – meist ein großer, älterer Rüde. Die Nachfolgehierarchie wird ebenfalls über die Dominanz bestimmt – und über die Unterwürfigkeit der Tiere, die niedriger in der Rangfolge stehen. Jedes Tier hat seinen bestimmten Platz im Rudel.

Für den Welpen ist Ihre Familie das neue Rudel. Tatsächlich ist sie seine zweite Rudelerfahrung. Die erste war seine Mutter mit den Geschwistern, wo er das nötige Verhalten lernte, um sich an ein Rudelleben anzupassen. In seiner ersten Rudelerfahrung war die Mutter das dominanteste Rudelmitglied, der Rudelführer. Jeder Welpe nahm einen Platz in der Rangfolge ein. Der größte, zäheste und lauteste Welpe, der am meisten knurrte und biß, wurde der »Top-Welpe«. Der unterwürfigere, der das Knurren und Beißen hinnahm, nahm einen niedrigeren Rang in der Meute ein. Der Platz eines jeden Welpen wurde dadurch bestimmt, wie dominant oder unterwürfig er war.

Wenn Ihr Welpe in sein neues Heim kommt, sucht er instinktiv seine Position im neuen Rudel. Ich weiß nicht, ob sich der Welpe für einen Menschen hält oder Menschen als Hunde betrachtet, ich bin jedoch sicher, daß der Welpe sich als Ihresgleichen betrachtet. Wenn man ihn tun läßt, was er will, übernimmt er automatisch die Rolle des Rudelführers. Im Alter von 18 Monaten bis zwei Jahren hat er seine erwachsene Persönlichkeit voll entwickelt. Wenn er sich dann immer noch für den Rudelführer hält, stehen Ihnen Verhaltensprobleme ins Haus – und eine außerordentlich schwierige Zeit der Erziehung bevor. Er wird sich Ihren Erziehungsbemühungen ebenso widersetzen wie der alte Wolf, der seine Position gegen jüngere Bewerber verteidigt – mit Knurren und Beißen. Es ist viel leichter, einen Welpen oder jungen Hund davon zu überzeugen, daß man der Boß ist, während er selbst nach seiner Position sucht, als dann, wenn er sie eingenommen hat.

Wie groß das Führungsproblem mit Ihrem Hund ist, hängt im wesentlichen von zwei Faktoren ab: 1) Wie dominant die Hunde-Persönlichkeit ist und 2) wie bestimmend Sie selbst sind. Wenn Sie von Natur aus ein bestimmendes Wesen haben und Ihr Hund von Hause aus unterwürfig ist, werden Sie nie das Problem der Rudelführung kennenlernen. Wenn Sie einen dominanten Hund besitzen und selbst unausgeglichen, nachgiebig und undiszipliniert sind, könnten Sie Schwierigkeiten bekommen, Ihrem Hund beizubringen, daß Sie der Boß sind. Er wird seine Dominanz ausspielen und mit Ihnen machen, was er will. Sie können das Problem meistern, wenn Sie bereit sind, die richtigen Techniken einer Rudelführung zu erlernen. Wenn Sie Ihrem Hund diese Führung nicht zuteil werden lassen wollen oder können – tun Sie Ihrem Hund den Gefallen und finden Sie für ihn ein gutes Heim. Kaufen Sie sich statt dessen ein Aquarium.

Wenn Sie lernen, fest und beständig, ebenso wie liebevoll und fair zu sein, dann wird Sie Ihr Hund als Rudelführer anerkennen. Niemand kann Ihnen dann Ihre Rolle als Boß nehmen, indem er dem Hund erzählt, daß Sie eigentlich ein Schwächling sind und er Ihnen doch gar nicht zu gehorchen brauchte. Die Art und Weise, wie Ihr Hund mit Ihnen umgeht, hängt unmittelbar davon ab, wie *Sie* mit ihm umgehen.

Aufgrund meiner Erfahrung in der Ausbildung fremder Hunde weiß ich, daß mich viele Hunde als Rudelführer akzeptieren, weil ich ihnen durch den Ton meiner Stimme und meine Handlungen klargemacht habe, daß ich es bin. Aber wenn solch ein Hund nach Hause kommt, testet er sofort seinen Besitzer, wo er bei ihm steht. Sofern der Besitzer nicht den richtigen Umgang gelernt hat, benimmt sich der Hund genauso ungehörig wie vor seiner Ausbildung. Man kann Hunde eben nicht wie Roboter und Computer programmieren! Der Hund reagiert auf eine Person so, wie sich die Person dem Hund darstellt.

Aus diesem Grunde halte ich es nach wie vor für die beste Ausbildungsart, wenn der Besitzer seinen Hund selbst erzieht. Das hat zwei Vorteile: 1) Der Besitzer demonstriert seine Überlegenheit als Rudelführer, indem er vom Hund verlangt, die Gehorsamsübungen durchzuführen, und 2) lernt der Hund nützliche Verhaltensweisen, die ihn zu einem angenehmeren Familienmitglied machen. Aus dieser Einstellung heraus lernt Ihr Hund leicht, Sie als Rudelführer anzunehmen.

Der Hund reagiert nicht auf alle Familienmitglieder gleich. Die Person, die die meiste Zeit damit verbringt, ihn zu erziehen, und am bestimmtesten mit ihm ist, erzielt die besten Ergebnisse. Das heißt allerdings nicht, daß ein sechsjähriges Kind den gleichen Gehorsam erwarten darf wie ein Erwachsener. Kleine Kinder können in den seltensten Fällen einen Hund davon überzeugen, daß sie dominante Familienmitglieder sind. (Aus diesem Grunde sollte man Schulkindern nicht die hauptsächliche Verantwortung für die Erziehung des Familienhundes überlassen. Erziehung ist ein Job für Teenager oder Erwachsene.) Wenn Sie als Ausbilder bemüht sind, bestimmt Ihr Erziehungsprogramm durchzuziehen, auch wenn Ihr Ehepartner und die Kinder nicht mitziehen, wird der Hund lernen, Ihnen zu gehorchen. Er wird wahrscheinlich sogar die Kommandos der anderen übergehen. Wenn Sie Ihren Hund erstmal richtig erzogen haben, kann das niemand rückgängig machen.

Um Ihre Rudelführung zu behaupten, brauchen Sie weder hart noch grausam zu sein. Wenn Sie Ihren Hund treten und schlagen, lernt er, daß Sie stärker und dominanter sind als er, aber er lernt auch, Angst vor Ihnen zu haben und Ihnen zu mißtrauen. Gleichmäßige Bestimmtheit ist sehr wichtig beim Aufbau der Rudelführung. Hündische Rudelführer sind stets von gleichbleibender Bestimmtheit und verteidigen ihre Führungsrolle, es sei denn, sie sind krank oder sterben. Die Mitläufer im Rudel wissen immer, woran sie mit ihrem Rudelführer sind. Jede Unzuverlässigkeit wird vom Hund als Schwäche ausgelegt: Sie sind nicht beständig in Ihrer Rolle als Rudelführer. Wenn Sie Schwäche zeigen, wird Ihr Hund Sie testen.

Hundeerziehung ist jedoch nicht nur Macht und Überlegenheit. Hündische Rudelführer zeigen ebenso Zuneigung gegenüber ihren Nachfolgern. Sie spielen mit Untergebenen, pflegen und lecken sie, schmiegen sich im Schlaf dicht an sie. Deshalb ist es wichtig, Ihren Hund zu streicheln und zu loben. Haben Sie ihn erst einmal überzeugt, daß er Ihnen gehorchen muß, müssen Sie ihm auch zeigen, daß Sie ihn lieben und daß Sie sich über seinen Gehorsam freuen. Lob verstärkt gutes Verhalten und ist ein notwendiger Bestandteil erfolgreicher Hundeerziehung.

Ihr Hund wird es Ihnen nie übelnehmen, daß Sie der Boß sind. Tatsächlich wird er Sie um so mehr respektieren und lieben – ebenso wie der Rudelführer in der Wildnis am meisten von allen Rudelmitgliedern geschätzt wird. Ihr Hund versteht ganz klar seine Rolle in der Meute (Ihrer Familie) und akzeptiert Ihre Führung und Ihre Anweisungen bereitwillig.

Mehr als alles andere jedoch festigt die Erziehung das Bündnis zwischen Ihnen und Ihrem Hund. Denn der Hund ist viel zufriedener und selbstsicherer, wenn er wie ein Hund und nicht wie ein Mensch erzogen wird. Einige der verstörtesten und unglücklichsten Hunde sind die, die aus anthropomorphischer oder humaner Sicht erzogen wurden. (Siehe Seite 77, »Schuldig oder nicht schuldig?«) Ihre Besitzer gehören zu den frustriertesten Menschen, die je einen Hund besessen haben.

Grundsätzliches zur Ausbildung

Ehe die eigentliche Ausbildung beginnt

Die ideale Zeit, um mit der Ausbildung des Welpen zu beginnen, ist die erste Woche in seinem neuen Heim. Mit Ausbildung meine ich keinen wettbewerbsfähigen Gehorsam, sondern die Einpassung des Welpen in sein neues Rudel (Ihre Familie) und zu lernen, sich ordentlich in der Höhle (Ihrer Wohnung) zu benehmen. Ist der Hund bei seiner Ankunft älter als vier Monate, können Sie sofort mit der eigentlichen Ausbildung beginnen. Dennoch sind die Ratschläge im folgenden Kapitel nützlich.

Ein Verhalten, das sofort nach der Ankunft erwünscht wird, ist die Stubenreinheit. Der Hund soll nicht erst eine Woche lang seine Geschäfte auf dem Teppich verrichten, ehe Sie mit der Erziehung zur Stubenreinheit beginnen. Noch ehe Sie den Welpen haben, überlegen Sie, wo er sich lösen soll. Sorgen Sie dafür, daß er diesen Platz auch vom ersten Tage an benutzt (siehe Seite 206, »Stubenreinheit und unerwünschtes Kauen«).

Lehren Sie den Welpen von Anfang an seinen Namen. Auch der sollte feststehen, ehe der Hund kommt. Benutzen Sie den Namen immer, wenn er zu Ihnen kommen soll. Hocken Sie sich hin, klatschen Sie in die Hände, und rufen Sie freudig seinen Namen, gefolgt von viel Lob, wenn er auf Sie zurennt. Das ist der Grundstock für die spätere Übung des Kommens auf Kommando.

Achten Sie darauf, den Namen des Welpen nie strafend anzuwenden. Seinen Namen zu hören, muß immer mit einer angenehmen Erfahrung verbunden sein. Sonst wird er den Unterton in Ihrer Stimme zu unterscheiden lernen und Ihren Ruf überhören.

Gewöhnung an Leine und Halsband

Man kann den Welpen schon in der ersten Woche nach seiner Ankunft an Leine und Halsband gewöhnen. Das bedeutet jedoch nicht, bei Fuß zu gehen. Der Welpe soll lediglich mit dem Gefühl von Halsband und Leine vertraut werden. Man vermeidet dadurch, daß er sich beim Beginn der Ausbildung zur Leinenführigkeit ablehnend oder ängstlich verhält.

Legen Sie dem Welpen ein leichtes Nylon- oder Lederhalsband zum Schnallen um. Es fühlt sich zunächst für ihn fremd an. Möglicherweise kratzt er sich mit einer Hinterpfote, rollt sich auf dem Boden oder schüttelt den Kopf. Helfen Sie dem Welpen durch Ablenkung. Spielen Sie mit ihm, wenn er sich durch das Halsband gestört fühlt. Wenn er gerne apportiert, werfen Sie ihm einen Ball oder ein Quietschtierchen. Das lenkt ihn von dem ungewohnten Eindruck am Hals ab. Nach ein paar Tagen oder Wochen hat er sich daran gewöhnt.

Zur Leinengewöhnung befestigen Sie einfach eine 1,80 m lange Leine am Halsband, die der Welpe unter Ihrer Aufsicht im Hause mitschleifen läßt. Achten Sie darauf, daß sie sich nicht um Möbel

Versuchen Sie nicht, den Welpen an der Leine heranzuziehen.

Locken Sie ihn mit einem interessanten Gegenstand. Loben Sie den Junghund, sobald er sich bewegt.

verheddert. Passen Sie genau auf. Nach ein paar Tagen nehmen Sie die Leine auf und folgen dem Welpen. Wenn Ihr Welpe mit der Prozedur vertraut ist, machen Sie das gleiche im Freien.

Nach etwa einer Woche steuern Sie im Garten ein bestimmtes Ziel an. Wenn der Welpe mitgeht, ausgiebig loben. Am Ziel angekommen, hocken Sie sich hin und streicheln und loben den Welpen. Lassen Sie ihn wissen, wie hervorragend er sich beim Lernen neuer Dinge anstellt.

Folgt Ihnen der Welpe nicht, loben Sie ihn keinesfalls mit der Absicht, ihn zu locken. Wenn Sie das tun, loben Sie ihn nur dafür, daß er *nicht* an der Leine geht. All das trägt dazu bei, daß die Leine ungern angenommen wird oder er sogar Angst davor hat.

Statt dessen fordern Sie den angeleinten Welpen mit Hilfe eines

Sozialisierung ist wichtig. Erlauben Sie dem Welpen Kontakt mit erwachsenen Hunden, die Welpen dulden.

attraktiven Gegenstandes zum Mitgehen auf. Das kann ein Stück Hundekuchen oder ein Spielzeug sein – irgend etwas, was der Welpe reizvoll findet. Halten Sie es vor seine Nase, und locken Sie ihn zu dem gesetzten Ziel. Schon bei den ersten Schritten, die er mitgeht, wird tüchtig gelobt. Wiederholen Sie diese Übung täglich einige Male. Nach kurzer Zeit wird sich der Welpe an Halsband und Leine gewöhnt haben.

Es macht nichts, wenn der Welpe in diesem Stadium an der Leine zerrt. Sobald er nicht mehr von dem Gefühl des Halsbandes beeindruckt ist, können Sie mit der Bei-Fuß-Erziehung beginnen, in deren Verlauf das Ziehen abgewöhnt wird.

Sozialisierung

Das Wichtigste, das Sie für den jungen Hund tun können, ist die Sozialisierung. Welpen müssen Kontakt mit Menschen haben! Sie sollen verschiedene Dinge sehen und Plätze kennenlernen. Ausgeglichene, gut angepaßte Hunde sind diejenigen, die eine vielseitige und gründliche Sozialisierung genossen haben.

Stellen Sie sicher, daß die ersten Eindrücke den Welpen nicht überwältigen. Wenn er scheu ist, zwingen Sie ihn nicht zu Neuem. Gehen Sie die Sache langsam an. *Er soll den ersten Schritt tun.*

Achten Sie darauf, daß der Hund geimpft ist, ehe Sie Gelände mit ihm betreten, auf dem Hunde streunen. Gehen Sie mit Ihrem Welpen zu einem Ausbildungskurs, dann versichern Sie sich, daß man von allen Teilnehmern vollständigen Impfschutz verlangt, auch gegen Zwingerhusten. Fragen Sie Ihren Tierarzt, wann Sie den Welpen unbedenklich in die große weite Welt führen können!

»Nhaa!« (sofortiges Unterbrechen)

Der wichtigste Erziehungsschritt, wenn Sie den Welpen nach Hause bringen, ist fortzusetzen, was die Mutter ihm bereits beigebracht hat: Ein grollendes »Nhaa!« bedeutet für den Welpen, sofort zu unterbrechen, was immer er auch tut.

In den vergangenen Wochen hat seine Mutter mit dieser Erziehung begonnen. Wann immer er zu heftig nuckelte oder an Mutters Ohr knabberte, knurrte sie. Dadurch teilte sie ihm mit, daß er sofort sein zu lassen hatte, was immer er gerade tat.

Die Mutterhündin wird erst dann aggressiv, wenn der Welpe nicht darauf reagiert. Dann schnappt sie nach ihm mit leichter Berührung seines Fangs oder packt ihn im Nacken und

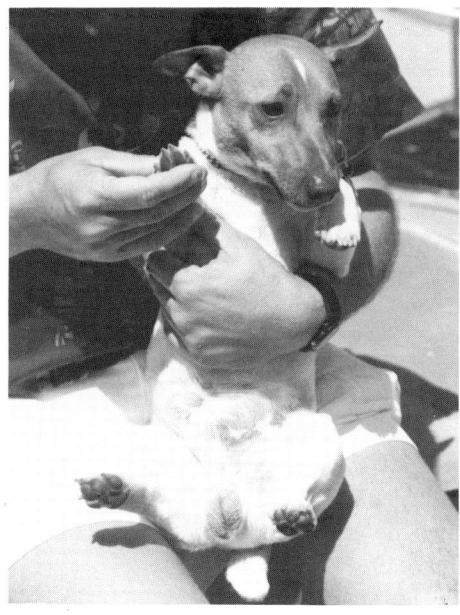

Gewöhnen Sie den Welpen daran, sich anfassen zu lassen. Berühren Sie jede Zehe sorgfältig. Krümmt sich der Welpe und beißt, knurren Sie »Nhaa«. Loben Sie ihn, sobald er sich unterwirft.

schüttelt leicht. Sie benutzt diese heftigeren Korrekturen, damit der Welpe das nächstemal, wenn sie knurrt, folgt.

Ich empfehle folgende Maßregelungen der Mutterhündin anzuwenden: Wenn der Welpe die verbale, dem Knurren ähnliche Korrektur ignoriert, knurren Sie lauter. Schütteln Sie ihn leicht im Nackenfell (heben Sie dabei höchstens eine Pfote vom Boden). Man kann auch versuchen, ihn zu beißen. Das sind *natürliche* Korrekturen. Ich beiße die Welpen immer. Ich bestehe nicht darauf, daß meine Schüler ihre Welpen beißen, obgleich dies Wunder wirkt. Es ist ein weiteres Beispiel für das Reden mit dem Hund. Welpen wissen sofort, was Sie erreichen wollen (siehe Seite 69 »Belohnung und Korrektur«).

Der Erfolg in der Gehorsamsausbildung hängt davon ab, daß Sie durch Knurren seine Tätigkeit sofort unterbrechen können. Die Welpenzeit ist ideal, um dem Hund das beizubringen.

Der Umgang mit dem Welpen

Es ist wichtig, daß man den Welpen so früh wie möglich daran gewöhnt, angefaßt zu werden. Setzen Sie sich den Hund zweimal täglich auf den Schoß. Rollen Sie ihn sanft auf den Rücken, sein Kopf auf Ihrer Brust und seine Rute in Richtung Knie. Wenn er sich windet, strampelt und knurrt, sagen Sie in grollendem Ton »Nhaa«. Seien Sie sanft, aber bestimmt. Lassen Sie ihn nicht aufstehen. Warten Sie, bis er sich unterwirft.

Hat er sich beruhigt, loben Sie ihn ruhig, aber herzlich. Nach etwa zehn Sekunden lassen Sie ihn los. Üben Sie das täglich. Verlängern Sie die Zeitspanne, die er auf dem Rücken liegt, jeden Tag, bis er etwa drei Minuten lang still liegt.

Wenn Sie dieses Ziel erreicht haben, fangen Sie an, die Pfoten zu untersuchen. Prüfen Sie jede Zehe gründlich. Schauen Sie ihm dann ins Maul. Prüfen Sie die Zähne. Ziehen Sie sanft an den Lefzen. Schauen Sie in die Ohren. Will er sich sträuben, grollen Sie »Nhaa«. Es ist wichtig, daß Sie mit dem Welpen alles, was Sie wollen, mit den Händen machen können, ohne daß es zu einem Ringkampf kommt oder er nach Ihnen beißt. Das zeigt dem Welpen, daß Hände Freundlichkeit und sanfte Berührung bedeuten. Schlagen Sie niemals Ihren Hund.

Gewöhnen Sie den Welpen daran, sich Büffelhautknochen und Spielzeug abnehmen zu lassen. Sobald er knurrt, knurren Sie zurück, aber lauter. Nehmen Sie gelegentlich den Futternapf hoch, und stellen Sie ihn zurück, während er frißt. Vermitteln Sie ihm aber nie durch übertriebene Aktionen das Gefühl, ihn einzuschüchtern oder ihm sein Futter streitig zu machen. Machen Sie es einen Monat lang täglich einmal während des Fütterns.

Nehmen Sie gelegentlich eine Handvoll Futter aus der Schüssel, und füttern Sie den Welpen aus der Hand. Wenn er dabei knurrt, korrigieren Sie ihn sofort. Es gibt überhaupt keine Entschuldigung dafür, daß ein Welpe seinen Menschen in diesem Alter anknurrt, denn es würden sich ernsthafte Verhaltensprobleme auftun, wenn er erst einmal erwachsen ist.

Autofahren

Einigen Welpen wird beim Autofahren übel, ebenso wie manchen Kleinkindern. Sollten Sie auf ein Auto angewiesen sein, ist Ihnen daran gelegen, die Autokrankheit des Welpen so schnell wie möglich zu überwinden. Dafür kann man einiges tun. Sorgen Sie von Anfang an für eine angenehme Erfahrung mit dem Autofahren. Setzen Sie sich bei stehendem Motor einige Minuten täglich mit dem Welpen zum Schmusen ins Auto. Loben und streicheln Sie ihn. Nach einer Woche lassen Sie den Motor an. Setzen Sie den Welpen auf den Beifahrersitz. Streicheln und loben Sie ihn, damit die Erfahrung für ihn angenehm wird.

Nach einer Woche täglichen Übens bitten Sie einen Bekannten oder Verwandten, täglich mit Ihnen ein Stück zu fahren. Stellen Sie sicher, daß der Hundemagen leer ist und sich der Hund vor der Fahrt lösen konnte. Der Hund sollte auf dem Schoß des Helfers sitzen, der den Welpen ruhig halten muß. Fahren Sie nur kurz um den Block, verlängern Sie die Fahrstrecke jede Woche (variieren Sie die Fahrzeit entsprechend der Reaktion des Welpen). Sorgen Sie dafür, daß, wann immer Sie mit dem Welpen autofahren, jemand dabei ist, der ihn kontrolliert. Ist das nicht möglich, sperren Sie den Welpen in eine Box oder einen Käfig.

Der Welpe darf nicht auf dem Schoß des Fahrers sitzen oder unter seine Beine kriechen. Das kann zur schlechten Angewohnheit werden und ist außerordentlich gefährlich. Sobald der Junghund im Gehorsamstraining steht und »Platz, bleib« versteht, wird diese Übung im Auto angewandt. Verbinden Sie die Fahrten für den Hund mit Spaß. Die Fahrt sollte nicht mit einem Tierarztbesuch, im Hundesalon oder der Hundepension enden. Benutzen Sie das Auto, um mit Ihrem Hund an den Strand, in den Park oder Wald zu fahren.

Die meisten Welpen entwachsen, ebenso wie Kleinkinder, der Autokrankheit. In der Zwischenzeit kann Vorsorge die Unannehmlichkeiten mindern, die Nervosität begrenzen und die Zeit verkürzen, die der Hund braucht, um zu lernen, daß Autofahren auch Spaß machen kann. Wenn keine der obigen Maßnahmen hilft, fragen Sie Ihren Tierarzt. Es gibt medizinische Maßnahmen, wie schwache Beruhigungsmittel, die Übelkeit während der Autofahrt unterbinden.

Bindung an den Menschen

Sie ist der Schlüssel zu dem großartigen Verhältnis zwischen Hund und Mensch. Diese Bindung bedeutet, daß Sie die Liebe und das Vertrauen des Welpen gewinnen. Das ist meist einfach und macht Spaß. Das Rezept ist simpel – seien Sie der Kumpel Ihres Hundes. Machen Sie kurze Ausflüge in den Wald mit ihm, streicheln Sie ihn, und spielen Sie mit ihm.

Die meisten Welpen sind sehr unsicher, wenn sie vom Züchter in ihr neues Heim kommen. Ihre ganze Welt steht kopf. Sie werden plötzlich von der Mutter und den Wurfgeschwistern getrennt. Der ideale Platz für das Welpenbett ist daher im Schlafzimmer. Dort fühlt er sich nachts nicht von seiner Meute ausgeschlossen. Es gibt ihm das Gefühl, von seiner neuen Meute aufgenommen worden zu sein. Außerdem wird der Welpe nicht die ganze Nacht weinen, und Sie hören ihn sofort wimmern, wenn er hinaus muß, um sich zu lösen. In der ersten Woche stellen Sie sich darauf ein, wenigstens einmal in der Nacht aufzustehen, um den Welpen hinauszubringen (siehe Seite 206, »Stubenreinheit und unerwünschtes Kauen«).

Zerstören Sie nicht das aufkeimende Vertrauen des Welpen durch zu strenge oder zeitlich schlecht gewählte Korrekturen. Vertrauen ist die Voraussetzung für die Bindung und eine erfolgreiche Gehorsamsausbildung. Versuchen Sie, den Hund soweit zu bringen, daß er überzeugt ist, daß Sie ihm niemals weh tun oder ihn in eine gefährliche Situation bringen. Besitzer, die eine enge Bindung zu ihren Hunden haben und ihr Vertrauen gewinnen konnten, haben die besten Aussichten auf eine erfolgreiche Ausbildung.

Eine weitere Methode, eine enge Bindung aufzubauen, ist, ein Stückchen Hundekuchen in den Mund zu nehmen und es sich vom

Hund abnehmen zu lassen (das ist nicht so schlimm, wie es sich anhört!). Damit empfinden Sie das Futtervorwürgen der Hündin für die Welpen nach. Vergessen Sie nicht, die Hündin war der ranghöchste Rudelführer. Es ist nun an der Zeit, daß *Sie* diesen Platz einnehmen.

Ausbildungshilfen

Die in diesem Buch empfohlenen Hilfsmittel zur Ausbildung sollen die Arbeit erleichtern. Ohne die richtigen Hilfsmittel wird Ihnen das Meistern der Ausbildungstechniken schwerfallen. Der Ausbildungserfolg hängt von der richtigen Ausführung der Techniken ab.

Die Ausbildungsleine

Für die Übungen in diesem Buch benötigen Sie eine 1,80 m lange Ausbildungsleine. Sie sollte genau 1,80 m lang sein. (Die Ausnahme wäre ein sehr großer Ausbilder mit einem kleinen Hund. In einem solchen Fall wäre eine 2,40 m lange Leine annehmbar). Automatische Aufrolleinen sind länger und deshalb nicht geeignet. In der Ausbildung sind sie schwer zu handhaben und unwirksam. Wenn der Hund gelernt hat, perfekt an der Leine bei Fuß zu gehen, kann man die Leinenlänge nach Belieben wählen.

Die Ausbildungsleine sollte aus Textilmaterial oder Leder sein. Beides ist geeignet. Leder ist teurer, aber angenehm zu handhaben, wenn es geschmeidig geworden ist. Wollen Sie sparen, tut es eine Textilleine auch. Kettenleinen sollte man zur Ausbildung nicht verwenden. Sie sind nicht flexibel und verletzen die Hände bei bestimmten Handlungen. Nylonleinen sind oft steif und werden nicht, wie Leder oder Stoff, durch Gebrauch geschmeidig. Sie neigen bei den Bei-Fuß-Übungen auch zum Rutschen und Gleiten.

Die Breite der Leine ist ebenfalls wichtig und hängt von zwei Faktoren ab. Einmal der Größe des Hundes: Man sollte keine breite, schwere Leine für einen winzigen Hund verwenden. Gleichermaßen

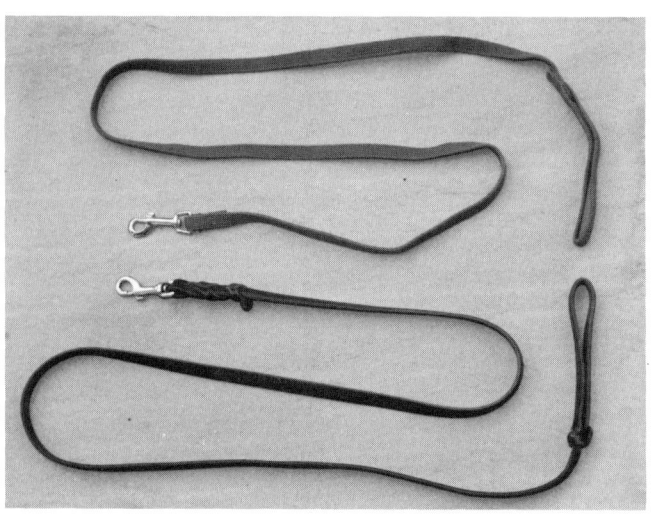

Zur Ausbildung braucht man eine 1,80 m lange Leine aus Leder oder Stoff.

eignet sich eine dünne, leichte Leine nicht für einen großen, starken Hund. Der zweite Faktor ist die Größe der Hände des Ausbilders. Mit kleinen Händen fühlt man sich mit einer breiten, schweren Leine weniger sicher. Wer große Hände hat, kann damit viel besser umgehen.

Wie jedes Werkzeug, muß auch die Leine in Ordnung gehalten werden. Die Lederleine wird mit Sattelseife und Lederfett gepflegt. Achten Sie darauf, daß die Stoffleine nicht ausfranst und sich abnutzt. Das kann gefährlich werden, wenn Sie sich mit dem Hund an einer belebten Straße bewegen. Verknoten Sie niemals irgendeine Leine, denn dadurch verändert sich die Länge.

Halsbänder

Zum Training eignen sich drei verschiedene Halsbänder: ein flaches oder rundes zum Schnallen, eine Metallkette und ein sog. Korallenhalsband. Die Schmerzgrenze Ihres Hundes und die Art, wie er auf das Training reagiert, bestimmen, welches Halsband das beste für ihn ist. Einige Hunde benötigen alle drei. Andere Hunde kann man ebensogut mit einem einzigen ausbilden.

Metallausbildungsbänder (mittel oder schwer), ein Korallenhalsband oder ein Lederband mit Schnalle können während der Ausbildung benutzt werden. Erfolg hat man nur mit dem Halsband, das den Bedürfnissen Ihres Hundes angemessen ist.

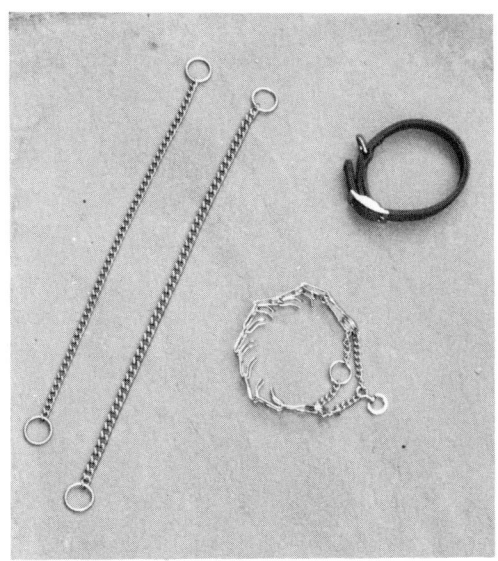

Halsbänder zum Schnallen

Ich beginne beim Welpen mit einem solchen Halsband. Es sollte dicht am Hals anliegen und nur so viel Spielraum haben, daß man die Hand zwischen Halsband und Hals schieben kann. Ich empfehle, keine Erkennungsmarke anzuhängen, denn Welpen geraten in die seltsamsten Situationen und können sich mit der Marke festhängen. Selbst im Welpenkäfig ist sie gefährlich, wenn sie zwischen den Gitterstäben steckenbleibt.

Bis zum Alter von sechs Monaten dient dieses Halsband lediglich der Gewöhnung (siehe Seite 52, »Gewöhnung an Leine und Halsband«). Danach können Sie eine Erkennungs-, Steuer- oder Impfmarke anhängen. Sobald Sie mit den Übungen für das kontrollierte Leinengehen beginnen, werden Sie feststellen, ob dieses Halsband eine ausreichende Ausbildungshilfe ist. Ist Ihr Hund schmerzempfindlich, wird er tunlichst alle Korrekturen vermeiden, solange er dieses Halsband trägt. Man braucht keine Kette bei einem sehr schmerzempfindlichen Hund.

Ausbildungshalsbänder

Ein Metallausbildungshalsband ist eine gerade Kette mit je einem Ring am Anfang und Ende. Es sollten keine weiteren Haken oder

Ösen daran sein, und es sollte aus Stahl und nicht aus Aluminium sein. Aluminiumhalsbänder neigen dazu, sich zu verbiegen, und lassen nicht so schnell locker. Auch Nylonhalsbänder lassen sich nicht so reibungslos lockern wie eine gut angepaßte Metallkette.

Es gibt verschiedene Gliedergrößen für Metallausbildungshalsbänder – feine, mittlere, große und extra schwere. Benutzen Sie nur mittel oder schwer. Die feinen Glieder sind etwas scharfkantiger und können den Hundehals verletzen. Das zu schwere Halsband mit dicken Gliedern läßt sich ebensowenig rasch lockern. Wenn Sie einen kleinen oder mittelgroßen Hund haben, benutzen Sie die mittlere Gliederstärke, bei einem großen oder riesigen Hund ist die schwere Kette gut.

Ausbildungshalsbänder werden auch Würgehalsbänder genannt, eine falsche und irreführende Bezeichnung. Ein Ausbildungshalsband sollte nie dazu benutzt werden, um den Hund zu Erziehungszwecken zu würgen. Niemand – weder Mensch noch Tier – lernt irgend etwas, wenn ihm der Hals zugedreht wird. Man lernt nur, Angst zu haben vor der Person, die würgt. Ich erlaube nur in einem einzigen Fall das harte Zuziehen des Halsbandes: Wenn der Hund versucht, seinen Ausbilder offen anzugreifen. In diesem Falle benutzt der Ausbilder das Halsband zur Selbstverteidigung. Es kann und soll dem Hund Angst einflößen, damit er künftige Angriffe unterläßt.

Ich persönlich würde einen solchen Hund lieber einschläfern lassen, wenn er ein echtes Aggressionsproblem hat, anstatt ihn dem Trauma des Erdrosselns auszusetzen. Es ist möglich, dabei seine Luftröhre oder das Genick zu brechen. Ich kann nicht stark genug betonen, daß diese Methode nur von einem erfahrenen professionellen Ausbilder angewandt werden sollte. Ich habe die unsinnige Anwendung in Ausbildungskursen mit unerfahrenen Trainern gesehen, die einen Hund derart drastisch straften, nur weil er sich bei der Sitzbleib-Übung ablenken ließ! Besuchen Sie keine Kurse, deren Trainer so arbeiten! (Siehe Seite 226, »Wie finde ich einen qualifizierten Hundeausbilder?«.)

Wenn das Ausbildungshalsband korrekt angewandt wird, läßt sich zuziehen und lockern, ohne daß dadurch ein Würgeeffekt erzielt wird. Die Hauptkraft trifft den Hund im Nacken. Dieser und die Brust sind die kräftigsten Körperpartien des Hundes. Der Zweck des ruckartigen Zuziehens und des Lockerns des Halsbandes dient nur der Korrektur. Korrekt durchgeführt, ist es dem Hund unangenehm, aber es tut ihm nicht weh oder verletzt ihn gar.

Die Kunst des Ruckens und Lockerns erlernt man mit der Praxis. Das blitzschnelle Lockern spielt dabei die größte Rolle. Legen Sie

Wie man das Halsband korrekt umlegt: Vor dem Hund stehend, bilden Sie den Buchstaben P mit dem Halsband. Ziehen Sie es dem Hund über den Kopf.

Um die Lage zu überprüfen, lassen Sie die Hand an der Leine entlang über die ersten Zentimeter des Halsbandes gleiten. Achten Sie darauf, daß sich dieser Teil auf dem Nacken des Hundes befindet.

das Halsband um einen Türknopf oder um den Arm. Ziehen Sie mit einem Finger im Zugring ruckartig zu, und lassen Sie sofort locker. Das Halsband sollte einen leisen Zischlaut abgeben. Manche Dinge kann man nur schwer aus Büchern lernen, dies gehört dazu. Nur praktische Erfahrung hilft. Üben Sie am Arm, bis Sie sicher sind, die Prozedur verstanden zu haben. Denken Sie daran, daß niemand mit Kenntnissen zur Hundeerziehung geboren wird!

Ein Ausbildungshalsband muß korrekt angewandt werden, um eine richtige Korrektur zu gewährleisten. Zuerst muß es richtig angelegt werden. Es darf nicht verkehrt herum liegen (siehe Foto), denn sonst liegt der Hauptzug auf der Luftröhre, was den Hals verletzen und zu chronischem Husten führen kann. Es lockert sich auch nicht richtig, sondern sitzt fest und drückt auf die Kehle. Das kann den Hund würgen.

Zweitens muß das Halsband richtig passen. Ein Ausbildungshalsband sollte so weit sein, daß man leicht mit der Hand zwischen Halsband und Hals schlüpfen kann. Ziehen Sie am Zugring des angelegten Halsbandes, bis es am Hals paßt, ohne den Hund zu würgen. Es dürfen nicht mehr als 7,5 cm übrigbleiben. Ist das Halsband zu lang, lockert es sich nicht richtig.

Beim Kauf des Halsbandes sollten Sie den Hund dabeihaben, damit Sie die korrekte Größe finden. Ohne Hund steht man verwirrt vor einer riesigen Auswahl. Daraus das richtige zu finden, wäre reiner Zufall.

Das Korallenhalsband

Es besteht aus einzelnen Metallgliedern, die offene Enden haben und ineinander verhakt sind. Man kann sie herausnehmen und das Halsband dem Hals des Hundes anpassen. Diese offenen Hakenglieder sind durch eine Kette verbunden, an der die Leine befestigt wird. Es gibt drei Größen: klein, mittel und groß. Ich empfehle für alle Hunde die kleinen Glieder, die mittleren und großen sind zu unhandlich und schwer. Der Hund spürt dann, daß er ein Korallenhalsband trägt. Auch ist der Übergang vom kleingegliederten Korallenhalsband zum Ketten- oder Lederschnallenband einfacher.

Man bezeichnet das Korallenhalsband manchmal als Stachelhalsband. Weder der eine noch der andere Name ist korrekt. Ich nenne sie Kneifbänder, denn sie erzielen Effekt durch Kneifen. Wenn der Ausbilder bei diesem Halsband ruckt und locker läßt, drücken sich die korallenähnlichen Gliedenden zusammen und kneifen dadurch die Halshaut des Hundes. Trotz des schockierenden Eindrucks, den diese Halsbänder erwecken mögen, habe ich niemals Hautreizungen oder Abschürfungen gesehen. Obwohl der Ruck wirkungsvoller ist, besteht nicht die Verletzungsgefahr wie beim Kettenwürger. Falsch angewandt, kann das Kettenwürgehalsband tödlich sein. Das Korallenhalsband kann sich nicht zuziehen wie eine Schlinge und den Hund nicht würgen. Interessanterweise entspricht das Korallenhalsband eher den natürlichen Bedingungen als das Kettenhalsband, da es den Biß nachempfindet.

Es gibt einen guten Grund, warum das Korallenhalsband nicht öfter gebraucht wird: Stark schmerzempfindliche Hunde reagieren auf das Korallenhalsband in unerwünschter Weise. Sie schreien schmerzvoll auf und bekommen Angst. Jede Trainingsmethode, die dem Hund Schmerz zufügt, ist unangemessen. Sie zeigt an, daß der Hund zu stark korrigiert wird. Dann verliert der Hund die Kontrolle über seine Empfindungen und die Konzentrationsfähigkeit.

Das Korallenhalsband sollte zu Ausbildungszwecken nur bei den stoischsten, schmerzunempfindlichen Hunden angewandt werden. Es ist ein nützliches, humanes Werkzeug, wenn es beim richtigen Tier eingesetzt wird. Ich empfehle, die Entscheidung, ob ein Korallenhalsband benutzt werden sollte, in Absprache mit einem professionellen Trainer zu treffen, der Erfahrung damit hat.

Wenn Sie ein solches Halsband benutzen, reagieren die Menschen sehr unterschiedlich. Diejenigen, die es zum erstenmal bei Ihrem Hund sehen, sagen oft: »Liebe Zeit, ein Stachelhalsband!« Das Korallenhalsband ist aber kein Stachelhalsband. Es piekt nicht in den Hals des Hundes.

Sie werden auch zu hören bekommen: »Ist das nicht grausam?« Die Antwort ist »Nein«. Es ist viel grausamer, einen schmerzunempfindlichen Hund immer wieder mit dem Halsband zu korrigieren, ohne einen Nutzen zu erzielen. Der Hund lernt nichts, und Sie riskieren, den Hund zu verletzen, wenn die unnützen Korrekturen frustriert angewandt werden.

Einige Gehorsams-Trainer haben mit diesen Halsbändern keine Erfahrung. Sie weigern sich, dieses sog. grausame Halsband bei Hunden zu benutzen, denen es helfen würde. Die Hunde, die bei der Ausbildung vom Korallenhalsband profitiert hätten, verlieren den Anschluß an das Klassenziel und haben oft ein unwürdiges Ende – weil sie unerzogen und dadurch unbequem und unerwünscht sind.

Eine weitere Reaktion hören Sie vielleicht: »Ist er falsch?« Das Halsband wurde nicht entwickelt, um falsche, aggressive Hunde zu erziehen. Tatsächlich sollte man das Korallenhalsband *nicht* bei einem dominanten Hund anwenden; der versucht ihm zu entkommen, indem er den Ausbilder beißt. Ehe Sie daran denken, ein Korallenhalsband einzusetzen, müssen Sie dem Hund beibringen, daß er nicht beißen darf. Sollten Sie der Fragen müde werden, binden Sie ein buntes Halstuch um den Hundehals, das das Halsband verdeckt.

Die lange Leine

Die lange Leine ist ein Seil von 7,5 bis 15 Meter Länge. Es kann aus Stoff oder Synthetikmaterial hergestellt sein. An einem Ende befindet sich ein Karabinerhaken, den man am Halsband befestigt. Man kann sie fertig kaufen oder selbst machen. Den Haken bekommt man in jedem Eisenwarengeschäft.

Ausbilder benutzen die Leine, um den freilaufenden Hund unter Kontrolle zu haben. Sie ist nützlich für Hunde, die im Bereich des Ausbilders bleiben, aber das Hörzeichen »Komm« nicht befolgen. Sie nützt nichts bei Hunden, die keine Bindung an den Ausbilder haben und davonlaufen, sobald sie von der Leine sind. Sie müssen an der Ausbildungsleine bleiben, bis sie das Hörzeichen sicher beherrschen.

Im Gegensatz zur Ausbildungsleine hält man die lange Leine nicht in der Hand, sondern läßt sie schleifen. Um den Hund zurückzubekommen, tritt man darauf, hebt sie auf und geht in die entgegengesetzte Richtung davon. Sie ist nicht gedacht, um den Hund daran zurückzuziehen. Sobald Sie sich wegbewegen, wird der Hund Ihnen folgen (siehe Seite 166, »Kommen auf Kommando«).

Treten Sie stets auf die lange Leine, ehe Sie sie aufheben. Heben Sie sie niemals mit bloßen Händen auf, wenn der Hund rennt. Sie werden sich die Handflächen verbrennen. Handschuhe bieten guten Schutz.

Die 7,5 bis 15 m lange Leine ist unerläßlich, um dem Hund das Kommen auf Abruf beizubringen.

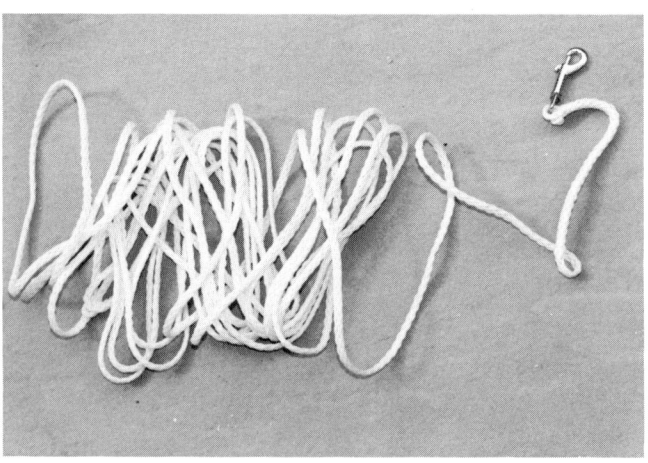

Die lange Leine sollte *nur* an einem zu schnallenden Halsband angehakt werden. Benutzen Sie sie niemals mit einer Ausbildungskette oder dem Korallenhalsband. Achten Sie darauf, daß sich die Leine nicht im Gebüsch verheddert oder in einer Mauer einklemmt. Auch darf die Leine sich nicht um Ihre Knöchel oder die anderer Leute wickeln. Ein großer Hund kann einen Menschen, der sich in der Leine verfängt, leicht umreißen. Selbst bei einem kleinen Hund kann das noch zu unangenehmen Verbrennungen führen. Kleine Kinder sollten bei der Ausbildung des Hundes mit langer Leine nie dabeisein. Die lange Leine ist zwar sehr hilfreich, aber man muß sie mit Vorsicht anwenden.

Die Plastiksprühflasche

Man benutzt sie häufig zum Besprühen von Zimmerpflanzen. Sie kann eine sehr wirksame Ausbildungshilfe sein. Unterbricht Ihr Hund sein Tun nicht, wenn Sie »Nhaa« grollen, hilft vielleicht ein Spritzer aus der Flasche. Der Wasserspritzer muß *gleichzeitig* mit dem »Nhaa« in das Gesicht des Hundes treffen. Viele Hunde erschrecken dadurch, und die Flasche kann sich als besonders nützlich bei einer Rauferei erweisen.
Wasser fügt dem Hund keinen physischen Schmerz zu. Benutzen

Reagiert der Hund nicht auf den Ton »Nhaa« oder andere natürliche Korrekturen, benutzen Sie die Rasselbüchse oder die Sprühflasche. Sie müssen gemeinsam mit dem Ton »Nhaa« eingesetzt werden, damit der Hund lernt, aufgrund Ihres Grollens sofort sein Tun abzubrechen.

Sie *niemals* eine andere Flüssigkeit. Nehmen Sie keinen Essig, Zitronensaft oder sonst was! Damit reizt oder verätzt man die Augen des Hundes.

Einige Hunde reagieren überhaupt nicht auf die Sprühflasche, manche lieben die Spritzer ins Gesicht sogar. In diesen Fällen bringt die Sprühflasche natürlich keinen Nutzen.

Die Rasselbüchse

Wir nehmen hierzu eine leere Getränkedose und geben zehn Groschen hinein. Die Öffnung verschließt man mit Heftpflaster. Die Rasselbüchse wendet man ebenso an wie die Sprühflasche. Rütteln Sie die Dose, wenn der Hund bei Ihrem grollenden »Nhaa« seine Tätigkeit nicht unterbricht. Die meisten Hunde hassen das Geräusch. Wenn der Hund Angst bekommt, lernt er das »Nhaa« zu respektieren. Die Büchse muß *gleichzeitig* mit dem grollenden »Nhaa« geschüttelt werden. Der Hund verbindet schließlich das »Nhaa« mit dem Geräusch der Dose. Natürlich hilft auch sie nicht, wenn sich der Hund an dem Rasseln gar nicht stört.

Ihre Stimme

Die Stimme ist ein wichtiges Mittel, und Sie müssen lernen, sie korrekt einzusetzen. Man wendet drei deutlich unterschiedliche Töne an. Einen für Kommandos: Geben Sie das Hörzeichen mit klarer, angenehmer, aber fester Stimme. Brüllen Sie den Hund nicht an. Sie dürfen sich nicht anhören, als wollten Sie Soldaten drillen. Andererseits dürfen Sie den Hund nicht bitten. Geben Sie das Hörzeichen so, als ob Sie dem Hund sagen wollten, was er tun soll. Es darf nicht so klingen, als ob Sie den Hund bitten, etwas zu tun.

Die nächste Stimmlage ist fürs Loben. Man lobt freudig mit hoher, glücklicher Stimme. Anfangs haben Männer mit tiefer Stimme oft Probleme damit. Mit viel Übung erreichen auch sie das Ziel. Setzen Sie den Lob-Ton verschwenderisch ein – immer dann, wenn der Hund tut, was Sie wollen. Die Worte können unterschiedlich sein. Es soll für den Hund lustig und interessant sein. Wenn der Hund Sie nicht anschaut und nicht mit der Rute wedelt, loben Sie nicht wirkungsvoll.

Die dritte Stimmlage ist für die Korrektur. Der Ton klingt wie »Nhaa«. Es muß ein kehliger, gutturaler Ton sein. Von jetzt an ist Ihr Pfui oder Nein »Nhaa«. Die Lautstärke spielt weniger eine Rolle als der tiefe und etwas harte Klang. Es muß sich wie ein Grollen anhören. Sie ahmen die Hundesprache nach. Wenn ein Hund einem anderen mitteilen will, daß er mit etwas aufhören soll, dann grollt er. Er sagt nicht »böser Hund« oder »Hör auf«, sondern er grollt.

Manche Ausbilder benutzen »Pfui«. Welch ein Unsinn! Haben Sie je gehört, daß ein Hund sich dem anderen durch ein »Pfui« verständlich machte? Lernen Sie die Hundesprache, wenn Sie Erfolg bei der Erziehung haben wollen. Ihre korrigierende Stimme hat aber nur Sinn, wenn der Hund davon überzeugt ist, daß Sie beißen, sofern er nicht aufhört.

Die Zeitungsrolle

Eine zusammengerollte Zeitung kann ein nützliches Hilfsmittel sein, wenn man sie richtig anwendet. Benutzen Sie beispielsweise die Zeitung, wenn der Hund etwas anknabbert oder gerade ein Bächlein macht. Benutzen Sie sie nur, wenn Sie nicht zum richtigen Zeitpunkt eingreifen konnten, weil Sie nicht aufgepaßt haben.

Nehmen Sie die Zeitung, schlagen Sie sich selbst sechsmal gegen den Kopf, und wiederholen Sie dabei den Satz: »Ich habe vergessen, auf meinen Hund aufzupassen.« Wenden Sie diese Technik immer wieder an. Nach einigen Korrekturen werden Sie soweit konditioniert sein, daß Sie Ihren Hund im Auge behalten! Die Zeitungsrolle sollte *einzig und allein* zu diesem Zweck verwendet werden. Sobald Ihr Hund über Sie lacht, loben Sie ihn.

Belohnung und Korrektur

Hundeerziehung basiert auf der Verständigung zwischen Hund und Ausbilder. Obwohl wir mit Hunden nicht wie mit Menschen reden können, können wir uns doch mit ihnen verständigen. Die wirkungsvollste Verständigung ist über Lob und Korrektur. Man benötigt beides, um das Verhalten des Hundes zu formen und eine erfolgreiche Gehorsamserziehung durchzuführen.

Belohnung

Belohnungen sind nötig, um zu zeigen, daß uns bestimmte Verhaltensweisen erfreuen. Da Belohnungen angenehm sind, ermutigen sie den Hund, dieses Verhalten in der Zukunft zu wiederholen. Belohnungen sind von großer Bedeutung für Hunde, wenn sie seine Bedürfnisse befriedigen. Zwei grundsätzliche Bedürfnisse des Hundes sind sozialer Kontakt und Nahrung.

Soziale Akzeptanz und Kontakte sind für Hunde lebenswichtig. Wilde Caniden wie Wölfe pflegen sich gegenseitig, spielen, schlafen und fressen gemeinsam. Unsere Haushunde, Nachfahren der Wölfe, suchen instinktiv den sozialen Kontakt mit Rudelmitgliedern. Für Ihren Hund sind die Menschen und Hunde des Haushalts sein Rudel.

Ausbilder können sich das Sozialverhalten des Hundes zunutze machen, wenn sie ihre Hunde belohnen. Drei wirkungsvolle »soziale« Belohnungen sind Streicheln, Spielen und verbales Lob. Hunde lieben die Berührung. Ein sanftes Reiben hinter den Ohren oder eine kräftige Massage entlang des Rückens fühlt sich für Hunde herrlich an. Solch eine Behandlung wird der Hund nach den Gehorsamsübungen als Belohnung empfinden. Der Hund weiß dann, daß Sie mit seinem Verhalten zufrieden sind. Hunde scheinen es nicht zu mögen, wenn man ihnen freundlich den Kopf klopft wie eine Bongotrommel. Jeder Hund scheint seine Stelle zu haben, wo er das Streicheln am liebsten mag.

Spiel ist eine weitere Form des erfreulichen sozialen Zusammenseins. Die meisten Hunde lieben Spiele. Wählen Sie einen Gegenstand, den Ihr Hund liebt, z. B. ein Quietschtier oder einen Ball. Spielen Sie mit ihm mit diesem Gegenstand nach einer erfolgreich abgeschlossenen Gehorsamsübung. Als ich meinen Golden Retriever Woody für Gehorsamswettbewerbe ausbildete, hatte ich stets einen Tennisball in der Tasche. Ich übte zwei Minuten lang Bei Fuß und spielte dann zwei Minuten lang mit ihm mit dem Ball. Woody liebte Tennisbälle und verband rasch das Bei-Fuß-Gehen mit dem begehrten Spiel.

Ihr Hund versteht auch gesprochenes Lob als Belohnung. Hunde fühlen sich durch begeistert mit hoher Stimme gesprochene Worte angeregt. Ein dumpfes »guter Hund« reicht da nicht. Sie müssen lebhaft sein. Machen Sie das Lob für den Hund interessant. Er muß mit der Rute wedeln und Sie anschauen. Denken Sie daran, daß jeder Hund anders reagiert, passen Sie Ihre Begeisterung der Mentalität Ihres Hundes an.

Nahrung ist ebenfalls ein grundsätzliches Bedürfnis. Essen ist eine sehr angenehme Erfahrung. Hundetrainer sind bezüglich der Futterbelohnung unterschiedlicher Ansicht. Einige meinen, es störe die Konzentrationsfähigkeit des Hundes beim Lernen. Ich bin nicht dieser Ansicht. Der Gedanke an das Abendessen unterbricht die Konzentration eines jungen Wolfes sicherlich nicht, wenn er gerade lernt, Kaninchen zu jagen. Im Gegenteil – er fördert sie.

Andere Trainer sind der Ansicht, daß Hunde bei Futterbelohnung nur noch auf Futter reagieren. In diesem Buch empfehle ich Futter als *eine* Art der Belohnung. Richtig angewandt, kann Futter bei der Erziehung des Familienhundes nicht schaden. Es kann bei der wettbewerbsmäßigen Ausbildung zum Problem werden, weil es Punkte kostet, wenn der Hund an der Hand schnüffelt und seine Belohnung sucht. Ich habe bereits an anderer Stelle erwähnt, daß sich dieses Buch nicht mit der wettbewerbsmäßigen Ausbildung befaßt, sondern es gilt dem Familienmitglied, das bei Ihnen sicher und gehorsam leben kann.

Korrektur

Liebe, Lob und Belohnung sind die wesentlichen Aspekte eines erfolgreichen Hundeerziehungsprogramms. Leider reichen sie nicht aus. Korrekturen sind ebenfalls erforderlich, wenn sich der Ausbilder mit seinem Hund verständigen will. Wie ich schon vorher beschrieb, ist die Erziehung aus der Sicht des Hundes notwendig. Ein Wolf erhält die Rudelordnung mittels Stimme und tätlichem Eingreifen. Aber ein Wolf straft seine Rudelmitglieder nicht. Ebensowenig sollten Sie Ihren Hund strafen.

Es besteht ein großer Unterschied zwischen Strafe und richtig eingesetzter Korrektur. Strafe folgt einer unerwünschten Tat. Eine Korrektur oder eine negative Verstärkung, wie der Verhaltensforscher sagt, geschieht unmittelbar dann, wenn der Hund das Unerwünschte gerade tut. Im Falle der Hundeerziehung ist es sogar besser, wenn die Korrektur erfolgt, sobald der Hund nur darüber *nachdenkt*, etwas Unerwünschtes zu tun.

Strafe wurde geschaffen, damit ein Krimineller für seine Tat bezahlt. Die negative Verstärkung jedoch soll das Verhalten des Hundes formen. Ein Canide versteht nicht, daß er gestraft wird für etwas, das er vor zwei Stunden tat (siehe Seite 77, »Schuldig oder nicht schuldig?«). Negative Verstärkungen erfolgen am besten durch natürliche Korrekturen.

Natürliche Korrekturen

Unter Hunden tritt, schlägt oder würgt der Rudelführer seine Mitglieder nicht, um ihnen beizubringen, was er von ihnen wünscht. Ich rate Ihnen dringend, diese sinnlosen Maßnahmen zu unterlassen. Statt dessen benutzen Sie die natürlichen Korrekturmethoden bei der Erziehung.

Die Stimme ist eine natürliche Weise, wie man das Verhalten des Hundes beeinflussen und sich mit ihm verständigen kann. Hunde knurren. Wenn ein gieriger Welpe zu heftig saugt, dann knurrt die Mutter. Sie sagt ihm damit: »Hör sofort damit auf!« Wann immer Ihr Hund seine Tätigkeit sofort abbrechen soll, sagen Sie »Nhaa« mit tiefer, grollender Stimme. Laut ist nicht so wirkungsvoll wie tief aus der Kehle kommend.

Unterbricht der Hund sein Tun nicht auf Ihr »Nhaa« hin, grollen Sie lauter und schütteln ihn am Nackenfell.

Wenn das nicht hilft, können Sie ihm über den Fang beißen.

Hunde beißen einander. Ein Hund kaut an einem Knochen. Ein anderer kommt hinzu und will ihn wegnehmen. Der Knochenbesitzer warnt den Konkurrenten durch Knurren. Hilft das nicht, schnappt er nach ihm und beißt den angehenden Dieb.

Vor vielen Jahren habe ich zum erstenmal einen Welpen gebissen. Ich besuchte Captica Island in Florida mit meiner Freundin. Beim Einkaufen wartete ich vor dem Laden. Dort war ein kleiner Schäferhundmischlingswelpe angebunden, etwa acht oder neun Wochen alt. Natürlich interessierte ich mich für ihn und nahm ihn auf den Arm. Es war, als ob ich einen kleinen Alligator aufhob! Er knurrte und schnappte wie ein wildes Tier um sich. Ich grollte »Nhaa«, aber er biß mich in die Hand. Ich knurrte lauter, hielt seinen Fang zu und biß leicht zwischen Fang und Augen. Er quietschte auf. Ich drehte mir sein Gesicht zu und sah ihm direkt in die Augen. Er leckte mir eifrig übers ganze Gesicht, als wäre ich sein lang vermißter Vater.

Währenddessen kam sein Besitzer. Er sagte: »Was um Himmels willen haben Sie mit dem Hund gemacht? Ich habe noch nie gesehen, daß er jemanden küßt. Er beißt alle, die ihm zu nahe kommen. Ich glaube, er hat eine Macke!«

»Er hat es mit mir auch versucht«, erklärte ich, »aber ich habe seinen Fang zugehalten und ihn gebissen.« Mit entsetztem Gesicht antwortete der Hundebesitzer: »Sie haben meinen Hund gebissen?«

Und ehe ich etwas sagen konnte, fuhr er fort: »Das probiere ich aus. Wenn ich ihn mit der Hand schlage, beißt er noch mehr. Heute früh habe ich ihn mit einer zusammengerollten Zeitung verprügelt, da hat er die Zeitung angegriffen.«

Natürlich hatte dieser Mann seinen Hund nie richtig in bezug auf das unerwünschte Beißen korrigiert. Der Welpe hat vermutlich die letzte richtige Korrektur von seiner Mutter bekommen, ehe er den Wurf verließ. In dem Augenblick, als ich die »Hundesprache« anwandte, wußte er sofort, was ich sagen wollte: »Hör sofort damit auf!«

Sollten Sie diese Technik ausprobieren, passen Sie auf, daß Sie der Hund nicht ins Gesicht beißt. Halten Sie den Fang gut zu, ehe Sie es tun. Beißen Sie niemals einen Hund, den Sie nicht sehr gut kennen. Ich beiße die Welpen meiner Schüler nur, wenn sie jünger als fünf Monate sind. Ich beiße meine eigenen erwachsenen Hunde, obwohl das selten nötig ist, denn ich weiß, daß sie es niemals wagen würden zurückzubeißen. Untertane Rudelmitglieder beißen niemals den unumstrittenen Rudelführer. (Ich weiß, das hört sich sehr »macho« an, aber es stimmt.)

Eine weitere natürliche Korrektur ist das Nackenschütteln. Das Nackenfell ist lose Haut. Auch die Mutter schüttelt ihre Welpen am Nackenfell. Ich habe auch erwachsene Hunde beobachtet, wie einer den anderen am Nackenfell packte, um die Unterordnung zu erzwingen. Wenn Sie Ihren Hund nicht beißen möchten, versuchen Sie es mit dem Nackenschütteln. Beide Handlungen gehören zur Hundesprache. Je mehr Sie sich mit dem Hund in der Hundesprache verständigen, desto schneller versteht er, was Sie von ihm wollen.

Manchmal müssen Sie unnatürliche Ausbildungsmethoden anwenden. Hunde benutzen ganz sicher keine Halsbänder und Leinen. Sie besprühen sich nicht mit Wasserflaschen, um eine Rauferei zu beenden oder einen Kläffer auf Kommando zur Ruhe zu bringen. Der Vorteil jeder Methode ist offensichtlich. Wenn die Methode human ist und hilft, dann nutzen Sie sie.

Was ist human?

Jede Methode oder jedes Gerät, das den Hund dazu bringt, vor Schmerzen aufzuschreien, ihn verletzt oder ängstigt, ist ungeeignet. Humane Techniken helfen dem Hund auf konstruktivem, gewaltlosem Wege zu lernen. Gut getimte (zeitlich auf den Punkt gebrachte) Belohnung lehrt den Hund, das erwünschte Verhalten zu wiederholen. Gut getimte Korrektur zeigt dem Hund, das unerwünschte Verhalten das nächstemal zu unterlassen.

Schlecht getimte Korrekturen, egal wie sanft sie sein mögen, sind nicht human und unfair. Einen Hund auszuschimpfen, wenn man beim Nachhausekommen feststellt, daß er schon vor Stunden das Kissen zerfetzt hat, bedeutet für den Hund nichts weiter als ein unberechenbarer Wutausbruch. Wofür wird er angeschrien? Weil er vor dem Kamin schlief? Warum ist das schlecht? Darf er dort nicht schlafen? Das nächstemal, wenn er vor dem Kamin schläft, wird er sich unwohl fühlen, sobald Sie hereinkommen. Das ist weniger fair als ein grollendes »Nhaa«, sobald er nach dem Kissen schielt. Mit Hilfe von gut getimten natürlichen Korrekturen lernt der Hund schnell und wirkungsvoll, unerwünschtes Verhalten zu vermeiden, ohne Streß und ohne Verwirrung.

Humane Ausbildung zerstört nicht das Vertrauen zwischen Ausbilder und Hund. Andererseits kann eine außerordentlich harte oder brutale Korrektur, egal wie gut getimt sie sein mag, einen Hund ängstigen. Auch wenn Sie ihn nun erfolgreich dazu gebracht haben, das unerwünschte Verhalten zu unterlassen, so haben Sie doch sein Vertrauen verloren. Wenn Sie einen Hund aus den Gründen besitzen, die ich bevorzuge – Kameradschaft, Zuneigung und Spaß –, dann können Sie dies nie erreichen ohne das Vertrauen Ihres Hundes. Haben Sie *keine Angst,* Korrekturen anzuwenden. Achten Sie nur darauf, daß sie dem Hund entsprechen. Sie sollten stark genug sein, um den Hund dazu zu bringen, sein Verhalten abzubrechen, aber nicht so stark, daß sich der Hund ängstlich niederkauert.

Ich habe Ihnen nun ein Konzept für humane Methoden dargelegt, das so einfach erscheint. Aber ich habe beobachtet, daß »human« ein sehr subjektiver Begriff ist. Lesen Sie folgende Begebenheit:

Ich hatte 12 Jahre einen Großpudel. Ich bekam Joslyn im Alter von etwa 18 Monaten in der Tierklinik, in der ich arbeitete. Sie sollte dort eingeschläfert werden, weil ihr Besitzer mit ihrem Verhalten nicht mehr fertig wurde. Jossie pinkelte, machte Häufchen und zerbiß die Einrichtung, sobald sie alleingelassen wurde. Sie schnappte nach den drei Kindern der Familie. Sobald eine Tür geöffnet wurde, stürmte sie nach draußen und kam nicht, wenn man sie rief. Die Liste ihrer unerwünschten Verhaltensweisen war lang. Ganz einfach – Jossie war nie erzogen worden.

Ich war der Meinung, daß Jossie ein recht gutes Wesen hatte, und glaubte, sie in der richtigen Umgebung und mit der richtigen Ausbildung kurieren zu können. Die Besitzer waren begeistert, daß ich sie haben wollte, und erleichtert, daß sie sie nicht töten zu lassen brauchten. Nachdem ich ihr Vertrauen gewonnen hatte und endlich eine Bindung mit ihr geknüpft war, begann ich mit der Ausbildung. Damals bildete ich Hunde für Gehorsamswettbewerbe aus. Nach etwa anderthalb Jahren war meine gelockte Freundin soweit, die Begleithundprüfung anzutreten. Es dauerte nicht lange, und dieser »Wegwerfhund« hatte Titel in Gehorsamswettbewerben erworben und war ein wundervoller Kamerad.

Eines Tages übte ich mit Jossie »Platz, bleib« auf unserem Universitätsgelände. Sie machte es schon ganz gut, aber es reichte noch nicht für den Wettkampf. Als ein Jogger dicht vorbeikam, ließ sie sich ablenken und stand auf. Ich korrigierte sie mit einem festen »Nhaa«. Jossie sah mich an. Ich brauchte sie nicht zu berühren. Sie legte sich wieder hin. Plötzlich kam eine Frau zu mir und beschimpfte mich.

»Man sollte Sie einsperren«, schrie sie, »den Tierschutzverein rufen. Welch eine Gemeinheit, den armen Hund dazu zu bringen, so still zu liegen. Sie sollten sich schämen.« Das ging etwa zehn Minuten so.

Ich versuchte ihr zu erklären, daß ich das Leben des Hundes gerettet hatte, der nur mangels Erziehung eingeschläfert werden sollte. Für mich war das die äußerste Grausamkeit. Aber sie hörte nicht zu. Für diese Frau bedeutete »grausam« und inhuman, daß ich den Hund dazu erzog, sich hinzulegen und liegenzubleiben.

Nun die nächste Geschichte: Als ich bei einem Tierarzt arbeitete, brachte eine ältere Dame ihren kleinen Hund. Die Krallen waren in die Pfoten eingewachsen. Auf unsere Frage, warum sie die Krallen nicht geschnitten habe oder eher gekommen sei, antwortete sie: »Sie mag es nicht, und ich finde es grausam, sie dazu zu zwingen.« Ich konnte die Ironie kaum fassen. Dieser Hund mußte unter Narkose operiert werden, und die Behandlung der Pfoten dauerte Wochen. Der milde Streß, den das regelmäßige Krallenschneiden bedeutet hätte, ist nichts gegen das, was der Hund nun durchmachen mußte.

Sie müssen ein wenig gesunden Menschenverstand einsetzen, wenn Sie über humane Behandlung nachdenken. Prüfen Sie an sich selbst. Benutzen Sie niemals Methoden, die Ihnen selbst nicht angenehm sind. Betrachten Sie alle Gesichtspunkte. Humane Gehorsamsausbildung und regelmäßige medizinische Betreuung sind nicht immer bequem, leicht oder billig, aber sie verbessern die Lebensqualität des Hundes und – auf lange Sicht gesehen – die des Besitzers ebenso.

Schuldig oder nicht schuldig: Beurteilen Sie Ihren Hund nie nach seinem Gesichtsausdruck!

Jahrelang zeigte Hollywood in Spielfilmen Hunde, die nach menschlichem Verständnis und menschlicher Wertschätzung handelten. Lassie rettet z. B. ein Kaninchen vor dem Tod, Benji löst einen Kriminalfall oder Rin Tin Tin schützt ein Fort vor Gangstern. Diese Tierfilme sind sehr unterhaltend, die Hundedarsteller sind hervorragend ausgebildet, aber sie geben dem Zuschauer eine unrealistische Vorstellung über die Fähigkeiten eines Hundes, zu denken und vernünftig zu reagieren.

Diese falsche Darstellung des Hundeverhaltens ist der Stolperstein vieler Hundehalter – zum Leidwesen ihrer Hunde. Wer niemals einen Ausbildungskurs besuchte oder ein gutes Ausbildungsbuch las, erwartet von seinem Hund oft Dinge, die er gar nicht vollbringen kann. Selbst das, was der Hund könnte, wird ihm auf verwirrende und willkürliche Art und Weise beigebracht. Das traurige Ergebnis ist ein Hund, der langsam lernt und unzuverlässig reagiert. Solche Hunde werden dann als falsch, dumm, starrköpfig oder einfach schlecht bezeichnet. Der richtige Begriff wäre *unwissend*, und zwar zutreffend auf den Besitzer und nicht auf den Hund. Wann immer Sie das Verhalten des Hundes nach menschlichen Maßstäben bewerten, legen Sie seine Verhaltensweisen falsch aus.

Selbst den schlimmsten anthropomorphischen Hundebesitzern kann geholfen werden, wenn sie sich bemühen, ihren Hund zu verstehen. (Anthropomorphismus: Vermenschlichung, Übertragung menschlicher Gestalt und menschlichen Verhaltens auf andere Wesen.) Es ist nicht schlimm, anthropomorph zu sein, aber es ist ein Verbrechen, sich nicht darum zu bemühen, den Hund zu verstehen. Als Trainer verbiete ich den Haltern nicht, ihre Hunde zu vermenschlichen, aber ich mache sie immer wieder darauf aufmerksam, daß sie sich stets bewußt sein müssen, wenn sie es tun.

Einige Aspekte der Vermenschlichung sind harmlos für den Hund – und manchmal sogar angenehm. Z. B. schadet eine besonders leckere Mahlzeit zum Geburtstag oder ein Päckchen zu Weihnachten nicht. Ich möchte die Besitzer lediglich vor Vermenschlichung im Ausbildungsbereich warnen, insbesondere was gutes Timing und faire Korrekturen anbelangt. Beispielsweise korrigieren Besitzer ihre Hunde oft aufgrund ihres »schuldbewußten Blicks« und meinen, der Hund weiß, was er verkehrt gemacht hat. Der Hund weiß es *nicht*, ebensowenig wie er weiß, daß er Geburtstag hat oder heute Weihnachten ist.

Hier ein weiteres gutes Beispiel für die Vermenschlichung: Irgendwann macht jeder Hundebesitzer – besonders im Falle eines Welpen – Bekanntschaft mit dem Nagezwang. Ich bekomme regelmäßig Anrufe von frustrierten Hundebesitzern, deren Hunde Möbel, Teppiche, Schuhe usw. zerkauen, wenn sie allein gelassen werden. Man habe *alles* versucht. »Er weiß genau, was er gemacht hat«, sagen sie. Frage ich danach, was sie gemacht haben, um den Hund davon abzubringen, höre ich: »Ich habe ihn angebrüllt und ihm das zerfetzte Kissen gezeigt. Ich sage ihm, wie böse er ist, und schlage ihn mit der Zeitung.«

Das wiederholt sich ebenso, wie der Hund weitermacht, das Haus zu zerstören –, bis der Punkt kommt, an dem der Hund davonrennt und sich versteckt, wenn der Besitzer nach Hause kommt. Manche Hunde stehen einfach da, zittern und haben den »schuldbewußten Blick« im Gesicht. Gelegentlich kommt der Besitzer nach Hause, und nichts ist passiert. Er ist glücklich, lobt und streichelt den Hund. Der Hund reagiert ebenso freudig auf die zufriedenen Töne, wedelt mit der Rute und sieht glücklich aus.

Leider bestätigt das fröhliche Verhalten des Hundes die Meinung des Besitzers, der Hund wisse, daß Nagen »Pfui« ist. Der Besitzer denkt, der Hund sei schlecht, weil er sich dafür rächen will, daß er alleingelassen wird. Diese Einschätzung beruht einzig auf menschlichen Gefühlen und der menschlichen Einstellung. Solche Besitzer sind anthropozentrisch. Sie betrachten alles nur aus ihrer menschlichen Erfahrung und Wertschätzung heraus.

Was ist demnach ein Beispiel aus der Sicht des Hundes? Hier ist die Story meines Hundes Carrousel's Jason, einem Begleithund:

Jason, mein Irish Setter, trägt den Titel Begleithund. Er wäre der größte Müllhund aller Zeiten geworden, und er war einer meiner besten Lehrer.

Jason war zwei Jahre alt und hatte seinen ersten Gehorsamstitel errungen, als mir das Vermenschlichungssyndrom auffiel. Jason war ein »guter Hund«. Ein Freund von mir, ebenfalls Hundetrainer, und ich nahmen an einer Gehorsamsdemonstration teil, die ein bekannter professioneller Hundetrainer aus dem Staate New York veranstaltete. Er führte mit seinem Hund einige Gehorsamsübungen und einige spaßige Tricks vor. Wir waren alle beeindruckt.

Nach der Vorführung wurde eine Fragestunde abgehalten. Viele Leute fragten: »Wie bekomme ich meinen Hund dazu, zu kommen, wenn ich rufe?«, »Wie mache ich meinen Welpen stubenrein?« Und schließlich war ich an der Reihe: »Wie halte ich meinen Irish Setter vom Müll fern?« Sein Rat war: »Erwischen Sie ihn in der Mülltonne, und korrigieren Sie ihn, wenn er gerade dabei ist, sie auszuräumen.«

»Ich habe das schon ein paarmal gemacht«, antwortete ich, »jetzt geht er nicht mehr zur Mülltonne, wenn ich zu Hause bin, sondern er wartet, bis ich fort bin. Und glauben Sie mir, er *weiß* genau, daß er es nicht tun soll.« »Wie kommen Sie darauf, daß er weiß, was er falsch macht?« fragte der Trainer.

»Als ich nach Hause kam und er zum erstenmal den Müll ausgekippt hatte, habe ich ihn mir geschnappt und mit ihm geschimpft und dabei seine Nase in den Müll gesteckt. Jason war sehr verstört und sah aus, als ob es ihm leid tat. Aber trotzdem hat er es immer wieder gemacht. Wenn er mal nicht am Müll war, lobe ich ihn. Ich weiß, daß er genau weiß, daß er nicht an den Müll darf, denn er rennt nur weg und versteckt sich, wenn er am Müll war. Hat er nichts gemacht, erwartet er mich freudig an der Tür. Er *weiß* es. Er ist nur manchmal so starrsinnig.«

»Ich glaube nicht, daß er weiß, daß er etwas Unrechtes tut, wenn er an den Müll geht«, antwortete der Trainer, und ich war skeptisch.

»Mach ein kleines Experiment,« schlug er vor. »Bringe den Hund in die Küche, und laß ihn zusehen, wie Du den Müll auf den Boden kippst. Sag nichts zu ihm. Verlasse das Haus, und komme fünf Minuten später zurück. Achte darauf, was der Hund dann macht. Lobe oder korrigiere ihn nicht.«

Das habe ich gemacht. Als ich den Müll auf den Boden kippte, wurde Jason ängstlich und nervös. Ich sagte kein Wort und ging. Als ich nach Hause kam, benahm sich Jason verstört und hatte die schuldige Miene im Gesicht. Ich war sicher, daß er nicht im Müll gewühlt hatte, denn es war nichts drin, das ihn hätte reizen können. Als ich ihm nahe kam, rannte er die Treppe rauf und versteckte sich. Ich rief den Trainer an und erzählte ihm, was passiert war.

»Wenn dein Hund weiß, was er falsch gemacht hat, warum hat er sich schuldig gefühlt und versteckt, als er dir zusah, wie du den Eimer ausleertest?« Ich hatte keine Ahnung.

»Weil du ihm beigebracht hast, sich so zu benehmen. Du hast seine angstvolle Vorahnung als Schuldgefühl ausgelegt. Der Hund weiß: Wenn Müll auf dem Boden liegt, wenn du zurückkommst, gibt es Ärger. Leider versteht der Hund nicht, während er den Müll verteilt, daß du irgendwann nach Hause kommst und wütend bist.

Hunde blicken nicht in die Zukunft. Sie haben aber ein großartiges Gedächtnis. Deshalb hat Jason schnell begriffen, daß Müll auf dem Boden bei deiner Rückkehr Ärger bedeutet. Solange er im Müll wühlt und Leckerbissen herausfischt, fühlt er sich großartig. Denn es ist ihm angenehm, und nichts passiert, um diesen Genuß zu vergällen. Deshalb wird er es bei jeder Gelegenheit wieder tun.«

Ich hatte begriffen. Ich mußte also eine unangenehme Erfahrung für ihn mit der Mülltonne verbinden, wenn ich außer Haus war.

Der Trainer gab mir ein paar Tips. Tu eine Mausefalle in den Eimer. Steckt der Hund die Nase rein – zack! Unangenehme Erfahrung! Er wird den Eimer künftig meiden. (Das mag zwar sein, aber ich hatte Angst, der Hund könnte sich verletzen, und habe es nicht ausprobiert). Ein weiterer Vorschlag war, scharfe Pfeffersoße an die Essensreste zu geben, die dem Hund unangenehm schmeckt. Auch dieses wäre unangenehm in dem Augenblick, in dem er es tut. Das habe ich probiert, aber Jason lernte schnell, den Eimer nur in Ruhe zu lassen, wenn er die scharfe Pfeffersoße roch.

Diese Art der Ausbildung nennt man Verhaltensänderung. Eine Alternative ist, die Umgebung zu kontrollieren. Im Falle Jason und Müll mußte ich den Eimer in meiner Abwesenheit eben so stellen, daß er ihn nicht erreichen konnte. Das brachte dem Hund zwar nicht bei, den Müll in Ruhe zu lassen, aber es beendete das Problem.

Der Hund betrachtet kein Verhalten als gut oder schlecht, richtig oder falsch. Wenn ihm ein Verhalten angenehm ist, wird er es wiederholen, bis es zur Gewohnheit wird oder zur konditionierten Reaktion. Ist ein Verhalten unangenehm, wird er es schließlich nach mehreren schlechten Erfahrungen meiden. Bei genügend Wiederholungen entwickelt der Hund ein konditioniertes Meideverhalten.

Denken Sie aber daran, daß eine einzige Erfahrung selten ein Verhalten zu einer Angewohnheit macht. Verhaltensweisen müssen manchmal oft wiederholt werden, ehe der Hund sie zuverlässig zeigt. Auch wenn der Hund das Verhalten ein- oder zweimal zeigt, bedeutet das nicht, daß er eine Gewohnheit daraus gemacht hat. Man muß sicherstellen, daß der Hund das erwünschte Verhalten viele, viele Male wiederholt. Erst dann sollten Sie ihn testen und ein positives Ergebnis erwarten.

Halten Sie sich all das vor Augen, wenn Sie das nächstemal einen Basset Hound sehen mit seinen großen, traurigen Augen und den langen Hängeohren. Ehe Sie sagen: »Armer Hund, er sieht so traurig aus!«, denken Sie daran, daß *Sie* traurig wären, wenn Sie so aussähen. Der Basset Hound wirkt nur aus unserer Sicht so auf uns. In Wirklichkeit kann er der glücklichste und zufriedenste Hund der Welt sein.

Das Hundesprache-Erziehungsprogramm

Das Schritt-für-Schritt-Trainingsprogramm für Ihren Hund

In der Hundeausbildung ist es besonders wichtig, daß man nicht willkürlich arbeitet. Man muß ein brauchbares systematisches Programm entwickeln. Für den Anfänger kann das schwierig sein.

Es folgt ein Trainings-Programm in zehn Abschnitten. Es beinhaltet alle Übungen, die auf S. 91 bis 193 beschrieben werden. Sie werden feststellen, daß diese Übungen in einige Schritte aufgeteilt sind. Jeder neue Schritt baut auf dem vorherigen auf. Auf diese Weise arbeitet man sich zum Ziel vor.

Sie brauchen nicht alle Schritte zu lesen, ehe Sie anfangen. Lesen Sie Schritt 1, nehmen Sie den Hund, und probieren Sie es aus. Üben Sie morgen und übermorgen. Damit haben Sie die Ausbildung begonnen!

Alle Schritte in 1 sind die ersten Schritte jeder Übung. Abschnitt 2 behandelt den zweiten Schritt, Abschnitt 3 den dritten usw. Überspringen Sie keinen Schritt! Zuverlässige Ergebnisse erzielen Sie nur, wenn Sie sich an das Programm halten. Sie werden das Programm möglicherweise Ihrem Hund anpassen müssen. Trainer sollten nie alle Hunde in ein Schema pressen. Ein Schema kann nicht jedem Hund gerecht werden. Gute Trainer entwerfen für jeden Hund ein eigenes Programm.

Als Barbara und ich unsere Hunde ausbildeten, benutzten wir die Trainingsmethoden dieses Buches. Wir gingen nach den beschriebenen Schritten vor. Aber Zeit spielt keine Rolle. Wenn ein Hund noch nicht weit genug für Schritt 2 ist, dann üben wir Schritt 1 so lange, bis er ihn beherrscht.

Bei manchen Schritten geben wir an, wie lange Sie üben sollen. Das sind aber nur ungefähre Vorgaben, z. B.: »Üben Sie Schritt 1 täglich eine Woche lang.« Mit Ihrem Hund müssen Sie vielleicht drei Wochen oder mehr ansetzen!

Arbeiten Sie bei jedem Schritt so lange, bis Ihr Hund ihn beherrscht. Dann gehen Sie zum nächsten weiter. Wie Menschen lernen auch Hunde unterschiedlich schnell. Wenn Sie das Programm Ihrem Hund anpassen, ist die Erfolgsaussicht größer.

Fühlen Sie sich jedoch nicht verpflichtet, täglich alle Übungen eines Abschnittes durchzuführen. Tatsächlich ist das nicht so gut. Wir machen ein paar am Morgen, einige am Nachmittag nach der Arbeit und ein paar am Abend. Man hat mehr Spaß dabei, wenn man gelegentlich eine Viertelstunde übt. Die Chancen sind größer, daß Sie fröhlich und gut gelaunt an die Sache herangehen. Der Hund spürt das, und Sie sind auf dem besten Wege zum Erfolg. (Für zusätzliche Tips lesen Sie Seite 87, »Allgemeine Übungshinweise«.)

Abschnitt 1

- Sitzen auf Hörzeichen
  Schritt 1: unter Zwang (siehe Seite 94)
- Platz auf Hörzeichen
  Schritt 1: unter Zwang (siehe Seite 104)
- Sitz, bleib
  Schritt 1: bei Fuß sitzen (siehe Seite 114)
- Steh, bleib
  Schritt 1: Hände am Hund (siehe Seite 132)
- Platz, bleib
  Schritt 1: der gedachte Kreis (10 Minuten) (siehe Seite 144)
- Gehen an lockerer Leine und Stehen
  geringe Ablenkung (siehe Seite 151)

Abschnitt 2

- Sitzen auf Hörzeichen
  Schritt 2: durch Locken (siehe Seite 95)
- Platz auf Hörzeichen
  Schritt 2: durch Locken (siehe Seite 105)

- Sitz, bleib
  Schritt 2: vor ihm stehen bleiben (siehe Seite 115)
- Steh, bleib
  Schritt 2: Hände wegnehmen (siehe Seite 134)
- Platz, bleib
  Schritt 2: Dauer verlängern (20 Minuten) (siehe Seite 146)
- Kommen auf Hörzeichen
  Schritt 1: Nachlauf-Reflex (siehe Seite 175)
- Gehen an lockerer Leine
  Vertiefen (siehe Seite 151)

Abschnitt 3

- Sitzen auf Hörzeichen
  Vertiefen der Schritte 1 und 2 (Zwang und Locken) (siehe Seite 94 und 95)
- Platz auf Hörzeichen
  Vertiefen der Schritte 1 und 2 (Zwang und Locken) (siehe Seite 104 und 105)
- Sitz, bleib
  Schritt 3: zusätzliche Ablenkungen (zwei Schritte entfernt) (siehe Seite 117)
- Steh, bleib
  Vertiefen von Schritt 2 (Hände wegnehmen) (siehe Seite 134), zusätzliche Ablenkung
- Platz, bleib
  Schritt 3: stärkere Ablenkung (30 Minuten) (siehe Seite 147)
- Kommen auf Hörzeichen
  Schritt 2: Nachlauf-Reflex aus einer Entfernung von 1,80 m (S. 277), weiterhin Vertiefen von Schritt 1 (Nachlauf-Reflex)
- Gehen an lockerer Leine
  zusätzliche Ablenkungen auf dem Trainingsgelände (S. 154)

Abschnitt 4

- Sitzen auf Hörzeichen
  Schritt 3: kontrollierter Test (siehe Seite 98)
- Sitzen auf Hörzeichen aus der Platzlage

- Platz auf Hörzeichen
  Schritt 3: kontrollierter Test (siehe Seite 106)
- Sitz, bleib
  Schritt 4: Ausdehnung der Entfernung (bis 1,80 m) (S. 119)
- Steh, bleib
  Schritt 3: vor dem Ausbilder stehen (siehe Seite 136)
- Platz, bleib
  Schritt 4: in fremder Umgebung (siehe Seite 147)
- Kommen auf Hörzeichen
  Schritt 3: Nachlauf-Reflex aus dem Bei-Fuß-Gehen (S. 179)
- Gehen an lockerer Leine
  in fremder Umgebung

Abschnitt 5

- Sitzen auf Hörzeichen
  Schritt 4: kontrollierter Test von vorne (siehe Seite 98)
- Platz bei Hörzeichen
  Schritt 4: kontrollierter Test von vorne (siehe Seite 107)
- Sitz, bleib
  Schritt 5: Nach dem Leinenende (S. 121) weitere Ablenkung
- Anspringen (siehe Seite 127)
- Steh, bleib
  Schritt 4: Ausdehnung der Entfernung (1 m) (siehe Seite 138)
- Platz, bleib
  Vertiefen von Schritt 4 (in fremder Umgebung) (siehe Seite 147), zusätzliche Ablenkung
- Kommen auf Hörzeichen
  Schritt 4: Nachlauf-Reflex mit Ablenkung (siehe Seite 180)
- Gehen an lockerer Leine
  Vertiefen (siehe Seite 151), zusätzliche Ablenkung
- Bei Fuß: geradeaus (siehe Seite 158)

Abschnitt 6

- Sitz auf Hörzeichen
  Vertiefen der Schritte 3 und 4 (kontrollierter Test von vorne und von der Seite) (siehe Seite 97 und 98)

- Platz auf Hörzeichen
    Schritt 5: Hand von der Schulter (siehe Seite 109)
- Sitz, bleib
    Vertiefen von Schritt 5 (hinter dem Leinenende) (siehe Seite 121)
- Anspringen
    Vertiefen (siehe Seite 127)
- Steh, bleib
    Vertiefen von Schritt 4 (1 m Abstand) (siehe Seite 138)
- Platz, bleib
    Vertiefen von Schritt 4 (in fremder Umgebung) (siehe Seite 147) und weitere Ablenkungen
- Kommen auf Hörzeichen
    Schritt 5: Rückruf (Teststadium) (siehe Seite 181)
- Gehen an lockerer Leine
    Vertiefen (siehe Seite 151)
- Bei Fuß: Kehrtwendung, langsamer Schritt, schneller Schritt (siehe Seite 163)

Abschnitt 7

- Sitzen auf Hörzeichen
    Schritt 5: willkürliche Sitzübungen (siehe Seite 99)
- Platz auf Hörzeichen
    Schritt 6: aufrecht stehen (siehe Seite 109)
- Sitz, bleib
    Schritt 6: bleib in 6 m Entfernung (siehe Seite 122)
- Begrüßung von Leuten ohne anzuspringen
    Vertiefen (siehe Seite 127)
- Steh, bleib
    Schritt 5: Berührung durch den Ausbilder (siehe Seite 138)
- Platz, bleib
    Vertiefen von Schritt 4 (in fremder Umgebung) (siehe Seite 147)
- Kommen auf Hörzeichen
    Schritt 6: Üben mit Sitz (siehe Seite 186)
- Gehen an lockerer Leine
    Vertiefen (siehe Seite 151)
- Bei Fuß: rechte und linke Wendung (siehe Seite 164)

Abschnitt 8

- Sitzen auf Hörzeichen
  Schritt 6: ohne Leine (siehe Seite 100)
- Platz auf Hörzeichen
  Schritt 7: Platz aus dem Steh heraus (siehe Seite 110)
- Sitz, bleib
  Schritt 7: bleib ohne Leine (siehe Seite 123)
- Anspringen
  Vertiefen (siehe Seite 127)
- Steh, bleib
  Vertiefen von Schritt 5: (Berührung durch den Ausbilder) (siehe Seite 138)
- Platz, bleib
  Außer Sicht (siehe Seite 148)
- Kommen auf Hörzeichen
  Schritt 7: Üben mit Steh (siehe Seite 186)
- Gehen an lockerer Leine
  Vertiefen (siehe Seite 151)
- Bei Fuß: automatisches Sitz (siehe Seite 164)

Abschnitt 9

- Sitzen auf Hörzeichen
  Vertiefen von Schritt 6 (ohne Leine) (siehe Seite 100)
- Platz auf Hörzeichen
  Schritt 8: willkürliches Platz (siehe Seite 111)
- Sitz, bleib
  Außer Sicht (siehe Seite 124)
- Anspringen
  Vertiefen (siehe Seite 127)
- Steh, bleib
  Schritt 6: Steh für Abtasten (siehe Seite 140)
- Platz, bleib
  Vertiefen »außer Sicht« (siehe Seite 148)
- Kommen auf Hörzeichen
  Schritt 8: Rückruf aus dem Stand (siehe Seite 187)
- Kommen auf Hörzeichen mit Handzeichen
  Teil A: Beibringen des Handzeichens (siehe Seite 191)

- Gehen an lockerer Leine
  Vertiefen (siehe Seite 151)
- Bei Fuß: Vertiefen aller Variationen (siehe Seite 162 bis 165)

Abschnitt 10

- Sitzen auf Hörzeichen
  Vertiefen von Schritt 6 (ohne Leine) (siehe Seite 100)
- Platz auf Hörzeichen
  Vertiefen von Schritt 8: (willkürliches Platz) (siehe Seite 111)
- Sitz, bleib
  Vertiefen »außer Sicht« (siehe Seite 124)
- Anspringen: Vertiefen (siehe Seite 127)
- Steh, bleib
  Vertiefen von Schritt 6: (Steh mit Abtasten) (siehe Seite 140)
- Platz, bleib
  Vertiefen »außer Sicht« (siehe Seite 148)
- Kommen auf Hörzeichen
  Schritt 9: Kommen während des Freilaufens (siehe Seite 189)
- Kommen auf Handzeichen
  Teil B: ohne Hörzeichen (siehe Seite 193)
- Gehen an lockerer Leine
  Vertiefen (siehe Seite 151)
- Bei Fuß: ohne Leine (siehe Seite 165)

Allgemeine Übungshinweise

Bitte folgen Sie den Schritten des Übungsprogramms genau. Erinnern Sie sich stets an diese Grundregeln, wenn Sie mit Ihrem Hund arbeiten.

Wählen Sie zum Übungsbeginn eine Umgebung, die das Lernen fördert.
Manche Leute stehen unter dem falschen Eindruck, ihren Hund

unter Ablenkung erziehen zu müssen. Sie sind der Meinung, das sei nötig, weil der Hund auch unter Ablenkung zuverlässig gehorchen muß. Vergleichbar wäre, eine Fremdsprache bei ohrenbetäubender Musik zu lernen. Das gewöhnt Sie nicht daran, Fremdsprachen bei lauter Musik zu lernen, sondern die Musik lenkt Sie ab und stört.

Viel logischer ist es, in ruhiger Umgebung zu lernen, wo man sich konzentrieren kann. Beherrscht man die Fremdsprache schon ein wenig, kann man auch bei leichter Hintergrundmusik lernen. Sprechen Sie die Sprache fließend, verstehen Sie selbst bei lauter Musik noch, was Sie lesen.

Die gleiche Philosophie gilt auch für den Hund. Beginnen Sie die Ausbildung in einer Umgebung, in der der Hund Ihnen seine volle Aufmerksamkeit widmen kann. Wenn Ihr Hund seine Übungen sicherer beherrscht, können Sie allmählich Ablenkungen einbauen. Hat der Hund das erwünschte Verhalten erlernt, können Sie auch unter chaotischen Verhältnissen üben.

Üben Sie täglich.
Hunde lernen durch Wiederholung. Der Ausbilder muß das erwünschte Verhalten des Hundes ständig wiederholen. Das erfordert Ausdauer. Manche Übungen müssen Hunderte Male geübt werden, bis der Hund daraus eine Gewohnheit macht oder konditioniert reagiert. Unzuverlässigkeit des Ausbilders verwirrt den Hund und verzögert den Lernprozeß.

Es ist weder notwendig noch empfehlenswert, feste Zeiten anzusetzen. Üben Sie morgens ein wenig, ehe Sie zur Arbeit gehen, ein paar Minuten, wenn Sie nach Hause kommen, und einige Minuten später am Abend. Am wichtigsten ist es jedoch, konstant zu bleiben. Wann immer Sie sich mit dem Hund beschäftigen, fügen Sie Übungen ein.

Gewöhnen Sie den Hund nicht an ein Schema.
Obwohl man konstant bleiben soll, ist es ebenso wichtig, keine Schemen aufzustellen. Schema bedeutet hier, immer die gleichen Übungen in der gleichen Reihenfolge, zur gleichen Zeit am gleichen Ort zu machen. Ein Beispiel: Sie arbeiten mit Ihrem Hund an vier Übungen, sagen wir Sitz, Platz, Fuß und Komm. Ein Schema wäre, wenn Sie jeden Nachmittag um drei Uhr mit dem Hund in der Hofeinfahrt die Übungen in stets der gleichen Reihenfolge durchgehen.

Der Nachteil ist nämlich, daß Hunde richtige Gewohnheitstiere sind. Der Hund wird rasch wissen, was als nächstes kommt. Es langweilt den Hund auch. Das Hundegehirn braucht ständige Anregung, wenn er mit Freude arbeiten soll. Ohne Abwechslung lernt der Hund den gesamten Übungsblock und macht diese Übungen schließlich nur noch zur gleichen Zeit am gleichen Ort.

Wenn man sich dies vor Augen hält, ist es einfach. Üben Sie an verschiedenen Orten in Haus und Hof. Nehmen Sie ihn gelegentlich mit in den Park oder einen leeren Schulhof zum Üben. Üben Sie tagsüber und abends zu verschiedenen Zeiten. Wechseln Sie die Reihenfolge der Übungen. Gestalten Sie die Ausbildung interessant, und der Hund wird das Lernen genießen und zuverlässiger reagieren.

Teilen Sie die Übungen in einfache Schritte auf.

Ein Hund ist durchaus in der Lage, mehr als ein Verhalten am gleichen Tag zu lernen, solange das jeweils erwünschte Verhalten einfach und deutlich ist. Es ist schwierig, wenn nicht gar unmöglich für einen Hund, eine umfangreiche Übung sofort zu erlernen. Wenn Sie zu früh zu viel erwarten, kommen Sie nie zum Ziel.

Sie müssen zuerst das erwünschte Verhalten, das Ihr Hund lernen soll, durchdenken. Welches ist der einfachste Teil darin? Üben Sie zuerst diesen, und fügen Sie dann einfache Schritte an. Bilden Sie eine Verhaltenskette bis zum Endziel. Genauso haben wir das HUNDE-SPRACHE-Programm aufgebaut. Hat der Hund mit einem bestimmten Teil Probleme, gehen Sie zu einem einfacheren Schritt zurück. Diese Vorgehensweise, zusammen mit Wiederholungen und Geduld, führt garantiert zum Erfolg.

Denke und handle stets wie ein Rudelführer.

Ein Hund folgt nur den Anweisungen des Rudelführers. Rudelführer sind stets unmißverständlich! Aber ein Rudelführer ist kein Tyrann. Im Rudel ist der Führer ein »dominantes« Tier. Aber »dominant« bedeutet kein Machoverhalten oder ständiges Gängeln der anderen – weder im Rudel noch in der Familie.

Ein Wort, das zutreffender und besser verständlich ist, ist »bestimmt«. Man soll nicht grob oder überlegen sein, sondern einfach bestimmt. Sie haben die Verantwortung übernommen und sind der Boß. Stellen Sie sich Einkaufen mit einem Fünfjährigen vor. Entweder Sie haben ihn im Griff oder nicht. Wenn nein, haben Sie einen hektischen Tag vor sich! Sie brauchen jedoch das Kind nicht zu mißhandeln und zu schlagen. Sie brauchen nur Regeln aufzustellen und konsequent zu sein. Seien Sie bestimmt, und Sie sind der Rudelführer.

Keine Wutausbrüche bei der Ausbildung!
Geduld ist eine Tugend. Glücklicherweise kann man sie lernen. Die meisten Menschen sind keine geborenen Heiligen. Viele Anfänger verlieren meist aus Hilflosigkeit früher oder später die Geduld bei der Ausbildung. Leider ist das der Ausbildung immer abträglich. Jedesmal verlieren Sie ein Stück vom bisherigen Erfolg. Wenn Sie einen schlechten Tag haben und nervös sind, brechen Sie sofort ab. Wenn Sie sich jedoch nicht beherrschen können, kaufen Sie sich ein Aquarium. Der Hund ist nicht das richtige Tier für Sie.

Bei der Hundeausbildung müssen Sie zuerst innehalten und darüber nachdenken, warum etwas nicht klappt. Analysieren Sie die Lage. Machen Sie etwas falsch? Führen Sie die Methoden genau durch? Machen Sie sich dem Hund klar verständlich?

Ist der Hund krank? Hat er Schmerzen an Ohren, Hüften oder Pfoten? Muß er sich lösen? Hat er Wesensprobleme? Hatte er zuwenig Bewegung? Hat er Angst, oder regt er sich über irgend etwas im Übungsbereich auf? Das sind nur ein paar Dinge, die während des Trainings vorkommen können. Es ist Ihre Aufgabe als Ausbilder, ruhig zu bleiben und die Lage zu überdenken. Wütend werden beschleunigt nicht den Lernvorgang des Hundes. Es untergräbt lediglich das Vertrauen des Hundes zu Ihnen. Vertraut Ihnen Ihr Hund nicht vollkommen, dann haben Sie verloren!

Gestalten Sie das Training abwechslungsreich und freudvoll.
Ebenso wie Sie dem Hund Verhaltensweisen beibringen können, können Sie auch seine Einstellung zum Lernen prägen. Ihre Haltung während der Übungen beeinflußt ebenfalls den Hund. Langweilt Sie das Ganze, ist auch der Hund gelangweilt. Schlurfen Sie herum, bewegt sich auch der Hund entsprechend. Bewegen Sie sich rasch, lernt der Hund, rasch zu reagieren. Loben Sie den Hund voller Freude, dann wedelt er mit der Rute und schaut Sie an. Sollten Ihre Nachbarn Sie *nicht* für verrückt halten, machen Sie etwas verkehrt! Es ist Ihre Aufgabe, das Training fröhlich zu gestalten.

Setzen Sie den Namen des Hundes nutzbringend ein.
Benutzen Sie den Namen des Hundes, um seine Aufmerksamkeit zu erlangen – ebenso wie Menschen es untereinander tun. Wollte ich Barbara zu mir rufen, würde ich sagen: »Barbara!« Damit hätte ich ihre Aufmerksamkeit erreicht. Dann würde ich fortfahren: »Komm doch bitte mal her.«

Das gleiche gilt für den Hund. Schnüffelt Drifter an einem Baum, muß ich zunächst seine Aufmerksamkeit erreichen, indem ich seinen

Namen rufe: »Drifter!« Schaut er mich daraufhin an, gebe ich das Hörzeichen »Komm!« Rufen Sie den Namen des Hundes stets vor einem Hörzeichen, das den Hund in Bewegung setzen soll. »Drifter, komm«, »Byron, Sitz«, »Bentley, Fuß!« sind Beispiele. Es macht keinen Sinn zu sagen: »Platz, Cork«, sondern es verunsichert den Hund, insbesondere wenn mehrere Hunde im Haus leben.

Ich benutze den Namen des Hundes nie bei einem »Bleib«-Hörzeichen, sondern nur dann, wenn er sich bewegen soll. Denn ich will beim Bleib ja nicht, daß er sich bewegt. Außerdem habe ich seine Aufmerksamkeit bereits durch das vorhergegangene Kommando erreicht: »Drifter, Sitz« oder »Drifter, Steh«.

Benutzen Sie den Namen des Hundes niemals anstelle des »Nhaa«, wenn Sie ihn korrigieren. Der Hund lernt am Tonfall, wenn man den Namen ständig so anwendet. Der Hund muß seinen Namen mit etwas Angenehmem verbinden. Er soll Sie interessiert anschauen, wenn Sie den Namen nennen, nicht in die andere Richtung wegschauen.

Geben Sie immer nur *ein* Hörzeichen!
Es ist am Anfang sehr wichtig, dem Hund beizubringen, stets auf das erste Hörzeichen zu reagieren. Geben Sie fünf Hörzeichen, wird Ihr Hund nie sofort folgen. Er wird lernen, auf fünf Worte zu warten.

Noch schlimmer: Manche Ausbilder wiederholen die Worte niemals gleich oft. Manchmal geben Sie ein Hörzeichen zweimal, fünfmal oder zehnmal. Die Hunde wissen gar nicht, wenn sie reagieren sollen. Diese Hunde lernen nur, alle Hörzeichen zu ignorieren.

Hunde lernen sehr gut, auf ein Hörzeichen zu hören. Es liegt an Ihnen, sie so zu erziehen. Denken Sie beim Üben daran, ein Hörzeichen *immer nur einmal* zu geben.

Sitz und Platz auf Kommando

Man muß Hunden nicht beibringen, sich zu setzen oder zu legen. Sie tun es ganz von selbst. Aber man muß sie lehren, es *auf Kommando* zu tun. Das bedeutet, den Hund dazu zu bringen, als Reaktion auf ein Signal hin sich zu setzen oder zu legen.

Wie man einem Hund beibringt, auf Kommando zu folgen

Es gibt zwei Gründe für einen Hund, auf ein Kommando hin zu gehorchen. Erstens, weil der Hund klar versteht, was wir von ihm wollen, wenn wir es ihm sagen. Versteht uns der Hund nicht ganz, folgt er nicht zuverlässig. Wann immer mir die meisten Leute sagen, ihr Hund sei dumm oder stur, wäre das richtige Wort »verwirrt«. Zweitens gehorcht er, weil er weiß, daß er es muß. Der Hund mag sehr wohl verstehen, was wir wollen, aber er hat durch die Inkonsequenz des Ausbilders gelernt, daß er nicht gehorchen muß, wenn ihm nicht danach ist.

Stellen Sie sich vor, Sie besuchen ein Land, dessen Sprache Sie nicht kennen. Eine Frau sagt in ihrer Sprache:»Machen Sie bitte die Tür auf.« Sie schauen sie verwirrt an, denn Sie haben keine Ahnung, was sie meint. Egal wie oft sie ihre Bitte wiederholt, Sie verstehen sie nicht. Auch wenn Sie angeschrien werden, verstehen Sie nicht besser. Ihre Verwirrung nimmt zu, wenn sie eine Hundeleine oder eine zusammengerollte Zeitung nimmt, auf Sie einschlägt und brüllt: »Mach die Tür auf!« Nimmt Sie diese Frau jedoch sanft am Arm und wiederholt den Satz, während sie Ihnen das Türöffnen zeigt, verstehen Sie nach mehrmaligem Üben den Satz.

Nach einigen Wochen testet die Frau Sie und sagt in der fremden Sprache:»Öffne die Tür.« Tun Sie es nicht, hat sie guten Grund, Sie zu korrigieren, denn inzwischen verstehen Sie ja, was sie will. Ist Ihnen an künftigen Auseinandersetzungen nicht gelegen, öffnen Sie die Tür unverzüglich, sobald sie darum bittet.

Diese Vorgehensweise gilt auch für Hunde. Sie dürfen einen Hund nicht korrigieren, weil er ein Hörzeichen, das er nie gelernt hat, nicht versteht. Sie müssen dem Hund zuerst die Bedeutung des Hörzeichens beibringen. Dazu gehen Sie in drei Schritten vor. Erstens, finden Sie einen Weg, damit der Hund das erwünschte Verhalten zeigt. Gleichzeitig muß er das entsprechende Hörzeichen hören. Das ist ganz wichtig. Der Hund wird nie zuverlässig gehorchen, wenn er nicht versteht, was er tun soll, wenn Sie das Zeichen geben.

Zweitens muß man eine Verbindung herstellen zwischen Hörzeichen und Verhalten. Das heißt wiederholen. Achten Sie darauf, daß der Hund das Verhalten jedesmal zeigt, sobald er das Wort hört. Dazu braucht es keine 15 Minuten täglich langweiligen, militärischen Drills. Üben Sie gelegentlich im Tagesablauf. Wann immer Sie auf Ihren Hund treffen, lassen Sie ihn das Verhalten zeigen, und verbinden Sie es mit dem Hörzeichen.

Wichtig ist, daß Sie nur jeweils ein Hörzeichen geben. Wenn Sie sich wiederholen, weiß der Hund nicht, wann genau er folgen soll.

In diesem Stadium wird der Hund nicht getestet. Er braucht noch nicht selbständig auf das Hörzeichen zu reagieren. Er braucht nur zu dulden, daß Sie ihn anfassen. Der einzige Fehler, den ein Hund begehen kann, ist, sich zu wehren, zu beißen oder sich zu sträuben. Läßt er sich nicht von Ihnen anfassen, haben Sie ein Rudelführer-Problem (siehe Seite 47, »Rudelführer«).

Nach einigen Wochen der Verbindung von Hörzeichen und Verhalten ist der Hund bereit für den dritten Schritt, den Test. Mit Testen meine ich, nur das Hörzeichen ohne weitere Hilfen zu geben. Gehorcht der Hund sofort, loben Sie ihn überschwenglich. Wenn nicht, korrigieren Sie ihn rasch. Der Hund versteht die Korrektur, denn Sie haben ihm in wochenlanger Arbeit gezeigt, was sein Körper dabei tun soll. Hätten Sie es ihm nicht gezeigt, wäre die Korrektur unfair und verwirrend.

Sitzen auf Hörzeichen

Am Anfang der Lektion sagen 95 Prozent meiner Schüler: »Mein Hund kann Sitz.« Meist haben sie recht. Sitzen auf Hörzeichen ist ein Gehorsamsbefehl, den die meisten Hunde der Welt ausführen – auch wenn sie kein entsprechendes Training hatten. Warum?

Es gibt ein interessantes Phänomen bei Hunden, insbesondere bei aufmerksamen Welpen. Man nehme ein beliebiges Wort, wiederhole es oft genug, der Hund schaut uns an und setzt sich endlich. Auf das Wort selbst kommt es nicht an. Man könnte genausogut Platz oder Rollen, Knochen oder gar Pizza sagen. Sie alle bedeuten dem nicht erzogenen Hund nichts. Wir benutzen hier eben »Sitz«.

Hundebesitzer schauen ihre Hunde an und sagen: »Sitz, sitz, sitz, sitz.« Schließlich setzt sich der Welpe. Der Besitzer lobt den Hund. Der Hund hat nun ungewollt gelernt, auf Hörzeichen zu sitzen.

Sitzen und Pfötchengeben sind die einzigen automatischen Gesten, die man einem Hund entlocken kann, wenn man ihn mit inhaltlosen Worten bombardiert. Der einzige Nachteil ist, daß die Hunde, die es auf diese Weise lernen, sich nur dann setzen, wenn sie es wollen. Das Ziel des Hörzeichens »Sitz« ist, daß sich der Hund zuverlässig und rasch setzt, wenn es ertönt.

Wie man Sitz auf Hörzeichen beibringt

Schritt 1: unter Zwang

- Lassen Sie den Hund an Ihrer linken Seite stehen.
- Legen Sie die rechte Hand, Handfläche nach oben, unter das Halsband. Die Finger zeigen zur Rute.
- Legen Sie die linke Hand auf den Nacken des Hundes.
- Sagen Sie den Namen des Hundes und »Sitz«.
  Gleichzeitig ziehen Sie mit der rechten Hand das Halsband nach oben und zurück und fahren mit der linken den Rücken entlang der Wirbelsäule über die Rute und drücken ihn in die Sitzposition.
- Sobald er sitzt, überschwenglich loben. Achten Sie darauf, das Hörzeichen nur einmal zu geben.

Üben Sie oft im Verlauf des Tages. Sie dürfen den Hund nicht testen, indem Sie ihm ein bedeutungsloses Wort an den Kopf schleudern und warten, was er macht. Sie müssen sich stets in der Lage befinden, mit dem Hörzeichen die Hilfestellung zu geben. Sie müssen eine Verbindung herstellen zwischen dem Sitzen und dem Hörzeichen. Die

Schritt 1: Führen Sie die rechte Hand zwischen Hals und Kette, Handfläche nach oben. Gleiten Sie mit der linken Hand die Wirbelsäule entlang.

Ziehen Sie am Halsband sanft nach oben, und drücken Sie den Hund mit der linken Hand in die Sitzposition.

Aufgabe ist für den Hund einfach, er darf sich setzen. Der Hund kann nur die Fehler machen, sich zu wehren, zu beißen und sich zu sträuben. Wenn das passiert, lesen Sie Seite 216, »Vermeidung von Beißproblemen«.

Diesen Anfangsschritt nennen wir zwingendes Training. Sie zeigen dem Hund bzw. bringen ihn dazu, das Verhalten zu zeigen, das Sie mit dem Hörzeichen verbinden. Gleichzeitig mit dem Herunterdrücken des Hinterteils sichern Sie Ihre Position als Rudelführer. Damit helfen Sie dem Hund, zu lernen, daß er Ihren Anweisungen zu folgen hat – nicht umgekehrt.

Schritt 2: durch Locken

Diese Übung nennt man lockende Methode. Sie locken und veranlassen den Hund, sich zu setzen, anstatt ihn zu zwingen. Damit reagiert der Hund fröhlicher. Auch scheint dies den Lernprozeß, das Hörzeichen mit der Handlung zu verbinden, zu beschleunigen.

Wenn Ihr Hund damit lernt, geht es schneller. Wenn nicht, müssen Sie unter Zwang arbeiten. Läßt er sich jedoch locken, dann wechseln Sie mit beiden Methoden ab. Das Ziel ist, dem Hund zu zeigen, daß Sie erwarten, daß er mit seinem Körper macht, was Sie wollen, sobald Sie das Wort »Sitz« sagen.

Für Schritt 2 brauchen Sie ein Lockmittel. Dazu gehört alles, was der Hund gerne mag und seine Aufmerksamkeit fesselt. Ein Tennisball, Quietschtierchen, Hundekuchen usw. (benutzen Sie nicht die Katze!). Ist der Hund nicht wählerisch, nehmen Sie etwas, das man leicht in einer Hand halten und in die Tasche stecken kann, wenn es nicht gebraucht wird.

- Legen Sie die Leine an, und halten Sie sie in der linken Hand, das Lockmittel in der rechten.
- Erregen Sie das Interesse des Hundes, indem Sie das Lockmittel vor seiner Nase hin und her bewegen.
- Ist er interessiert, bewegen Sie es über seinen Kopf hinter den Kopf. Das veranlaßt ihn zu sitzen. Sagen Sie den Namen des Hundes und »Sitz«, während Sie ihn in die Sitzposition locken.
- Geben Sie das Hörzeichen nur einmal. Folgt der Hund nicht in die sitzende Position, wiederholen Sie es nicht. Stellen Sie sich nicht hin, wedeln mit dem Lockmittel vor der Nase herum und sagen »Sitz, sitz, sitz«. Statt dessen bücken Sie sich rasch und bringen ihn, wie bei der Methode »unter Zwang« beschrieben, ins Sitz.
- Folgt der Hund dem Lockmittel in die sitzende Position, loben Sie überschwenglich.

Schritt 2: Halten Sie einen für den Hund interessanten Gegenstand über seinen Kopf, so daß er sich setzt.

Wechseln Sie zwischen Schritt 1 »unter Zwang« und Schritt 2 »Locken« ab. Testen Sie Ihren Hund in diesem Stadium nicht durch das einfache Kommando »Sitz«, ohne ihm zu zeigen, was er tun soll. Das verzögert den Verknüpfungsprozeß.

Hunde reagieren in vier deutlich unterscheidbaren Kategorien bei der Reaktion auf ein Lockmittel bei der Lock-Methode (Schritt 2):

1. Sie kommen derart in Erregung, daß sie außer Kontrolle geraten. Sie springen, bellen und rennen alleine beim Anblick des Lockmittels. Sollte sich Ihr Hund übererregen, so daß er sich nicht mehr konzentrieren kann, können Sie ihn auch nicht in die Sitzposition locken. Verzweifeln Sie nicht. Benutzen Sie statt dessen die Methode Schritt 1, und bringen Sie Ihren Hund zum Sitzen. Solche Hunde reagieren oft gut auf die Platzübung.

2. Hunde, die sich für gar nichts interessieren: Sie drehen den Kopf weg, wenn man ihnen Futter, ein Spielzeug oder sonst etwas anbietet. Solche Hunde kann man nicht locken. Verlassen Sie sich auf die Methode Schritt 1, und zeigen Sie dem Hund, was Sie von ihm wollen.

3. Diese Hunde sind wählerisch und zeigen an den meisten Dingen kaum Interesse, reagieren jedoch auf einen bestimmten Leckerbissen oder ein ganz bestimmtes Spielzeug.

Ich unterrichtete einmal eine Dame, deren Deutsche Dogge in Kategorie 2 zu gehören schien. Der Hund kümmerte sich um nichts, was wir ihm boten. Ich empfahl die Zwangsmethode.

Zwei Tage später rief sie mich an und berichtete, daß sie ein altes Quietschtier unter einem Möbelstück gefunden habe, mit dem ihr Hund als Welpe gespielt hatte. Sie versuchte es damit und hatte Erfolg. Experimentieren Sie. Vielleicht finden Sie etwas, das Ihr Hund liebt.

4. Diese Hunde lieben alles – Hundekuchen, Bälle, Quietschtierchen und so weiter. Wechseln Sie die Gegenstände ab, um immer attraktiv zu bleiben.

Weder die Zwangs- noch die Lockmethode alleine lehren Ihren Hund, auf Hörzeichen zu sitzen. Benutzen Sie sie in erster Linie, um Handlung und Hörzeichen zu verknüpfen.

Nach einigen Wochen ausdauernden Übens hat Ihr Hund eine Vorstellung davon, was Sie von ihm wollen, wenn er das Wort »Sitz« hört. Die nächste Übung soll erreichen, daß der Hund rasch gehorcht.

Schritt 3: Überprüfung

Dieser Ausbildungsschritt dient der Überprüfung. Nun geben Sie einfach das Hörzeichen, ohne Schritt 1 oder 2 anzuwenden.

Setzt sich der Hund prompt hin, loben Sie ihn tüchtig. Läßt er sich Zeit, korrigieren Sie ihn mit einem Leinenruck. Korrigieren Sie nicht gleichzeitig mit dem Hörzeichen, sondern lassen Sie dem Hund einige Sekunden. Wiederholen Sie das Hörzeichen nicht. Geben Sie nur ein Hörzeichen.

Der Hund weiß, was er soll, denn das haben Sie ihm immer wieder

Schritt 3: Sammeln Sie die Leine in der rechten Hand. Ergreifen Sie mit der linken die Leine, Handfläche nach unten. Stellen Sie sich darauf ein, zu rucken und lockerzulassen, wenn sich der Hund nicht auf das Hörzeichen »Sitz« setzt.

gezeigt. Leider genügt das machmal nicht, um zu gehorchen. Die meisten Hunde müssen ebenso lernen, daß sie gehorchen *müssen*. Lernt der Hund, daß eine Korrektur folgt, wenn er nicht sofort hört, wird er zuverlässiger reagieren. Ebenso wird der Hund durch prompte Belohnung und viel Lob dazu angeregt, rasch zu gehorchen.

Es handelt sich hier um einen Test, jedoch einen kontrollierten. Wenn Sie den Hund testen, müssen Sie stets in der Lage sein, ihn auch zu korrigieren, wenn er nicht hört. Das bedeutet, daß er stets Ausbildungshalsband und Leine umhaben muß. Testen Sie niemals, wenn sich der Hund so weit weg befindet, daß Sie ihn nicht korrigieren können.

- Beginnen Sie mit dem Hund an der linken Seite.
- Nehmen Sie das Leinenende in der rechten Hand auf. Die Leine halten Sie in der Linken, Handfläche nach unten, etwa in der Mitte zwischen sich und dem Hund.
- Rufen Sie den Hund beim Namen, und geben Sie das Hörzeichen »Sitz«. Geben Sie nur ein Hörzeichen. Der folgende Leinenruck muß zur Rute hin erfolgen. Das veranlaßt ihn zu sitzen.
- Achten Sie darauf, daß die Leinenrucks und Lockerlassen Erfolg haben, aber übertreiben Sie nicht.
- Sitzt der Hund, lassen Sie sofort den Leinendruck nach und loben ihn überschwenglich.

Üben Sie im Laufe des Tages das Sitz häufig. Idealerweise sollten Sie zwei Wochen lang täglich üben. Geben Sie nie ein Kommando, wenn Sie nicht in der Lage sind, es auch durchzusetzen.

Schritt 4: kontrollierter Test von vorne

Nach der Übung von Schritt 3 mit dem Hund an der linken Seite versuchen Sie das gleiche aus einer neuen Position. Der Hund sollte jedoch Schritt 3 des »Steh, bleib« beherrschen, ehe Sie an diese Übung herangehen (siehe Seite 136).

- Beginnen Sie mit dem an der linken Seite stehenden Hund.
- Verlangen Sie »Steh« und gehen Sie vor den Hund. Es dürfen nur einige Zentimeter zwischen der Hundenase und Ihrem Knie bzw. Knöchel sein.
- Sammeln Sie die Leine in der linken Hand. Die Rechte hält die Leine, Handflächen nach oben, zwischen der linken Hand und dem Hund (Linkshänder wechseln die Hände entsprechend).
- Geben Sie dem Hund das Kommando »Sitz« und warten Sie einige Sekunden ab. Setzt er sich, wird er tüchtig gelobt.

Schritt 4: Üben Sie die Testphase, indem Sie vor dem Hund stehen.

- Setzt er sich nicht, rucken und lockern Sie mehrmals am Halsband. Der Ruck sollte nach oben und hinten in Richtung Rute erfolgen.
- Sobald der Hund sitzt, überschwenglich loben.

Wechseln Sie Schritt 3 und 4 ab. Üben Sie weiter, bis der Hund rasch sitzt und eine Korrektur vermeidet, die folgt, sobald er nicht hört. Achten Sie darauf, daß Korrekturen in die richtige Richtung erfolgen. Man muß zurück zur Rute hin ziehen. Wenn man nach vorne oder oben zieht, kann sich der Hund nicht setzen.

Sitzt der Hund zuverlässig aus den Schritten 3 und 4 heraus, gehen Sie ein paar Schritte bis zum Leinenende weg (verlängern Sie die Entfernung nur, wenn er sitzengeblieben ist). Verlängern Sie in ca. 60-cm-Abständen, bis Sie ca. 1,80 m entfernt sind. Schreiten Sie nach vorne, um den Hund zu korrigieren. Auf ihn zuzugehen hilft, ihn in die richtige Position zurückzubringen.

Schritt 5: willkürliche Sitzübung

Sitzt der Hund auf Hörzeichen zuverlässig im Abstand von 1,80 m, können Sie willkürliche »Sitz«-Unterbrechungen in Ihr Übungsprogramm einbauen.

- Gehen Sie mit dem Hund in eine Richtung.
- Beim Gehen geben Sie das Hörzeichen »Sitz«. Setzt er sich, wird tüchtig gelobt.
- Setzt er sich nur zögernd, rucken und lockern Sie die Leine auf und

nach hinten. Korrigieren Sie nicht gleichzeitig mit dem Hörzeichen. Lassen Sie dem Hund einige Sekunden Reaktionszeit.

Üben Sie dieses willkürliche Sitzen zwei- bis dreimal täglich eine Minute lang. Lassen Sie den Hund sitzen, wenn er vor, hinter oder neben Ihnen steht. Üben Sie so lange, bis sich der Hund rasch setzt, wenn er das Wort hört.

Schritt 6: ohne Leine

Sitzt der Hund zuverlässig, testen Sie ihn ohne Leine. Geben Sie das Hörzeichen. Setzt er sich, loben Sie ihn überschwenglich. Wenn nicht, beugen Sie sich über ihn und drücken sein Hinterteil in die Sitzposition. Wiederholen Sie das Hörzeichen nicht. Will er gar nicht hören, kommt er wieder an die Leine. Vergessen Sie nicht, daß gelernte Verhaltensweisen eingeprägt werden müssen. Auch wenn der Hund ohne Leine gut folgt, kommt der Tag, an dem er es nicht mehr so rasch tut.

Ist zu viel Zeit verstrichen, guckt er Sie nur an, als hätte er das Wort nie gehört. Deshalb müssen Sie regelmäßig üben. Auch wenn er gut erzogen ist, gehen Sie hin und wieder zu den Ausgangsübungen zurück. Benutzen Sie die Methoden wie zu Ausbildungsbeginn. Das erhält den Hund aufmerksam.

Sitzen auf Hörzeichen aus der Platzlage

Ein Hund, der aus dem Stand heraus sitzen lernte, versteht nicht, daß er aus dem Liegen heraus sitzen soll. Obgleich das Ergebnis das gleiche ist, muß dies dem Hund in einer gesonderten Übung beigebracht werden. Dazu muß man eine eigene Technik anwenden.

Wie ich schon erwähnte, ist der Sinn dieses Buches nicht die Ausbildung für wettkampffähigen Gehorsam, sondern für den täglichen Gebrauch. Sitzen aus der Platzlage ist die einzige Übung (ausgenommen die Übungen im Kapitel »Tricks«), mit der die meisten Hundebesitzer im täglichen Leben nichts anfangen können. Wir nehmen diese Übung mit auf, weil sie nützlich ist, wenn man die Testphasen des Platz auf Hörzeichen übt. Der Hund ist bereit, dies zu lernen, wenn er die Platz-bleib-Übung beherrscht.

Es gibt zwei Methoden, das Sitz aus dem Platz zu lehren. Bei kleinen bis mittelgroßen Hunden ziehe ich Methode 1 vor. Bei großen und ganz großen Rassen und solchen Hunden, die lieber auf dem Rücken liegen, wende ich Methode 2 an.

Methode 1: auf den Hund zugehen

- Beginnen Sie mit dem an der linken Seite sitzenden Hund. Geben Sie das Hörzeichen »Platz« und veranlassen Sie ihn zu liegen.
- Geben Sie das Hörzeichen »Bleib« und stellen Sie sich dem Hund von vorne gegenüber, die Fußspitzen gegenüber den Pfoten.
- Fassen Sie die Leine in der linken Hand zusammen. Mit der Rechten halten Sie die Leine, Handflächen nach oben, zwischen der linken Hand und dem Hund.
- Geben Sie das Hörzeichen »Sitz«. Gleichzeitig geben Sie den Ruck/Lockerlassen und gehen Sie einen Schritt auf den Hund zu. Dadurch verringert sich der Abstand zum Hund, was ihn veranlaßt aufzusitzen. Achten Sie darauf, daß Sie nicht auf die Pfoten treten. Das Ausbildungshalsband darf sich höchstens eine Sekunde lang zusammenziehen.
- Sobald der Hund sitzt, ausgiebig loben.
- Sie halten den Hund sitzend und sagen »Bleib« und gehen um den Hund, bis er wieder an Ihrer linken Seite sitzt.
- Lassen Sie den Hund weiterhin einige Sekunden lang sitzen. Lassen Sie ihn dann unter Loben frei.

Methode 1: Sagen Sie »Sitz« und gehen Sie auf den Hund zu. Sanft rucken und lockerlassen am Ausbildungshalsband. Diese Handlungen veranlassen den Hund, sich aus der Platzlage zu setzen.

Methode 2: vom Hund weggehen

- Beginnen Sie mit dem an der linken Seite liegenden Hund.
- Sagen Sie »Bleib« und stellen Sie sich, Zehen gegenüber den Pfoten, vor den Hund.
- Sammeln Sie die Leine in der linken Hand, ergreifen Sie sie mit der Rechten (Handflächen nach oben) zwischen Hund und linker Hand.
- Geben Sie das Hörzeichen »Sitz«.
- Gleichzeitig mit dem Hörzeichen geben Sie einen sanften Ruck/Lockerlassen des Ausbildungshalsbands und entfernen sich rückwärts weg vom Hund.
- Dies veranlaßt den Hund aufzustehen. Tut er das, gehen Sie wieder auf den Hund zu.
- Wenn Sie auf den Hund zugehen, hindern Sie ihn am Aufstehen. Sobald er sich stellt, folgt ein sanfter Ruck/Lockerlassen in Richtung Rute, was ihn wieder zum Sitzen bringt.
- Sagen Sie »Bleib« und gehen Sie um ihn herum, bis er wieder an Ihrer linken Seite sitzt.

Üben Sie dies täglich, bis der Hund sich aus dem Platz heraus ohne Korrektur setzt.

Sitz auf Handzeichen

Beginnen Sie mit dem rechten Arm am Körper. Erheben Sie den Arm mit der Handfläche zum Hund. Beim Erheben biegen Sie den Ellbogen, so daß die Handfläche auf Ihre Schulter zeigt. Danach lassen Sie den Arm wieder nach unten.

Wenn der Hund sicher auf Hörzeichen aus dem Stand und dem Platz sitzt, arbeiten Sie das Handzeichen in die Übung ein. Geben Sie gleichzeitig das Hör- und Handzeichen. Üben Sie das einige Wochen lang. Lassen Sie allmählich das Hörzeichen weg. Reagiert der Hund auf das Handzeichen, wird er tüchtig gelobt. Tut er es nicht, korrigieren Sie mit Halsband und Leine. Achten Sie darauf, daß auf die Korrektur überschwengliches Lob folgt.

Einige Ausbilder bevorzugen, das Sitz-Handzeichen mit einem anderen Arm als das Platz-Handzeichen zu geben (siehe Seite 191). Das mag für die wettkampfmäßige Ausbildung gelten. Ich glaube aber nicht, daß es im Alltagsgebrauch eine Rolle spielt.

Methode 2: Sagen Sie »Sitz« und gehen Sie zwei Schritte zurück, weg vom Hund; gleichzeitig erfolgt Ruck/ Lockerlassen am Halsband.

Gehen Sie rasch zum Hund zurück.

Drücken Sie das Hinterteil des Hundes in die Sitzposition.

Platz auf Hörzeichen

Manche Hunde wehren sich gegen diese Übung mehr als gegen jede andere, weil das Liegen die unterwürfigste Haltung des Hundes ist. Wenn der Hund auch nur im geringsten die Rudelführung anstrebt, wird er sich gegen Ihre Bemühungen, ihn zum Liegen zu bringen, sträuben. Ausdauer auf Seiten des Ausbilders ist unerläßlich. Sobald der Hund mit seinem Sträuben Erfolg hat, bedeutet das für ihn die Übernahme der Rudelführung.

Wahlloses Ansprechen des Hundes mag ihn zum Sitzen bewegen, für die Platzlage gilt das nicht. Ein unerzogener Hund wird niemals auf das Kommando »Platz« reagieren, egal, wie oft Sie es geben. Zuverlässiges Platz muß einem Hund beigebracht werden.

Ausbildungsziel ist, daß sich der Hund beim Hörzeichen fallen läßt. Einige Hunde lernen sich zu legen, wenn der Ausbilder mit dem Finger auf den Boden zeigt. Wenn der Hund aber auf die Straße rennt, hilft das wenig. Läßt sich aber der Hund auf Ihren Ruf hin fallen, retten Sie sein Leben. Es kann nützlich sein, den Hund auf Handzeichen zu trainieren, obgleich das Zeigen auf den Boden nicht ideal ist (siehe Seite 111).

Platz auf Hörzeichen lehren

Schritt 1: unter Zwang

- Beginnen Sie mit dem an der linken Seite sitzenden Hund.
- Haken Sie den Daumen der linken Hand in das Ausbildungshalsband. Legen Sie die offene Handfläche auf den Rücken des Hundes, die Finger zur Rute zeigend.
- Schieben Sie den rechten Arm unter das rechte Bein des Hundes. Heben Sie das linke Bein hoch, bis beide Pfoten in der Luft hängen.
- Ziehen Sie mit der linken Hand währenddessen am Halsband. Dieses Zurückziehen verhindert, daß der Hund aufsteht. Ziehen Sie sanft!
- Sagen Sie den Namen des Hundes zusammen mit dem Hörzeichen »Platz« und legen Sie den Hund auf den Boden.
- Halten Sie den Hund einige Sekunden lang in der Platzlage. (Damit bringen Sie ihm nicht das »Bleib« bei). Loben Sie ihn und lassen Sie ihn aufstehen.

Schritt 1: Haken Sie den Daumen der linken Hand ins Halsband. Öffnen Sie die Hand, Handfläche nach unten und Finger in Richtung Rute. Greifen Sie unter den rechten Vorderlauf und halten Sie sanft den linken fest. Heben Sie beide Läufe vom Boden ab. Sagen Sie »Platz«, während Sie den Hund sanft zu Boden lassen in die Platzlage.

Üben Sie dies oft während des Tages. Achten Sie darauf, den Hund nicht mit einem Kommando zu testen, das für ihn keine Bedeutung hat. Sorgen Sie dafür, daß, wann immer Sie »Platz« sagen, die Hände am Hund sind und Sie ihn sofort in die Platzlage befördern können. Sie müssen ihm die Verbindung des »Platz« mit dem Liegen beibringen. Ihre Aufgabe ist lediglich, ihn dazu zu bringen, daß er Ihnen erlaubt, die Platzlage durchzusetzen. Der einzige Fehler, den Ihr Hund machen kann, ist, zu kämpfen, zu beißen und sich zu sträuben. Zeigen Sie ihm, was Sie von ihm wollen – jedesmal wenn das Hörzeichen »Platz« ertönt.

Schritt 2: durch Locken

- Beginnen Sie mit dem links sitzenden Hund.
- Haken Sie den Daumen der linken Hand ins Ausbildungshalsband. Legen Sie die offene Handfläche auf den Rücken, die Finger zur Rute zeigend. Ziehen Sie das Halsband sanft zurück.
- Erregen Sie die Aufmerksamkeit des Hundes mit einem Leckerbissen oder Gegenstand in der rechten Hand. Reagiert er, sagen Sie den Namen und »Platz«; halten Sie den Gegenstand tiefer und vor seiner Nase auf den Boden.
- Sobald sich der Hund nach unten beugt, halten Sie den Gegenstand etwas weiter von seiner Nase weg, so daß er sich strecken muß.

Schritt 2: Haken Sie den Daumen der linken Hand ins Halsband wie bei Schritt 1. Wecken Sie die Aufmerksamkeit des Hundes durch einen interessanten Gegenstand.

Führen Sie die rechte Hand mit dem Gegenstand zum Boden.

- Liegt der Hund, wird er gelobt und bekommt den »Lockvogel«.
- Geben Sie nur ein Hörzeichen. Legt sich der Hund nicht, wenn er dem Gegenstand folgt, helfen Sie mit Schritt 1 nach.

Wechseln Sie zwischen Schritt 1 (unter Zwang) und Schritt 2 (Locken) ab. Testen Sie in diesem Stadium den Hund nicht, indem Sie »Platz« sagen, ohne dem Hund zu zeigen, was er soll. Das verzögert den Lernprozeß. Beide Methoden alleine bringen dem Hund nichts bei. Man benutzt sie nur, um eine Verknüpfung zwischen der Handlung und dem Hörzeichen zu schaffen.

Nach einigen Wochen ausdauernden Übens weiß Ihr Hund schon, was Sie von ihm wollen, wenn Sie »Platz« sagen. Die nächste Übung soll ihn dazu veranlassen, sich rasch zu legen.

Schritt 3: kontrollierter Test

- Beginnen Sie mit dem links sitzenden Hund.
- Nehmen Sie die Leine in der rechten Hand auf, so daß sie straff ist, jedoch nicht gespannt.
- Legen Sie die offene Handfläche der linken Hand auf die Schulter des Hundes, damit er sich nicht stellen kann.

Schritt 3: Sammeln Sie die Leine in der rechten Hand bis dicht zum Haken. Legen Sie die linke Hand auf die Mitte des Hunderückens.

- Sagen Sie den Namen des Hundes mit dem Hörzeichen »Platz«. Legt sich der Hund nicht, geben Sie einige Ruck/Lockerlassen in Richtung Boden. Achten Sie darauf, in die Richtung zu rucken, in die sich der Hund lehnt.
- Geben Sie das Hörzeichen nur einmal, egal, wie viele Ruck/Lockerlassen nötig sind, bis er liegt.
- Achten Sie darauf, daß die Korrektur wirkungsvoll, aber nicht übertrieben hart ist. Ruck und Lockerlassen sollten gerade stark genug sein, daß sich der Hund legt. *Ziehen Sie nicht an der Leine.* Durch Ziehen wecken Sie nur den Widerstand des Hundes.
- Legt sich der Hund, hören Sie mit dem Ruck/Lockerlassen auf und loben ihn.

Üben Sie viele Male am Tag. Zeigen Sie Ausdauer! Testen Sie den Hund nicht mit dem Hörzeichen, sofern Sie nicht sofort korrigieren können, wenn er nicht folgt. Wenn Sie nicht die Schritt-3-Methode anwenden, führen Sie weiterhin Schritt 1 und 2 aus.

Schritt 4: kontrollierter Test von vorne

Üben Sie weiterhin Schritt 3, wenn Sie »Platz« sagen. Sie können auch folgende Variante einbauen:
- Beginnen Sie mit dem links sitzenden Hund.
- Benutzen Sie sowohl das Hör- als auch das Handzeichen für

Schritt 4: Üben Sie sowohl von der linken Seite als auch von vorne.

Sagen Sie »Platz«. Reagiert der Hund nicht, mehrmals rucken/lockerlassen. Ziehen Sie nicht.

»Bleib« (offene Handflächen vor das Gesicht des Hundes). Sagen Sie »Bleib«. Gehen Sie vor den Hund, Nase an den Knien.

- Nehmen Sie die Leine in die rechte Hand auf. Sie sollte locker hängen, aber achten Sie darauf, daß sie straff genug ist, um das Ruck/Lockerlassen durchzuführen. Legen Sie die linke Hand auf die Schulter des Hundes, damit er nicht aufsteht.
- Geben Sie das Hörzeichen »Platz«. Legt sich der Hund nicht sofort, geben Sie eine Reihe von Rucks und lassen zum Boden hin locker, und zwar so lange, bis er liegt. Sobald er liegt, aufhören und ausgiebig loben.
- Dann sagen Sie »Bleib« und gehen um ihn herum, bis er sich wieder an Ihrer linken Seite befindet.
- Lassen Sie ihn einige Sekunden lang liegen. Erlauben Sie ihm nun aufzustehen, und loben Sie ihn.

Wechseln Sie mit den Platzlagen von vorn oder der Seite ab. Ausbildungsziel ist das sofortige Fallenlassen, um die Korrektur zu vermeiden. Es ist wichtig, die Hand auf die Schulter des Hundes zu legen, wenn man die Schritte 3 und 4 testet. Fahren Sie fort, bis sich der Hund ohne Korrektur legt. Halten Sie die Hand nicht auf der Schulter, wird der Hund bei den Leinenrucks aufstehen.

Schritt 5: Hand von der Schulter

Befolgt der Hund Schritt 3 und 4 zuverlässig, kann man die Hand von der Schulter nehmen. Der Hund erhält zu diesem Zeitpunkt drei Hilfestellungen, um sich zu legen: einmal das Hörzeichen »Platz«, dann die linke Hand auf seiner Schulter und das Über-ihn-Beugen. Die beiden letzteren Hinweise müssen verschwinden, damit der Hund nur noch auf Hörzeichen folgt.

- Beginnen Sie mit dem links sitzenden Hund.
- Sammeln Sie die Leine in der rechten Hand. Sie sollte locker sein, aber genug Spannung haben, um Ruck/Lockerlassen durchzuführen.
- Halten Sie die linke Hand, Handfläche nach unten, etwa 15 cm über der Schulter des Hundes.
- Geben Sie das Hörzeichen »Platz«. Legt er sich, tüchtig loben.
- Tut er es nicht sofort, geben Sie einige sanfte Ruck/Lockerlassen in Richtung Boden. Übertreiben Sie nicht. Achten Sie darauf, den Leinenruck in die Richtung zu ziehen, in die er sich neigt.
- Will der Hund aufstehen, geben Sie einige Ruck/Lockerlassen und legen rasch die linke Hand auf seine Schulter. Das hindert ihn am Aufstehen.
- Wiederholen Sie das Platz-Hörzeichen nicht. Geben Sie nur ein Hörzeichen.
- Sobald sich der Hund legt, hören Sie mit den Rucken auf und loben überschwenglich.

Üben Sie dies auch von einer Knie-zu-Nase-Position aus. Machen Sie so lange weiter, bis der Hund sich rasch auf Kommando legt und Sie die Hand nicht mehr auf die Schulter zu legen brauchen.

Schritt 6: aufrecht stehen

Legt sich der Hund auf Hörzeichen, ohne daß Sie die Hand auf die Schulter legen, ist es Zeit, die extreme Körperhaltung zu beenden.

- Beginnen Sie mit dem links sitzenden Hund.
- Halten Sie die Leine in der rechten Hand. Die linke Hand (Handflächen nach unten) greift die Leine in der Mitte zwischen rechter Hand und Hund.
- Stehen Sie aufrecht, aber entspannt. Verkrampfen Sie sich nicht.
- Geben Sie das Hörzeichen »Platz«. Legt er sich, überschwenglich loben.
- Legt er sich nicht sofort, beugen Sie rasch die Knie und geben

Schritt 6: Sagen Sie »Platz«. Reagiert der Hund nicht, beugen Sie sich in die Knie und rucken/lockerlassen einige Male, bis der Hund liegt.

einige Ruck/Lockerlassen-züge mit der Leine. Achten Sie darauf, das Hörzeichen nicht zu wiederholen.

- Sobald sich der Hund legt, aufhören zu rucken und tüchtig loben.

Üben Sie diesen Schritt mit dem Hund an der linken Seite und frontal. Bei letzterer Position müssen Sie die Hände umgekehrt einsetzen.

Mit zunehmender Sicherheit des Hundes bei dieser Übung vergrößern Sie den Abstand zwischen sich und dem Hund. Bewegen Sie sich mit hängender Leine in ca. 30-cm-Schritten weg vom Hund. Geben Sie das Hörzeichen aus einiger Entfernung. Läßt er sich nicht fallen, treten Sie rasch vor und korrigieren ihn durch Ruck/Lockerlassen. Üben Sie so lange, bis der Hund sich auf Hörzeichen in einer Entfernung von 1,80 m legt.

Schritt 7: Platz aus dem Stand

Legt sich der Hund in einer Entfernung von 1,80 m auf Hörzeichen, können Sie die Platzlage aus dem Stand anfangen.

- Beginnen Sie mit dem links stehenden Hund. Sie stehen aufrecht, aber entspannt. Wenden Sie sich leicht dem Hund zu.
- Halten Sie die Leine in der rechten Hand; die Linke, Handfläche nach unten, an der Leine zwischen der rechten Hand und dem Hund.
- Geben Sie das Hörzeichen »Platz«. Legt sich der Hund, überschwenglich loben.
- Tut er es nicht sofort, geben Sie einige Ruck/Lockerlassen-Korrekturen mit dem Halsband. Achten Sie darauf, nach unten zu ziehen. Wiederholen Sie das Hörzeichen nicht.
- In dem Moment, in dem sich der Hund legt, nicht mehr rucken und überschwenglich loben.

Üben Sie diesen Schritt mit dem Hund an der linken Seite und von vorne. Wenn er sich zuverlässig in die Platzlage fallenläßt, bewegen Sie sich von ihm weg bis zum Leinenende. Entfernen Sie sich in ca. 30-cm-Schritten. Üben Sie, bis der Hund auf Hörzeichen aus dem Stand liegt, wenn Sie 1,80 m entfernt sind.

Schritt 8: *willkürliches Platz*

Abgesehen davon, daß es im täglichen Leben praktisch ist, kann ein rasch befolgtes Platz das Leben des Hundes retten – ganz besonders, wenn er sich aus der Bewegung heraus fallenläßt. Beherrscht der Hund das Platz aus dem Stand im Abstand von 1,80 m, dann ist er soweit, auch das Platz aus der Bewegung heraus zu lernen.

- Gehen Sie mit dem Hund im kontrollierten Schritt an der Leine (siehe Seite 149).
- Wenden Sie sich zum Hund und sagen Sie »Platz«.
- Läßt er sich fallen, loben Sie überschwenglich.
- Tut er es nicht, geben Sie rasch einige Ruck/Lockerlassen mit der Leine am Ausbildungshalsband. Denken Sie daran, nicht zu zerren. Wiederholen Sie das Hörzeichen »Platz« nicht.
- Sobald der Hund den Boden berührt, loben Sie überschwenglich.

Üben Sie das willkürliche Platz täglich. Verändern Sie die Richtung, in der Sie gehen. Der Hund soll rasch reagieren, so daß der Körper auf dem Boden liegt, ehe Sie an der Leine rucken können. Vergessen Sie nie: Das rasche Platz aus der Bewegung kann das Leben des Hundes retten!

Platz auf Handzeichen

Legt sich der Hund auf Hörzeichen, ohne daß Sie mit Ihrem Körper nachhelfen, können Sie das Handzeichen mit dem Hörzeichen verbinden. Das Handzeichen ist nützlich, wenn sich der Hund rasch legen soll.

Meine Hunde legen sich am schnellsten, wenn Hör- und Handzeichen gemeinsam erfolgen. Wettkampfmäßig mag das nicht erwünscht sein, aber im täglichen Leben spielt das Doppelkommando keine Rolle. Wenn sich der Hund dadurch rascher legt, dann nutzen Sie dies. Rasches Reagieren kann den Hund retten.

Das Platz-Handzeichen erfolgt mit dem rechten Arm über dem

Macht der Hund auf Hörzeichen zuverlässig Platz, gewöhnen Sie ihn an das Handzeichen.

Kopf erhoben. Die rechte Handfläche ist offen und zum Hund gerichtet. Sie *dürfen* aber auch jedes andere Zeichen verwenden, das Ihnen lieb ist. Ich finde dieses jedoch am besten, weil es der Hund noch aus der Entfernung gut erkennen kann.

- Beginnen Sie mit dem links sitzenden Hund.
- Sagen Sie »Bleib« und gehen Sie 1 m vom Hund weg, drehen Sie sich um und schauen Sie den Hund an.
- Halten Sie die Leine in der linken Hand. Sie sollte fast straff sein.
- Sagen Sie »Platz« und geben Sie gleichzeitig das Handzeichen. Legt sich der Hund rasch, tüchtig loben.
- Tut er es nicht, gehen Sie mit dem rechten Bein zuerst auf ihn zu. Geben Sie einige Ruck/Lockerlassen mit der Leine aus der linken Hand (halten Sie die Rechte hoch erhoben). Achten Sie darauf, daß die Rucke nach *unten* erfolgen. Sobald der Hund liegt, keine Rucks mehr und tüchtig loben.
- Liegt der Hund, gehen Sie langsam zurück und umkreisen Sie ihn, bis er sich wieder an Ihrer linken Seite befindet. Loben Sie den Hund!

Üben Sie das Platz einige Wochen lang täglich mit dem Hund. Sie können durch schnelles Korrigieren selbst bestimmen, wie schnell sich der Hund legen soll, wenn er zögert. Je länger Sie den Arm hochhalten, ohne zu korrigieren, desto mehr Zeit läßt sich der Hund.

Legt er sich rasch auf Hör- und Handzeichen, lassen Sie das Hörzeichen weg. Reagiert er nicht auf das Handzeichen allein, gehen Sie rasch auf ihn zu und korrigieren. In der Sekunde, in der sein Körper den Boden berührt, keine Rucks mehr und loben. Je sicherer der Hund auf das Handzeichen reagiert, desto weiter können Sie sich vom Hund bis ans Leinenende entfernen.

Sitz, bleib

Beim »Sitz, bleib« verharrt der Hund in sitzender Position, bis er durch ein Signal befreit wird. Er darf den Kopf bewegen und mit der Rute wedeln, aber die Vorderpfoten und das Hinterteil müssen auf dem Boden bleiben. »Sitz, bleib« ist in vielen Situationen nützlich. Ich benutze es bei meinen Hunden, damit sie nicht einfach durch die offene Haustür stürmen. Sie haben gelernt, an der offenen Tür zu sitzen und zu warten. Mehr als einmal hat sich dieses Verhalten als lebensrettend erwiesen.

»Sitz, bleib« kann auch beim Ein- und Aussteigen aus dem Auto angewandt werden. Wenn man noch einiges ins Auto packen will, ehe der Hund einsteigt, lasse ich ihn sitzen, bis ich das Kommando zum Einsteigen gebe. »Sitz, bleib« hindert den Hund auch daran, aus dem Auto zu springen, sobald eine Tür aufgeht. Gerade das kann sein Leben retten. Ebenfalls nützlich erweist es sich bei Spaziergängen. Ehe ich eine Straße überquere, lasse ich den Hund sitzen und verharren, bis ich das Kommando zum Weitergehen gebe, wenn der Verkehr es erlaubt. Kommen Jogger oder andere Leute näher, habe ich den Hund mit »Sitz, bleib« immer unter Kontrolle.

Eine spaßige Weise, das »Sitz, bleib« zu üben, ist beim Stöckchenspielen am See. Ich lasse den Hund sitzen, werfe den Stock und lasse den Hund etwas warten. Dann sage ich: »Hol's!« »Sitz, bleib« bewahrt mich davor, daß mich der nasse Hund anspringt, wenn er mit dem Stock zurückkommt. Er hält den Stock fest, bis ich sage: »Aus.« Erst dann gebe ich den Hund frei. Ich bleibe trocken, und wir üben mit viel Spaß.

Neben dem eigentlichen Nutzen des »Sitz, bleib«, braucht man die Übung zum Erlernen weiterer Verhalten. Z. B. soll der Hund »Sitz, bleib« beherrschen, ehe man ihm beibringt, auf Ruf zu kommen. Er muß »Sitz, bleib« können, wenn er niemanden anspringen soll und kontrolliert an der Leine geht.

Wie man »Sitz, bleib« beibringt

Schritt 1: Sitzen an der Seite

- Beginnen Sie mit dem Hund an Ihrer linken Seite sitzend. Drehen Sie die Ringe des Ausbildungshalsbands auf die rechte Halsseite.
- Sagen Sie »Bleib« (ohne Hundenamen).
- Beobachten Sie den Hund genau. Wenn er sich bewegen will, »Nhaa« und zurück auf den ursprünglichen Platz bringen. Drücken Sie ihn mit den Händen sanft am Rücken nieder, wenn er aufsteht. Erinnern Sie ihn erneut mit dem Wort »Bleib«.
- Neben dem Hund stehend, sammeln Sie die Leine in der rechten Hand. Die Linke befindet sich, Handflächen nach unten, an der Leine zwischen der rechten Hand und dem Haken.
- Will der Hund aufstehen, sagen Sie »Nhaa«. Gleichzeitig Rucken/ Lockerlassen in Richtung Rute. Der beste Zeitpunkt für die Korrektur ist, wenn er gerade über das Aufstehen *nachdenkt*. Am schlechtesten ist es, wenn Sie runterschauen, und der Hund ist schon fort. Beobachten Sie ihn genau!
- Üben Sie zunächst jeweils kurze Zeit. Die erste Übung sollte 15 Sekunden dauern, die zweite 30. Verlängern Sie den Zeitraum um jeweils

Schritt 1: Beginnen Sie die Übung mit dem links sitzenden Hund.

Schritt 2: Drehen Sie die Ringe des Ausbildungshalsbands nach oben zwischen die Ohren. Halten Sie die Leine in der linken Hand hoch über die Schulter. Fassen Sie mit der rechten Hand vor den Körper, Handfläche nach oben.

15 Sekunden, bis der Hund volle drei Minuten sitzenbleibt, ohne sich zu rühren.

- Am Ende der gegebenen Zeit entlassen Sie den Hund mit einem bestimmten Wort, wie z. B. »OK« und gehen einen Schritt vor. Das befreit den Hund aus dem Bleib. Entlassen Sie ihn niemals ohne Lob. Erst freigeben, dann ausgiebig loben.

Macht Ihr Hund das »Sitz, bleib« gut, können Sie länger als drei Minuten üben. Jedoch sollte sich der Abstand zum Hund nicht vergrößern. Bleiben Sie neben ihm, damit Sie ihn sofort korrigieren können, wenn er sich bewegt. *Die Korrekturen richtig zu timen ist wichtig, damit der Hund weiß, was man von ihm will.* Üben Sie täglich wenigstens dreimal »Sitz, bleib«.

Schritt 2: »Bleib« von vorne

- Beginnen Sie mit dem links sitzenden Hund. Drehen Sie die Ringe des Ausbildungshalsbands nach oben auf den Nacken zwischen die Ohren des Hundes.
- Lassen Sie die Leine hoch durch die linke Hand gleiten, bis sich die Hand etwas über Ihrer linken Schulter befindet. Fassen Sie das lose Ende der Leine in der linken Hand. Ziehen Sie die Leine leicht zurück, damit der Hund sitzenbleibt.
- Greifen Sie über Ihren Körper mit dem rechten Arm und ergreifen Sie die Leine mit der rechten Hand, Handflächen nach oben.

Nach dem Kommando »Bleib« gehen Sie langsam vor den Hund, Knie an Nase.

- Sagen Sie »Bleib« (ohne den Hundenamen). Nach dem Befehl »Bleib« gehen Sie langsam vor den Hund, bis sich seine Nase an Ihrem Knie befindet. Entspannen Sie die Leine, so daß sie keinen Druck auf den Hundenacken ausübt.
- Beobachten Sie den Hund genau. Wenn er sich bewegen will, sagen Sie »Nhaa«. Gleichzeitig Rucken/Lockerlassen in der Richtung, in der der Hund sitzt (auf und zurück Richtung Rute). Drücken Sie mit den Händen auf dem Körper den Hund runter, wenn er aufsteht und Sie ihn nicht mit Rucken/Lockerlassen zum Sitzen bringen können.
- Üben Sie zunächst nur kurze Zeit. Die erste Übung sollte 15 Sekunden dauern, die zweite 30 usw. Erweitern Sie die Übungsdauer um je 15 Sekunden, bis der Hund volle drei Minuten sitzt, ohne sich zu bewegen.
- Am Ende der vorgegebenen Zeit gehen Sie langsam zurück, so daß der Hund wieder an Ihrer linken Seite zu sitzen kommt.
- Lassen Sie den Hund in dieser »Bei-Fuß«-Stellung weitere zehn Sekunden sitzen und geben Sie ihn dann frei. Nach dem Entlassen ausgiebig loben.

Wenn der Hund das kann, können Sie die Zeit über drei Minuten hinaus verlängern.

Verändern Sie jedoch *nicht* den Abstand zum Hund. Bleiben Sie dicht vor ihm, so daß Sie ihn sofort korrigieren können, wenn er aufstehen will.

Die meisten Anfängerausbilder wollen zuerst aus der Entfernung arbeiten. Aber wenn man mit der Übung beginnt, ist die Gefahr groß, daß der Hund aufsteht. Um das zu verhindern, muß das »Nhaa« mit dem Rucken/Lockerlassen am Halsband erfolgen, wenn sich der Hund bewegt. Dies ist die einzige Möglichkeit, dem Hund verständlich zu machen, daß er sich nicht bewegen darf. Wenn der Ausbilder zu weit weg ist, ist die Korrektur nicht mehr zum richtigen Zeitpunkt durchführbar.

Bleiben Sie in diesem Stadium dicht beim Hund. Wenn Sie den beschriebenen Schritten folgen, knüpfen Sie eine Reihe zuverlässiger Sitz-bleib-Übungen aneinander, deren Abstand erweitert wird. Schließlich können Sie sich beliebig weit entfernen, und der Hund sitzt zuverlässig.

Üben Sie wenigstens dreimal »Sitz, bleib« am Tag.

Schritt 3: unter Ablenkung

- Beginnen Sie mit dem an der linken Seite sitzenden Hund.
- Drehen Sie die Ringe des Halsbandes unter die Kehle. Halten Sie die Leine in der linken Hand am Griff.
- Sagen Sie »Bleib« und benutzen Sie Hör- und Handzeichen. Das Handzeichen für »Bleib«: Die offene Handfläche kurze Zeit vor das Gesicht des Hundes halten.
- Nach dem Kommando »Bleib« gehen Sie zwei Schritte, drehen sich um und schauen den Hund an.
- Sagen Sie »Nhaa«, wenn er sich bewegen will. Gehen Sie zu ihm, mit dem rechten Bein antretend, und geben Sie die Rucken/Lockerlassen-Korrektur. Achten Sie darauf, in eine Richtung zu rucken, die den Hund veranlaßt sitzenzubleiben.
- Sie sind nun soweit, Ablenkungen einzubauen. Es ist wichtig, daß der Hund stets sitzenbleibt, auch wenn er abgelenkt wird. Schlurfen Sie mit den Füßen, klopfen Sie sich ans Bein, bücken Sie sich auf die Kopfhöhe des Hundes etc. Wenn diese Bewegungen den Hund veranlassen aufzustehen, korrigieren Sie sofort.
- Lassen Sie den Hund wenigstens fünf Minuten sitzen.
- Am Ende dieser Zeit gehen Sie zum sitzenden Hund, so daß er wieder links neben ihnen sitzt. Nun soll er weitere zehn Sekunden sitzen.
- Benutzen Sie Ihr »Befreiungswort«, um den Hund aus dem Bleib zu entlassen. Loben Sie ihn tüchtig.

Der systematische Einbau von Ablenkungen am Übungsort ist unerläßlich, um einen gut erzogenen Hund zu bekommen. Die Bleib-

Schritt 3: Üben Sie das »Bleib« an halber Leinenlänge. Bauen Sie Ablenkungen ins Übungsprogramm ein.

Jede Abwechslung ist in Ordnung, außer *dem Wort »Hier«.*

Übung ist nutzlos, wenn sich der Hund dabei ablenken läßt und aufsteht.

Fangen Sie mit leichten Ablenkungen an. Bleibt er zuverlässig sitzen, gehen Sie zu mäßigen Ablenkungen über. Bleibt er dabei sicher sitzen, können Sie ihn unter chaotischen Zuständen testen. Ihr Ziel ist ein Hund, der unter allen Umständen bleibt.

Jeder Hund wird mit den Ablenkungen anders fertig. Was für den einen eine leichte Ablenkung ist, ist eine mäßige für den anderen; für den dritten Hund kann sie schon Chaos bedeuten. Sie müssen ausprobieren, welche Art der Ablenkung für Ihren Hund zutrifft. Eine Hilfe: Die Ablenkung sollte gerade so weit reichen, daß der Hund versucht aufzustehen. Wenn Sie kämpfen müssen, um Ihren Hund unter Kontrolle zu halten, dann war es zuviel. Machen Sie mit geringeren Mitteln weiter.

Hier einige Beispiele für Ablenkungen. Seien Sie kreativ und erfinden Sie noch mehr.

Ablenkung für den Hund:

- Mit den Füßen schlurfen
- Pfeifen
- Ein Hundekuchen in der Hand
- Sich auf Höhe des Hundes bücken
- Die Katze hereinlassen
- Jemanden an der Tür klopfen lassen
- Jemanden an der Tür klingeln lassen
- Radio oder Fernseher anmachen
- Ein Kind vorbeigehen lassen
- Den Tennisball springen lassen
- Schlüsselklappern
- Hundekuchen fallen lassen
- In die Hände klatschen
- Singen
- Ein Butterbrot essen

Es gibt ein Tabu. *Rufen Sie niemals* den Hund und korrigieren ihn, weil er gekommen ist. Das würde Ihre ganze Ausbildung zum Kommen auf Kommando zunichte machen.

Schritt 4: Abstand erweitern

- Beginnen Sie mit dem links sitzenden Hund. Geben Sie »Bleib« per Hör- und Handzeichen.
- Danach gehen Sie zum Leinenende und wenden sich dem Hund zu. Gehen Sie dabei nicht rückwärts, sondern mit dem Rücken zum Hund, beobachten Sie ihn beim Gehen jedoch über die Schulter.

Schritt 4: Üben Sie das »Sitz, bleib« aus einer Entfernung von 1,80 m, der Leinenlänge.

Es ist wichtig, das Geräusch des »Nhaa« mit dem Ruck/Lockerlassen am Halsband gleichzeitig mit der Bewegung des Hundes zu geben.

- Will sich der Hund bewegen, sagen Sie »Nhaa« und gehen, mit dem rechten Bein antretend, zu dem Hund. Rucken/Lockerlassen mit der Leine in einem Winkel, der den Hund sitzen läßt. Sagen Sie noch einmal »Bleib« zur Erinnerung in ganz normalem Kommandoton.
- Während der Hund sitzt, ziehen Sie sanft an der Leine und sagen gleichzeitig »Bleib«. Ein leichter, ständiger Zug der Leine veranlaßt den Hund, sitzenzubleiben. Das verstärkt das Bleib. Ziehen Sie nicht zu heftig; gerade so viel, daß Sie den Widerstand des Körpers spüren.
- Lassen Sie den Hund in der Entfernung wenigstens fünf Minuten lang sitzen. Gehen Sie zum Hund zurück, so daß er wieder an Ihrer linken Seite sitzt.
- Lassen Sie ihn weitere zehn Sekunden sitzen und geben Sie ihn dann frei. Loben Sie überschwenglich.

Fahren Sie mit dem »Sichermachen« Ihres Hundes fort. Bleibt er mit sanften Ablenkungen, dann gehen Sie zu mäßigen über. Wenn Sie korrigieren müssen, gehen Sie zuerst auf den Hund zu. Machen Sie

Ruck/Lockerlassen nie aus der Entfernung von 1,80 m. Sie würden den Hund nämlich aus seiner Sitzposition herausziehen. Erinnern Sie den Hund mit »Bleib«, wenn Sie das Gefühl haben, er überlege sich gerade aufzustehen.

Wenn Sie zum Leinenende hin gehen, müssen Sie mit dem Gesicht nach vorne, Rücken zum Hund davongehen. Drehen Sie den Kopf, so daß Sie den Hund über die Schulter beobachten und ihn durch Worte korrigieren können, wenn er Ihnen folgen will. Gehen Sie nicht rückwärts vom Hund weg, mit dem Gesicht zum Hund. Hunde beherrschen die Körpersprache sehr gut. Man wendet das Gesicht immer dem Hund zu, wenn er kommen soll. Verwendet man die Körpersprache »Gesicht zum Hund« mit dem Kommando »Bleib«, verwirrt man den Hund. Korrigieren Sie den Hund nicht, wenn er kommt, weil Sie die Signale verwechseln. Sonst wäre Ihre ganze Arbeit für »Kommen auf Kommando« umsonst.

Der nächste Schritt beim »Sitz, bleib« ist es, weiter als das Leinenende reicht wegzugehen. Sie sind erst soweit, wenn der Hund wie angewurzelt sitzenbleibt, sobald Sie »Nhaa« grollen. Bis Sie diesen Punkt erreicht haben, halten Sie die Leine in der Hand, damit Sie das »Nhaa« mit Ruck/Lockerlassen verbinden können, sollte der Hund aufstehen.

Schritt 5: über die Leinenlänge hinaus

- Lassen Sie den Hund links sitzen. Geben Sie das Kommando »Bleib« sowohl als Hör- als auch als Handzeichen.
- Verlassen Sie den Hund. Beobachten Sie ihn beim Weggehen über die Schulter. Will er aufstehen, knurren Sie »Nhaa«. Am Leinenende angelangt, lassen Sie die Leine fallen und gehen 1,20 m weiter. Drehen Sie sich dem Hund zu.
- Beobachten Sie den Hund sorgfältig. Will er sich bewegen, grollen Sie »Nhaa«. Ohne Leine in der Hand muß die gesprochene Korrektur perfekt getimt sein. Sie müssen den Klang des »Nhaa« mit seiner ersten Bewegung verbinden. Kommt das »Nhaa« später, versteht der Hund nicht, warum.
- Hält das »Nhaa« den Hund nicht zurück, gehen Sie ruhig zurück zu ihm. Laufen Sie nicht (das löst den Fluchttrieb aus). Bringen Sie ihn an den Ausgangspunkt zurück, und lassen Sie ihn wieder sitzen. Sagen Sie im normalen Befehlston »Bleib«.
- Lassen Sie den Hund wenigstens fünf Minuten lang sitzen. Gehen Sie zu ihm zurück, so daß er wieder links neben Ihnen sitzt. Warten Sie noch zehn Sekunden, dann entlassen Sie den Hund. Loben.

Schritt 5: Wenn Sie den Hund von jenseits der Leinenlänge korrigieren müssen, benutzen Sie die Stimme. Rennen Sie nicht zum Hund zurück.

Wenn der Hund beim »Nhaa« nicht zuverlässig in die Sitzposition zurückgeht, sind Sie noch nicht soweit. Gehen Sie einen Übungsschritt zurück, zu den 1,80 m Leinenlänge, und halten Sie die Leine in der Hand.

Schritt 6: »Bleib« aus 6 m Entfernung

- Beginnen Sie mit dem links sitzenden Hund.
- Geben Sie das Hör- und Handzeichen »Bleib«.
- Verlassen Sie den Hund. Beobachten Sie ihn beim Weggehen über die Schulter. Am Leinenende angekommen, lassen Sie die Leine fallen und gehen weiter, bis Sie ca. 6 m entfernt sind. Drehen Sie sich nun wieder zum Hund.
- Beobachten Sie ihn sorgfältig. Will er sich bewegen, sagen Sie »Nhaa«. Das Timing ist wichtig.
- Wenn das »Nhaa« ihn nicht abhält, gehen Sie ruhig zurück. Bringen Sie ihn zum Ausgangspunkt zurück, und lassen Sie ihn sitzen. Mit normalem Kommandoton sagen Sie »Bleib«.
- Lassen Sie den Hund wenigstens fünf Minuten sitzen. Gehen Sie zurück, so daß er wieder links neben Ihnen sitzt. Lassen Sie ihn weitere zehn Sekunden sitzen, dann freigeben und loben.

Wird der Hund in diesem Schritt sicher, verstärken Sie die Ablenkungen. Üben Sie an einem anderen Ort. Üben Sie täglich woanders, z. B. im Keller, im Hof, im Nachbarhof usw. Wenn Sie sich daran machen, an öffentlichen Plätzen zu üben, achten Sie darauf, daß die Sicherheit des Hundes gewährleistet ist. Gehen Sie nicht über Leinenlänge hinaus, wenn der Hund nicht sitzenbleibt, er könnte auf eine verkehrsreiche Straße laufen. Benutzen Sie in solchen Situationen die lange Leine (siehe Seite 59, »Ausbildungshilfen«). Sie können dann weiter als 1,80 m weggehen und den Hund noch immer kontrollieren. Stellen Sie sich auf die lange Leine, wenn der Hund nicht sehen soll, daß Sie ihn an der Leine halten.

Schritt 7: »Bleib« ohne Leine

- Beginnen Sie mit dem links sitzenden Hund. Machen Sie die Leine ab, halten Sie sie aber in der Hand.
- Geben Sie Hör- und Handzeichen »Bleib«.
- Gehen Sie nun, den Rücken zum Hund, weg und beobachten Sie ihn über die Schulter. Gehen Sie 1 m und drehen Sie sich dem Hund zu.
- Beobachten Sie den Hund sorgfältig. Wenn er sich rührt, »Nhaa«; Sie gehen zurück, leinen ihn an und korrigieren ihn. Setzen Sie ihn auf den Ausgangspunkt zurück. Vermeiden Sie dabei Handkontakt. Benutzen Sie Leine und Halsband zur Korrektur.
- Bewegt sich der Hund nicht, bleiben Sie im Abstand von 1,20 m stehen und leinen ihn wenigstens fünf Minuten lang ab.

Schritt 6: Laden Sie alle Hundefreunde zum gemeinsamen Üben des »Sitz, bleib« ein. »Sitz, bleib« ist eine nützliche Übung für alle Rassen.

- Kehren Sie danach zum Hund zurück, so daß er links neben Ihnen zu sitzen kommt.
- Lassen Sie den Hund links weitere zehn Sekunden sitzen, geben Sie ihn frei und loben Sie ihn.

Wird der Hund bei diesem Schritt sicher, dehnen Sie die Zeit des Sitzens ohne Leine in kleinen Schritten aus. Bleibt der Hund ganze fünf Minuten lang sitzen, bauen Sie einige leichte Ablenkungen ein, wie bei der Leinenübung. Gehen Sie dann zu mäßigen Ablenkungen über. Nur wenn der Hund dabei sitzenbleibt, sollten Sie den Abstand zum Hund ausdehnen. Gehen Sie 1,80 m weit von ihm weg und bleiben Sie nur kurze Zeit. Verlängern Sie die Zeitspanne. Bauen Sie Ablenkungen ein. Verstärken Sie diese. Dann fangen Sie von vorne an und gehen ca. 3,50 m weit weg.

Achten Sie darauf, was Sie zuerst tun: erstens Zeit, zweitens Ablenkungen und drittens Entfernung. Sie können eine Folge von zuverlässigen »Sitz-bleib«-Übungen aufbauen, bis Sie beliebig weit weg sind. Wenn Sie dann den Hund mit »Sitz, bleib« zurücklassen, wissen Sie, daß er sitzenbleibt.

»Sitz, bleib« außer Sicht

Schließlich können Sie aus dem Sichtfeld des Hundes gehen. Finden Sie einen Ort, an dem Sie Ihr Hund nicht sehen kann – aber Sie ihn! Sie können nicht weggehen und annehmen, daß der Hund sitzenbleibt. Bleiben Sie zunächst nur wenige Sekunden außer Sicht. Wenn er aufsteht, gehen Sie schnell wieder ins Zimmer und korrigieren mit »Nhaa«.

Der Hund muß den Eindruck haben, als könnten Sie aus dem Nichts erscheinen und ihn korrigieren. Lesen Sie den Abschnitt »Bleib außer Sicht« ab Seite 148.

»Beobachte mich!«

Aufmerksame Hunde sind leichter zu erziehen. Einige Hunde sind es von Natur aus, anderen muß man beibringen aufzupassen. Den Hund zu lehren, uns auf Kommando anzuschauen, erfordert Geduld und Ausdauer des Ausbilders.

Erregen Sie die Aufmerksamkeit des Hundes durch einen Lecker-bissen nahe dem Gesicht. Sagen Sie »Achtung«, wenn der Hund Sie anschaut.

Legen Sie auf diese Übung nicht allzuviel Gewicht, besonders bei einem Hund am Anfang der Ausbildung. Die Gehorsamsübungen dieses Buches bauen die Aufmerksamkeit des Hundes von selbst auf.

Schritt 1

- Beginnen Sie mit dem links sitzenden Hund und sagen Sie »Bleib«.
- Halten Sie die Leine in der linken Hand und in der rechten einen Hundekuchen. (Interessiert sich Ihr Hund nicht für Futter, nehmen Sie einen Gegenstand, den er gerne mag.)
- Wecken Sie die Aufmerksamkeit des Hundes, indem Sie den Gegenstand vor seiner Nase herumwedeln.
- Heben Sie das Futter an Ihr Gesicht. Schaut der Hund nach dem Futter, sagen Sie »Achtung«.
- Halten Sie das Futter dicht am Gesicht und erhalten Sie damit die Aufmerksamkeit des Hundes. Beruhigend loben, wenn er aufschaut. Loben Sie ihn so lange, wie er Sie anschaut.
- Schaut der Hund weg, locken Sie ihn wieder mit dem Futter, wie zu Beginn.
- Sagen Sie nach zehn Sekunden »OK«!, um ihn aus der Übung zu entlassen. Streicheln und loben.

Üben Sie dies täglich. Verlängern Sie die Dauer, die der Hund Sie anschauen soll, in Zehn-Sekunden-Intervallen. Vergessen Sie nicht, ihn die ganze Zeit über herzlich zu loben, wenn er Sie anschaut. Üben Sie Schritt 1, bis der Hund Sie 30 Sekunden lang anschaut. Tut er das, kommt der nächste Schritt.

Schritt 2

- Beginnen Sie mit dem links sitzenden Hund. Sagen Sie »Bleib«.
- Halten Sie die Leine in der rechten Hand, so daß sie vor Ihrem Körper verläuft. Der linke Arm bleibt an der Seite.
- Sagen Sie »Achtung«. Schaut der Hund hoch und starrt Sie an, loben Sie ihn, solange er es tut.
- Schaut er Sie nach dem »Achtung« nicht an, fassen Sie links nach seinem Kopf und drehen sein Gesicht *sanft* nach oben zu dem Ihren. Wiederholen Sie »Achtung« dabei. Sobald er Sie anschaut, herzlich loben.
- Schaut der Hund Sie ein paar Sekunden lang an, sagen Sie »OK« und unterbrechen den Augenkontakt. Wenn Sie der Hund auf Kommando 30 Sekunden lang anschaut, versuchen Sie Schritt 3.

Schritt 3

- Beginnen Sie mit dem links sitzenden Hund. Drehen Sie die Ringe des Halsbandes unter sein Kinn.
- Halten Sie die Leine in der linken Hand. Der Griff sollte fast auf dem Boden schleifen.
- Per Hör- und Handzeichen sagen Sie »Bleib«. Gehen Sie zwei Schritte vom Hund weg und drehen Sie sich zu ihm um.
- Greifen Sie mit der rechten Hand die Leine, Handfläche nach oben, wie für die »Sitz, bleib«-Übung. Die Leine wird auf halber Länge zwischen linker Hand und Hund gehalten. Ziehen Sie die Leine nicht stramm.
- Üben Sie das »Sitz, bleib« aus dieser Lage. Dreht der Hund den Kopf nach hinten, gehen Sie, mit dem rechten Bein zuerst, auf ihn zu. Ihr Fuß sollte mit den Pfoten auf gleicher Höhe sein.
- Geben Sie sanft Ruck/Lockerlassen mit dem Ausbildungshalsband in Richtung der Rute. Dabei wiederholen Sie das Kommando »Achtung«.
- Sobald Sie der Hund anschaut, überschwenglich loben. Hören Sie damit erst auf, wenn der Hund den Augenkontakt von sich aus abbricht.

Geben Sie sich zunächst mit wenigen Sekunden Augenkontakt zufrieden. Mit den Übungen wird der Hund Sie immer länger anschauen. Belästigen Sie den Hund nicht mit dieser Übung. Üben Sie nur zwei- oder dreimal während der »Sitz, bleib«-Übung. Es kann einige Monate dauern, bis der Hund Sie eine ganze Minute lang anschaut.

Begrüßung ohne Hochspringen

Ein freundlicher Hund, der uns an der Haustür begrüßt, gehört zu den schönsten kleinen Freuden im Leben. Ein schmutziger, achtzig Pfund schwerer Köter, der an unserem besten Anzug hochspringt, gehört zu den ärgerlichsten Begebenheiten im Leben. Ist es möglich, einem Hund beizubringen, auf zivilisierte Weise »Guten Tag« zu sagen? Ja! Man braucht dazu nur eine einfache Gehorsamsübung.

Hunde springen Leute bei der Begrüßung aus einem Grund an: Sie wollen Aufmerksamkeit. Deshalb hilft es auch nichts, dem Hund das Knie in die Brust zu stoßen. Dies *ist* eine Art der Aufmerksamkeit, auch wenn es eine negative Erfahrung ist. Der Hund bekommt genau das, was er will. Hunde ziehen eine schlechte Erfahrung in bezug auf Aufmerksamkeit gar keiner Aufmerksamkeit immer vor.

Den Hund mit dem Knie abzuwehren, ist nicht nur nutzlos, sondern auch gefährlich. Wenn Sie ihn heftig genug stoßen, verleiden Sie ihm vielleicht, Sie anzuspringen, aber Sie können ihn auch ernsthaft verletzen. Im Laufe der Jahre haben mir Tierärzte die Röntgenaufnahmen einiger Hunde gezeigt, die von Menschen beim Anspringen verletzt wurden. Es gab Verletzungen von gebrochenen Kiefern bis hin zu gebrochenen Schultern.

Keine Ausbildungsmethode darf je einem Hund weh tun oder ihn gar verletzen! Vermeiden Sie alle physisch schädlichen Methoden, die unerwünschtes Anspringen verhindern sollen. Sie sind nicht nur bestenfalls nutzlos, sondern schaden im schlimmsten Falle dem Hund.

Die beste Weise, dem Hund beizubringen, Menschen ohne Anspringen zu begrüßen, ist, seine Motivation zu nutzen. Der Hund will Aufmerksamkeit. Er muß dahingehend trainiert werden, sie in sitzender Position zu finden. Dafür muß der Hund das »Sitz, bleib« beherrschen (siehe Seite 113, »Sitz, bleib«).

● Beginnen Sie mit dem an linker Seite sitzenden Hund. Halten Sie sich in der Nähe eines Einganges auf, durch den Besucher kommen. Sagen Sie dem Hund »Bleib«.

● Halten Sie die Leine in der rechten Hand. Die Linke ergreift die Leine, Handfläche nach unten, zwischen dem Hund und der rechten Hand.

● Lassen Sie Bekannte an der Tür klingeln oder klopfen. Der Hund sitzt noch immer an Ihrer linken Seite. Lassen Sie den Gast ein.

● Freut sich der Hund und steht auf, korrigieren Sie mit scharfem

»Nhaa« und Ruck/Lockerlassen am Halsband. Sagen Sie wieder »Bleib«.

- Hat sich der Hund beruhigt und sitzt an Ihrer linken Seite, soll der Gast den Hund aus einer Entfernung von etwa 1 m begrüßen. Die Begrüßung sollte nicht zu enthusiastisch ausfallen, denn das versetzt den Hund wieder in einen Freudentaumel. Ein angenehmes, ruhig gesprochenes Begrüßungswort reicht.
- Der Gast geht zum Hund. Will der Hund aufstehen, korrigieren Sie ihn, *gleichzeitig tritt der Gast zurück*. Lassen Sie den Hund wieder sitzen und sagen Sie erinnernd »Bleib«.
- Der Gast tritt wieder zum Hund, bis der Hund die Vorderpfoten auf dem Boden läßt und sitzenbleibt. Währenddessen dürfen Sie Ihren Hund durch das wiederholte Kommando »Bleib« erinnern.
- Ist der Hund unter Kontrolle, darf der Gast sich zu ihm beugen, ihn streicheln und loben. Auch hier: Versucht der Hund aufzustehen, tritt der Besucher zurück, und Sie korrigieren den Hund.

Üben Sie dies fünf- oder sechsmal nacheinander. Beginnen Sie immer damit, den Gast an der Tür klingeln oder klopfen zu lassen. Auch wenn der Gast vor einigen Minuten schon einmal im Hause war, wird der Hund immer wieder versuchen, sein wildes Begrüßungszeremoniell aufzuführen. Das ist gut so, denn es erlaubt Ihnen, die Übung mehrmals zu wiederholen.

Diese Übung nützt nichts, wenn Sie nur gelegentlich arbeiten, sobald ein unerwarteter Besucher kommt. Sie müssen die Besuche

128

Zeigen Sie dem Hund, daß sein Drang nach Beachtung erfüllt wird, wenn er mit den Pfoten auf dem Boden bleibt.

Linke Seite
Hunde springen Menschen nur aus einem einzigen Grund an – sie wollen beachtet werden.

Kommt der Besucher heran, geben Sie einen Ruck/ Lockerlassen am Halsband, sobald der Hund zu springen versucht.

129

täglich einplanen. Eine gute Übungszeit ist, wenn Ihr Partner abends von der Arbeit oder die Kinder aus der Schule kommen.

Vergessen Sie nicht: Bei der Hundeerziehung muß man dem Hund immer zuerst beibringen, ein Verhalten zu zeigen. Wiederholen Sie es, dann wird es dem Hund zur Gewohnheit. Wenn Ihr Hund beispielsweise allabendlich Ihre Frau anspringt, wenn sie von der Arbeit kommt, üben Sie dadurch das Hochspringen. Im Handumdrehen wird dieses unerwünschte Verhalten zur Gewohnheit.

Statt dessen nehmen Sie den Hund allabendlich, wenn Sie das

Bleibt der Hund mit den Vorderpfoten und dem Hinterteil auf dem Boden, dann sollte ihn der Besucher ausgiebig loben und streicheln.

Auto anrollen hören, an die Leine. Lassen Sie den Hund bei der Begrüßung sitzen. Allmählich gewöhnt er sich daran. Je öfter Sie dies wiederholen – und je früher Sie damit im Hundeleben beginnen –, desto schneller wird es zur Angewohnheit.

Sie können auch mit dem unangeleinten Hund weiterarbeiten. Wenn Sie Ihren Hund begrüßen und niemand hilft Ihnen, bücken Sie sich rasch und drücken dabei das Hinterteil des Hundes zu Boden ins Sitz. Tun Sie das, *ehe* der Hund hochspringt. Ist der Hund aber schneller als Sie und springt trotzdem, sagen Sie »Nhaa« und setzen ihn rasch hin.

Denken Sie daran, daß das »Nhaa« dem Hund nicht verbietet hochzuspringen, sobald er die Pfoten schon auf Ihrer Brust hat, sondern nur, daß er mit dem, was er gerade tut, sofort aufzuhören hat. Sie wollen aber, daß der Hund gar nicht erst springt. Deshalb müssen Sie rasch handeln und seinen Hintern runterdrücken, *ehe* er Sie anspringt.

Wie ich schon sagte – wenn Hundeerziehung so einfach wäre, hätte jeder einen wohlerzogenen Hund. Es braucht Ausdauer und harte Arbeit, um das Verhalten eines Hundes zu formen – besonders im Falle des Anspringens bei der Begrüßung, das so viele Hunde so gerne tun.

Steh, bleib

Bei der »Steh, bleib«-Übung soll der Hund stehenbleiben. Der Kopf darf sich bewegen, die Rute wedeln, aber seine Pfoten müssen auf dem Boden verharren. Bei wettbewerbsmäßigen Gehorsamsprüfungen kostet das Rühren einer Pfote Punkte. In unserem Fall ist das jedoch keine Katastrophe. Unser Ziel ist einfach, den Hund ruhig an einer Stelle stehen zu lassen.

»Steh, bleib« erweist sich in vielen Situationen des täglichen Lebens als nützlich. Man kann es z.B. verwenden, wenn der Hund gebürstet wird. Es hilft beim Abtrocknen des nassen, schmutzigen Hundes. Tierärzte und Hundesaloninhaber lieben Hunde, die das »Steh, bleib« beherrschen. Sie wissen, daß diese Hunde leichter zu behandeln sind.

»Steh, bleib« trägt auch zur Erhaltung der Gesundheit des Hundes bei. Benutzen Sie die Übung, um den Hund gründlich zu untersuchen. Dies sollte man im Hundeleben wenigstens einmal wöchentlich tun. Versäumt man das, kann es schreckliche Folgen haben. Ich arbeitete einige Jahre in Tierkliniken. Oft kamen Hunde routinemäßig zu Impfungen oder Wurmkuren. Während dieser Besuche fand der Tierarzt oft Dinge, die dem Besitzer entgangen waren – Knoten oder Beulen, gebrochene Zähne oder Krallen, eine zerkratzte Hornhaut. Gelegentlich fand sich ein entzündeter Rachen, weil sich ein abgebrochenes Holzstück in den Gaumen gebohrt hatte.

Wenn wir den Hund in den Pflegeraum brachten, fragte ich oft die Ärzte: »Warum haben die Besitzer nichts gemerkt?« Meist antworteten die Ärzte: »Sie haben sich den Hund monatelang nicht angesehen.«

Oft benötigte ein solcher Hund intensive Behandlung. Er mußte betäubt werden, und der Besitzer wurde mit einer unerwartet hohen Rechnung beglückt. Ein einfacher Routinebesuch wurde für alle Beteiligten zum Alptraum – insbesondere für den Hund.

Als verantwortungsvoller Hundebesitzer sollten Sie Ihren Hund wenigstens wöchentlich gründlich untersuchen. Lassen Sie den Hund in einem ruhigen Raum mit gutem Licht stehen. Beginnen Sie am Fang: Sie heben die Lefzen an, öffnen das Maul und schauen nach gebrochenen oder gesprungenen Zähnen. Untersuchen Sie das Gaumendach. Schauen Sie in beide Augen. Tasten Sie die Läufe ab. Kontrollieren Sie jede Zehe. Tasten Sie über den Rücken und unter dem Bauch ebenso wie entlang der Rute, Hüften und Hinterbeine. Achten Sie auf Ausfluß aus After, Scheide oder Penis.

Machen Sie sich mit der normalen Anatomie des Hundes vertraut. Ich erinnere mich an eine Dame, die hysterisch bei uns in der Klinik anrief. Sie war sicher, daß ihr Hund an einem grauenhaften Krebs im Maul stürbe. Warum? Eines Tages hob sie die Lefzen ihrer sechs Jahre alten Irish-Setter-Hündin an und entdeckte schwarze Flecken auf dem Gaumen. Hätte sie gewußt, was sie sich ansieht, wäre ihr bewußt, daß viele Hunde schwarzes Pigment im Fang haben.

Wie lehrt man »Steh, bleib«?

Schritt 1: Hände am Hund

Der zum »Steh, bleib« erzogene Hund bleibt stehen, ohne seine Pfoten zu rühren; Kopf und Rute dürfen bewegt werden. Der Hund

Schritt 1: Steht der Hund aus der Sitzposition heraus, sagen Sie »Bleib«.

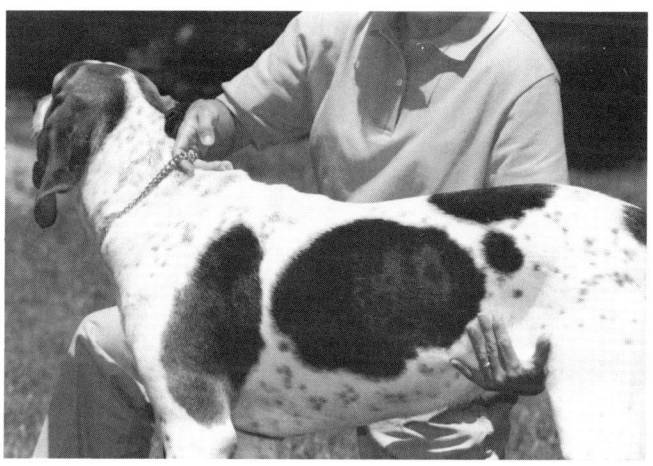

Halten Sie die Hände am Hund! Vermeiden Sie zu festes Halten, wenn der Hund stillsteht.

steht still während des Bürstens, Badens oder einer körperlichen Untersuchung vom Besitzer oder einer anderen Person.
* Beginnen Sie mit dem links sitzenden Hund. Knien Sie beim Hund, so daß Sie ihn vor sich haben.

- Führen Sie die rechte Hand durch das Ausbildungshalsband, die Finger weisen zur Rute.
- Geben Sie das Hörzeichen »Steh«. Heben Sie gleichzeitig den Hund in den Stand mit der linken Hand unter dem Bauch.
- Sagen Sie »Bleib« und *halten Sie die Hände am Hund.*
- Halten Sie ihn mit den Händen in Position. Bewegt er sich oder will weggehen, »Nhaa« und mit der rechten Hand am Halsband hochziehen. Will er sitzen, »Nhaa« und mit der linken Hand unter dem Bauch daran hindern. Nach jeder Korrektur sagen Sie »Bleib« in normalem Befehlston. Der Hund darf den Kopf bewegen oder mit der Rute wedeln.
- Steht der Hund zehn Sekunden lang ruhig, entlassen Sie ihn mit einem speziellen Wort wie »OK«. Das bedeutet dem Hund, daß er sich bewegen darf. Nehmen Sie die Hände weg und loben Sie ihn ausgiebig.

Bei jeder Übung verlängern Sie die Dauer allmählich, so daß Sie bis zu Schritt 2 den Hund zwei volle Minuten stehen lassen können. Lassen Sie die Hände immer am Hund, solange Sie Schritt 1 üben. Loben und streicheln Sie den Hund erst, nachdem Sie das Entlassungswort gesagt haben. Tun Sie es vorher, fühlt sich der Hund zum Bewegen veranlaßt. Üben Sie dies wenigstens dreimal täglich.

Schritt 2: ohne Hände

- Lassen Sie den Hund gemäß Schritt 1 stehen und sagen Sie »Bleib«.
- Hat sich der Hund entspannt und steht still, nehmen Sie die Hand unter dem Bauch weg. Sagen Sie gleichzeitig »Bleib«. Nehmen Sie nun die Hand vom Halsband. Sagen Sie wieder gleichzeitig »Bleib«.
- Beobachten Sie ihn genau. Bewegt er sich, sagen Sie fest »Nhaa«. Gleichzeitig mit dem »Nhaa« legen Sie rasch die Hände zurück unter den Bauch und an das Halsband. Denken Sie daran, daß er Kopf und Rute bewegen darf.
- Beruhigt sich der Hund, »Bleib« sagen und Hände wegnehmen. Achten Sie darauf, stets gleichzeitig mit dem Wegnehmen der Hände »Bleib« zu sagen.
- Bleibt er still stehen, lassen Sie ihn zehn Sekunden lang verharren. Sagen Sie dann »OK« und entlassen Sie ihn.
- Loben Sie ihn überschwenglich.

Verlängern Sie die Dauer des Stehens ohne Hände in 15-Sekunden-

Schritt 2: Üben Sie das »Steh, bleib« ohne Hände am Hund.

Abständen, bis der Hund ganze zwei Minuten stillsteht. Sie müssen sicher sein, daß der Hund zwei Minuten mit angelegten Händen steht, ehe Sie die Hände wegnehmen. Denken Sie daran, stets »Bleib« zu sagen, wenn Sie die Hände wegnehmen. Bewegt er sich, sagen Sie »Nhaa« und legen gleichzeitig die Hände zurück an den Hund.

Der Hund reagiert möglicherweise besser, wenn Sie zunächst die Hand vom Halsband und dann erst vom Bauch nehmen. Wenn nicht, versuchen Sie es mit der Hand unter dem Bauch zuerst. Manche Hunde bleiben am besten stehen, wenn man beide Hände gleichzeitig zurückzieht. Jeder Hund ist anders, experimentieren Sie. Welche Hand Sie auch zuerst wegnehmen, Sie müssen stets gleichzeitig »Bleib« sagen. Dies ist einer der vielen Ausbildungsschritte, die gutes Timing erfordern – der Schlüssel zur Hundeerziehung.

Schritt 3: Steh von vorne

Wenn der Hund zwei Minuten lang ohne Hilfe der Hände stillsteht, sind Sie bereit für Schritt 3. Wenn nicht, üben Sie Schritt 1 und 2 weiter.

- Beginnen Sie mit dem links sitzenden Hund.
- Knien Sie nicht wie bei Schritt 1, sondern beugen Sie sich über den Hund und stellen ihn. Gleichzeitig sagen Sie »Steh«.
- Steht der Hund, sagen Sie »Bleib«. Nehmen Sie die Hände weg und stellen Sie sich aufrecht hin. Schauen Sie in die gleiche Richtung wie der Hund. Der Hund steht an Ihrer linken Seite.
- Beobachten Sie den Hund genau. Will er sich bewegen, »Nhaa«. Beugen Sie sich über ihn und legen Sie die Hände wieder an.
- Ist er ruhig, wiederholen Sie »Bleib«. Nehmen Sie die Hände weg und stellen Sie sich hin.
- Mit Hör- und Handzeichen (offene Handflächen vor das Gesicht des Hundes gehalten) geben Sie das Kommando »Bleib«. Gehen Sie langsam vor den Hund, Knie an Nase.
- Beobachten Sie den Hund sorgfältig. Will er sich bewegen, »Nhaa«. Bleiben Sie *vor* dem Hund stehen, legen Sie aber die Hände wieder an (Rechte durch das Halsband, Linke unter den Bauch). Während Sie die Hände wegnehmen, wiederholen Sie »Bleib«, bis Sie wieder aufrecht stehen.
- Am Ende der bestimmten Zeit gehen Sie langsam zurück zum Hund, so daß er an Ihrer linken Seite ist. Lassen Sie den Hund noch

Schritt 3: Üben Sie »Steh, bleib« aus einer Knie-zu-Nase-Position.

*Bewegt sich der Hund, sagen Sie »Nhaa«. Beugen Sie sich
über ihn und stellen Sie ihn sanft wieder hin.*

einige Sekunden stehen. Entlassen Sie ihn mit dem Befreiungswort
und lassen Sie ihn laufen.
● Loben Sie den Hund überschwenglich.

Bleiben Sie zunächst nur kurze Zeit vor dem Hund. Verlängern Sie
die Dauer, bis er zwei Minuten lang stillsteht. Halten Sie die Leine
während dieser Zeit nicht; sie hängt auf den Boden. Man kann den
Hund während der »Steh, bleib«-Übung nicht durch Ruck/Locker-
lassen korrigieren. Ein Ruck würde ihn nur in Bewegung versetzen
und wäre schädlich.
Man stellt oft fest, daß bis dahin die Ausbildung erfolgreich verläuft, doch manche Hunde haben einen so niedergeschlagenen
Gesichtsausdruck dabei. Die Besitzer verstehen das nicht, weil sie
niemals grob waren. Ich glaube, der Grund ist ganz einfach: Die
»Steh, bleib«-Übung ist zwar für die Besitzer recht nützlich, aber für
den Hund höchst unnatürlich. Wilde Hunde setzen und legen sich
gelegentlich still hin. Selten aber stehen sie über einen längeren Zeitraum still. Ich glaube, daß die Übung dem Hund einfach fremd
erscheint.

Man kann ein wenig helfen, indem man den Hund beim Stehen ausgiebig lobt. Nicht zu viel, so daß er zu toben beginnt, aber er soll seine Ohren aufrichten und mit der Rute wedeln. Sagen Sie ihm, wie prima er seine Sache macht. Denken Sie daran, während des Lobens immer wieder das »Bleib« einfließen zu lassen. Das Lob wird den Hund beruhigen, wenn er sich verunsichert fühlt. Das verbessert auch seine Erscheinung während der Übung. Mit ein wenig Übung wird er voller Selbstvertrauen stehenbleiben, die Ohren aufrichten und mit der Rute wedeln.

Schritt 4: Ausdehnen des Abstands

- Beginnen Sie mit dem links sitzenden Hund.
- Bringen Sie den Hund wie in Schritt 3 beschrieben in den Stand.
- Während Sie »Bleib« sagen, nehmen Sie die Hände weg und stellen sich auf. Der Hund sollte links stehen. Halten Sie die Leine nicht in der Hand. Lassen Sie sie am Hund, aber auf den Boden schleifen.
- Geben Sie Hand- und Hörzeichen »Bleib«. Gehen Sie zwei Schritte weit weg. Drehen Sie sich dann um und schauen Sie den Hund an. Der Abstand zum Hund sollte nur etwa 1 m betragen.
- Will sich der Hund bewegen, sagen Sie fest »Nhaa«. Gehen Sie zurück, legen Sie wieder die Hände an und stellen Sie den Hund. Sagen Sie in normalem Befehlston »Bleib«.
- Blieb der Hund etwa 30 Sekunden stehen, gehen Sie zum Hund zurück, so daß er sich wieder an Ihrer linken Seite befindet.
- Lassen Sie den Hund weitere zehn Sekunden stehen. Entlassen Sie ihn mit dem Befreiungswort und loben Sie ihn ausgiebig.

Lassen Sie den Hund zunächst 30 Sekunden lang stehen. Je sicherer er wird, desto länger lassen Sie ihn auf Entfernung stehen. Ziel ist, den Hund volle zwei Minuten stehen zu lassen. Klappt es nicht, gehen Sie einen Übungsschritt zurück.

Schritt 5: Stehen für die Untersuchung

- Stellen Sie den Hund und sagen Sie »Bleib«.
- Wenn Sie mit Schritt 4 Erfolg hatten, können Sie sich nun ca. 1,80 m vom Hund entfernen. Gehen Sie ans Leinenende und lassen Sie die Leine fallen. Drehen Sie sich und schauen Sie den Hund an. Die Leine ist noch immer am Halsband befestigt, hängt jedoch auf den Boden.

Schritt 5: Gewöhnen Sie den Hund daran, während der »Steh, bleib«-Übung untersucht zu werden.

- Beobachten Sie den Hund genau. Bewegt er sich, »Nhaa« und zurück zu ihm. Rennen Sie nicht zurück, sondern gehen Sie ruhig und stellen Sie ihn an den Ausgangspunkt zurück. Wiederholen Sie in normalem Befehlston »Bleib«. Gehen Sie wieder zum Leinenende.
- Steht der Hund und erscheint sicher, gehen Sie zurück und schauen Sie den Hund an, Knie an der Nase. Untersuchen Sie aus dieser Haltung heraus den Hund. Überprüfen Sie die Zähne, Augen und die Ohrmuscheln. Tasten Sie mit den Händen die Vorderläufe ab, den Rücken entlang und die Hinterbeine. Prüfen Sie ebenfalls die Rute. Bewegt sich der Hund, »Nhaa« und zurück auf den Ausgangsplatz. Üben Sie so lange, bis Sie den Hund gründlich abtasten können, ohne daß er sich bewegt.
- Nach der Untersuchung gehen Sie um den Hund herum und dann zurück zum Leinenende. Lassen Sie den Hund zwei Minuten stehen.
- Nach zwei Minuten kehren Sie zum Hund zurück, so daß er sich links neben Ihnen befindet. Entlassen Sie ihn und loben Sie ihn.

Einige Hunde lassen sich sehr leicht durch das Abtasten ablenken. Ist das bei Ihrem Hund der Fall, untersuchen Sie sehr oberflächlich.

Berühren Sie nur leicht Kopf, Schultern und Körper und kehren Sie dann zum Ende der Leine zurück. Erinnern Sie den Hund mit »Bleib«, wenn Sie ihn anfassen. Will er sich bewegen, rasch »Nhaa« und zurückstellen. Sagen Sie wieder »Bleib«. Loben Sie den Hund, wenn Sie Ihre Untersuchung beendet haben, egal wie kurz sie auch war.

Steht der Hund während der oberflächlichen Untersuchung, werden Sie gründlicher. Berühren Sie ihn dabei öfter. Achten Sie auf eine sanfte Berührung. Stellen Sie dabei fest, daß sich der Hund an einer bestimmten Stelle nicht berühren lassen will, sind Sie möglicherweise auf ein Gesundheitsproblem gestoßen. Falls nötig, lassen Sie den Hund vom Tierarzt untersuchen.

Mit einiger Übung gewöhnen Sie den Hund an viel Anfassen und Untersuchen während des »Steh, bleib«. Selbst die wildesten Hunde lernen, diese Untersuchung zu lieben (oder wenigstens zu ertragen).

Schritt 6: Stehen für die Untersuchung durch einen Helfer

- Beginnen Sie mit dem links sitzenden Hund. Nehmen Sie die Leine ab.
- Sagen Sie »Steh« und stellen Sie ihn.
- Geben Sie das Hör- und Handzeichen »Bleib«.
- Nach dem »Bleib« gehen Sie 1,80 m weit weg, drehen sich um und schauen zum Hund.
- Lassen Sie einen Helfer von vorne auf den Hund zugehen. Er soll seine Hand beschnüffeln können. Nun untersucht der Helfer den Hund so, wie Sie es taten.
- Beobachten Sie den Hund genau. Will er sich bewegen, »Nhaa«. Gehen Sie langsam zum Hund zurück und stellen Sie ihn wieder. Denken Sie daran, bei »Steh, bleib« niemals zum Hund zurückzu-rennen.
- Rührt sich der Hund nicht und läßt sich untersuchen, belassen Sie ihn dabei wenigstens zwei Minuten lang.
- Am Ende der zwei Minuten gehen Sie um den Hund herum, so daß er sich wieder an Ihrer linken Seite befindet.
- Entlassen Sie den Hund und loben Sie ihn.

Denken Sie daran, diese Übung im täglichen Leben anzuwenden. Lassen Sie ihn im »Steh, bleib« beim Bürsten. An Regentagen steht der Hund an der Haustür, so daß Sie ihn abtrocknen können. Benutzen Sie »Steh, bleib« auf dem Tierarztuntersuchungstisch. Je öfter Sie die »Steh, bleib«-Übung anwenden, desto sicherer wird Ihr Hund.

Platz, bleib

Ein gut erzogener Hund muß das »Platz, bleib« beherrschen. Wenn ich meinen Hunden nur eine einzige Übung beibringen könnte, dann wäre es diese.

»Platz, bleib« heißt für den Hund, sich an einem von Ihnen angewiesenen Platz hinzulegen und liegenzubleiben, bis Sie ihn freigeben. Er darf Kopf und Rute bewegen. Er darf sich auch in eine bequemere Haltung zurechtlegen, aber er darf den Platz nicht verlassen.

»Platz, bleib« war die Rettung für Topbrass WoodDrift C.D. (C.D. = Companion Dog, amerikanischer Gehorsamswettbewerbstitel für Begleithunde), einen herausragenden Hund. »Woody« war mein geliebter, wilder, Frisbee-fangender Golden Retriever. Als ich Woody für Gehorsamswettbewerbe ausbildete, übten wir meist an belebten Plätzen, weil es dort die meisten Ablenkungen gab. Ich ging zu Einkaufszentren, Supermärkten, auf Schulhöfe und in Stadtparks. Die Leute blieben oft stehen und sahen uns zu. Oft hörte ich, wenn Woody »Platz, bleib« machte, Kommentare wie diese: »Oh, was für ein wunderschöner Golden! Er ist so ruhig und gelassen. Ich wünschte, unser Hund wäre das. Unser Hund ist so dumm. Er hat so viel Energie!« Ich lächelte nur und gab Woody das Befreiungswort, worauf er aufsprang und fröhlich herumtobte. Die Leute riefen aus: »Genau wie unserer!«

»Natürlich ist er das«, war meine Antwort. »Viele Hunde sind temperamentvoll. Aber ich habe meinen Hund unter Kontrolle.« Dann warf ich ein, ob man je über eine Gehorsamsausbildung nachgedacht habe. Wie ich schon sagte, war das »Platz, bleib« Woodys Paradestück. Ich konnte dieses 80 Pfund schwere Energiebündel auf diese Weise überallhin mitnehmen und hatte ihn ständig unter Kontrolle.

Das »Platz, bleib« bietet drei entscheidende Vorteile. Erstens erlaubt es, den Hund in jeder Situation unter Kontrolle zu haben. Z. B.

kann ein Hund so bösartig sein, wie er will, aber wenn ich Killer »Platz, bleib« machen lasse, kann er keine Gäste mehr beißen, die ins Haus kommen. Die beiden Verhaltensweisen – sich zu legen und liegen zu bleiben und gleichzeitig zur Tür zu laufen und Leute zu beißen – lassen sich nicht vereinbaren. Ein Hund kann nicht beides gleichzeitig tun.

Vielleicht ist Ihr Hund ein talentierter Bettler, aber wenn er sich beim »Platz, bleib« im Nebenzimmer befindet, kann er nicht gleichzeitig bei Tisch betteln. In meiner Nachbarschaft lebte Snuggles, der süßeste und liebenswerteste 75-Pfund-Schoßhund, der mir je begegnete. Er kann niemanden mit seinem lästigen Bestreben »Streichle mich, streichle mich« verrückt machen, wenn er »Platz, bleib« macht. Ich könnte noch zwei Seiten lang Beispiele aufführen, wie nützlich das »Platz, bleib« im täglichen Leben sein kann. Doch diese drei geben Ihnen wenigstens eine Vorstellung.

Zweitens verhindert das »Platz, bleib«, den Hund sozial abzuschotten. Soziale Isolation ist ausgesprochen wider die Hundenatur. Hunde sind Meutetiere, die die meiste Zeit ihres Lebens mit Gefährten verbringen. Sie und Ihre Familie sind diese Rudelgefährten. Der Hund muß und will instinktiv soviel wie möglich bei Ihnen sein.

Für Killer, den Bissigen, und Snuggles, den Verschmusten, bedeutet Besuch soziale Isolation. Man steckt sie an diesem Abend in den Keller, das Schlafzimmer, in die Garage oder den Käfig.

Hunde, die vom Rudel abgetrennt werden, stehen unter enormem Streß und Frustration. Allerdings bekommen Hunde keinen Nervenzusammenbruch. Sie haben eingebaute »Frustablasser«. Sie bellen, kratzen, kauen, urinieren und/oder machen Häufchen, um den Streß abzubauen. Genau das werden Killer und Snuggles dann in Schlafzimmer, Keller, Garage oder Käfig tun.

Jedesmal, wenn Sie Snuggles ins Schlafzimmer sperren, damit er die Gäste nicht belästigt, und jedesmal, wenn der frustrierte Snuggles Ihr Bettzeug anfrißt, üben Sie mit ihm »Bettzeug anfressen«. Wie schon gesagt, bilden Hunde schließlich aus ständig wiederholtem Verhalten Gewohnheiten. Schließlich haben Sie einen Hund, der jedesmal, wenn er ins Schlafzimmer gesperrt wird, das Bettzeug anfrißt.

Aber wenn Ihr Hund »Platz, bleib« beherrscht, darf er die Gäste begrüßen, anschließend dorthin gehen, wo Sie es wollen, sich legen und bleiben. Ihre Gäste verbringen einen angenehmen Abend ohne Belästigung durch Ihren Hund. Der Hund befindet sich unter Kontrolle. Zudem ist er noch zufrieden, weil er nicht von seinem Rudel getrennt wurde.

Drittens dient das »Platz, bleib« hervorragend dazu, dem Hund zu zeigen, daß Sie der Boß sind (siehe Seite 47, »Rudelführer«). »Platz, bleib« erlaubt es Ihnen, den Hund zu überzeugen, daß Sie der Rudelführer sind, ohne daß Sie ihn schlagen, würgen, mit dem Knie stoßen oder sonstige widersinnige Praktiken benutzen, die für Hunde unnatürlich sind. Vor vielen Jahren machte mir das ein Hund klar.

Ich unterrichtete Gehorsamsklassen und erzog Hunde für eine Hundepension und Hundezucht. Dort züchtete man Collies. Einmal hatte eine Colliemutter drei elf Wochen alte Welpen. Die sechs anderen Geschwister waren mit sechs Wochen verkauft worden. Die letzten drei blieben da, bis sie etwas älter waren und der Züchter entscheiden konnte, welchen er für sich behielt.

Mehrmals täglich wurden Mutter und Welpen in einen kleinen, eingezäunten Hof gelassen, wo sie die Sonne genießen konnten. Züchter und Personal standen oft dabei und schauten zu, wie die Mutter und ihre Welpenmeute spielten.

Eines Tages tobten die Welpen um die Mutter. Sie wurden immer wilder, sprangen auf und schnappten nach ihrem Gesicht und den Ohren. Sie schossen hin und her und entwischten geschickt dem erziehenden Schnappen der Mutter. Plötzlich war es der Hündin zuviel, und sie wurde heftiger, als wir es je gesehen hatten. Sie lief zu jedem Welpen, zeigte die Zähne und knurrte. Jeder Welpe rollte sich auf den Rücken und blieb liegen. Die Mutter ging nun in einiger Entfernung von den Welpen auf und ab. Jedesmal wenn ein Welpe aufstand und weglief, war sie zur Stelle und sorgte dafür, daß er liegenblieb. Das Ganze dauerte fast 20 Minuten! Schließlich erlaubte sie jedem Welpen einzeln, sich ihr zuzuwenden und das Maul zu lecken.

Meine erste Reaktion, als ich das sah, war: »Sie bringt den Welpen »Platz, bleib« bei, fast so wie ich es im Unterricht mache!« Es wurde mir sofort klar, daß die Hündin sich keine Gedanken darüber machte, ob ihre Welpen Gäste belästigten; sie sagte ihnen einfach in der Hundesprache: »*Ich bin der Rudelführer.*«

Die Gehorsamsübung »Platz, bleib« tut genau das. Sie ist die natürliche Weise, dem Hund zu zeigen, daß Sie der Rudelführer sind.

Eine interessante menschliche Verhaltensweise zeigte sich stets bei Gesprächen über diese Übung. Oft, wenn Woody, mein temperamentvoller Golden Retriever, im Wohnzimmer »Platz, bleib« machte, sagten meine Gäste: »Ach, der arme Hund! Muß er wirklich da liegen bleiben? Das ist doch gemein!« Die Alternative war natürlich ein riesiges Fellbündel auf dem Schoß, das die Schnittchen kostete usw. Das wollten die Gäste aber auch nicht. Einen Hund wegzusperren, ist gemein und unnötig. Es kann auch zu ernsthaften Problemen der sozialen Isolation führen, wie wir schon besprachen, wie z. B. Dauerbellen, Urinieren und Zerstören.

Die Moral von der Geschichte ist, daß Sie es manchen Leuten nie recht machen können. Deshalb legen Sie die Regeln in Ihrem Hause fest. Lassen Sie sich nicht von Tante Klara überreden, den Hund wegzusperren. Erlauben Sie Onkel Karl nicht, durch alle möglichen Mätzchen den Hund dazu zu bringen, aus dem »Platz, bleib« aufzustehen. Und lassen Sie sich nicht von den Kindern überzeugen, daß es doch so viel Spaß macht, mit dem Hund durchs Haus zu toben.

Es liegt an Ihnen, einen gut erzogenen, gut angepaßten und angenehmen Hund um sich zu haben. Wenn Sie das mit ständigem Üben erreicht haben, werden Sie feststellen, daß Tante Klara und Onkel Karl Sie um diesen Hund beneiden!

Wie man »Platz, bleib« beibringt

Schritt 1: der gedachte Kreis

»Platz, bleib« ist im wesentlichen eine Kontrollübung. Um einen Hund erfolgreich zu erziehen, *müssen* Sie diese Übung schaffen. Erfolgreich zu sein, bedeutet Ausdauer zu haben. Steht der Hund 10 000 mal auf, müssen Sie ihn 10 001 mal zurücklegen. Geben Sie auf und lassen diese Übung aus, dann wird Sie der Hund nie als Rudelführer akzeptieren. Aufzugeben heißt, erfolglos zu bleiben.

- Wählen Sie einen Platz, an den sich der Hund legen und wo er bleiben soll. Legen Sie das Ausbildungshalsband um und leinen Sie den Hund an.
- Sagen Sie »Platz« und legen Sie dabei den Hund hin. Verfahren Sie so wie bei Schritt 1 des Kapitels »Platz, bleib« (Seite 141).
- Ziehen Sie gedanklich einen Kreis um den Hund. Geben Sie Hör- und Handzeichen »Bleib« (offene Handfläche kurz vor das Hundegesicht halten). Geben Sie dem Hund ein Kauspielzeug, das fördert den Erfolg.
- Achten Sie darauf, daß der Hund nicht aufrecht auf den Hinterläufen liegt. Rollen Sie ihn auf die Seite, so daß eine Hüfte auf dem Boden liegt. So muß sich der Hund erst aufrichten, wenn er aufstehen will. Das hilft Ihnen, rechtzeitig zu erkennen, daß der Hund aufstehen will.
- Gehen Sie nicht weiter als einen halben Meter vom Hund weg. Sie

Schritt 1: Nachdem der Hund liegt, geben Sie das Hand- und Hörzeichen »Bleib«, wie auf den Fotos gezeigt.

können stehen oder auf einem Stuhl sitzen, aber setzen Sie sich *nicht* zum Hund auf den Boden. Beobachten Sie ihn sorgfältig.

- Lassen Sie den Hund innerhalb dieses gedachten Kreises volle zehn Minuten liegen. Es ist egal, ob er auf der Brust, der Seite oder auf dem Rücken liegt. Er kann seine Lage verändern, solange er nicht aus dem gedachten Kreis herausrollt oder -kriecht.
- Beobachten Sie den Hund genau. Sobald er sich aus diesem Kreis herausbewegt, korrigieren Sie mit festem »Nhaa«. Legen Sie ihn zurück in den Kreis und legen Sie ihn mit sowenig Handkontakt wie möglich rasch hin. Wiederholen Sie nach der Korrektur »Bleib«.
- Der beste Zeitpunkt, den Hund zu korrigieren, ist, wenn er daran denkt aufzustehen. Wenn Sie *glauben*, daß er daran denkt, sagen Sie »Nhaa«. Warten Sie mit der Korrektur nicht, bis er aus dem Zimmer gelaufen ist.
- Legen Sie die Leine vor dem Hund aus. Treten Sie darauf, wenn er aufstehen will. Erlauben Sie ihm nicht, an der Leine zu kauen. Tut er es, sagen Sie »Nhaa« und nehmen sie aus dem Maul. Geben Sie ihm statt dessen eine Kaustange.
- Schläft der Hund während der Übung, prima! Es macht Ihnen ja auch nichts aus, wenn er sich zusammenrollt und einschläft, während Sie mit Gästen zu Abend essen.

- Am Ende der bestimmten Zeit kehren Sie zum Hund zurück, so daß er sich an Ihrer linken Seite befindet. Entlassen Sie ihn nur aus *dieser* Position, sonst erwartet er die Befreiung. Wecken Sie den Hund, wenn nötig, warten Sie zehn Sekunden und geben Sie dann das Befreiungswort. Loben Sie ihn überschwenglich.

Üben Sie das »Platz, bleib« *täglich* zehn Minuten lang. Die meisten Hunde reagieren gut auf die »Platz, bleib«-Übung, wenn man mit dem 10-Minuten-Ziel beginnt. Andere Hunde jedoch lernen besser mit kürzerer Zeit. Sie können auch mit einer Minute anfangen und in Minutenschritten weitergehen.

Wenn Sie an einem geschäftigen Tag keine Zeit für eine 10-Minuten-Übung haben, machen Sie eine kürzere. Das ist besser als gar nichts.

Schritt 2: Verlängern der Dauer

Üben Sie das »Platz, bleib« weiter. Mit zunehmender Sicherheit des Hundes dehnen Sie auf 20 Minuten aus (nur wenn er zehn Minuten liegt).

Bleibt der Hund, ohne aufzustehen, die gegebene Zeit liegen, bauen Sie leichte Ablenkungen am Ausbildungsort ein. Locken Sie den Hund, aber rufen Sie ihn *niemals* mit »Hier« und korrigieren ihn dann für das Aufstehen. Das erschwert die Komm-Übung erheblich.

Schritt 2: Will der Hund aufstehen, sagen Sie »Nhaa« und drücken ihn zurück in die Platzlage. Lassen Sie sich auf keinen Ringkampf ein.

Schritt 3: weitere Ablenkungen

Üben Sie weiterhin jeden Tag. Verlängern Sie die Dauer auf 30 Minuten, wenn die 20 Minuten gut klappen. Achten Sie darauf, die Übung mit praktischem Nutzen zu verbinden. Macht er seine Sache wirklich gut, bauen Sie weitere Ablenkungen ein, um festzustellen, ob er aufsteht. Jedesmal wenn er es tut und Sie ihn korrigieren, verstärken Sie die Bedeutung des »Bleib«. Versuchen Sie alles mögliche, um ihn abzulenken, aber *niemals* benutzen Sie »Hier« und korrigieren ihn dann fürs Herankommen.

Schritt 4: in fremder Umgebung

Üben Sie täglich die »Platz, bleib«-Übung. Mit zunehmender Sicherheit des Hundes sollen auch die Ablenkungen aufwendiger werden. Werfen Sie einen Tennisball hin und her. Klatschen Sie in die Hände. Steht der Hund auf, »Nhaa« und sofortiges Korrigieren. Ihr Hund darf noch nicht einmal bei einem Erdbeben aufstehen!

Klappt die halbe Stunde zu Hause unter Ablenkung, können Sie es in einer neuen Umgebung versuchen.

- Nehmen Sie den Hund zu einer nicht allzu lauten Sportveranstaltung mit.
- Sagen Sie »Platz, bleib« (bei angeleintem Hund) und gehen Sie $\frac{1}{2}$ bis 3m weit weg. Beobachten Sie den Hund, so daß Sie ihn sofort verbal korrigieren können.
- Bewegt er sich, sagen Sie »Nhaa«. Zu diesem Zeitpunkt sollte die gesprochene Korrektur ausreichen, den Hund zu veranlassen, sich wieder hinzulegen. Wenn nicht, gehen Sie langsam zum Hund zurück und legen ihn hin.
- Am Ende der bestimmten Zeit gehen Sie zum Hund zurück, so daß er sich an Ihrer linken Seite befindet.
- Entlassen und loben Sie ihn.

Denken Sie stets daran, das »Platz, bleib« ist eine wichtige Kontrollübung. Je mehr Sie üben, desto besser wird Ihr Hund. Wenn er es einmal begriffen hat, können Sie ihn überallhin mitnehmen und haben ihn ständig unter Kontrolle.

Bleiben außer Sicht

Bleibt der Hund zuverlässig bei größeren Ablenkungen liegen, können Sie mit dem »Außer-Sicht«-Training beginnen. Das ist keine Pflichtübung. Man kann auch ohne diese einen wohlerzogenen Hund haben.

Aber das Bleiben außer Sicht kann sehr nützlich sein. Ich benutze es gelegentlich, wenn ich Gäste habe oder den Hund auf Besuche mitnehme. Ich kann mich im Haus bewegen, Essen fertigmachen, Dinge aus dem Auto ins Haus bringen usw., während mein Hund ruhig dort liegt, wo ich ihn hinlegte. Ihre Lebensweise bestimmt, ob Sie Ihrem Hund das Bleiben außer Sicht beibringen wollen.

Ich wende zwei Techniken an. Bei der ersten arbeiten Sie alleine mit dem Hund. Bei der zweiten brauchen Sie einen Helfer. Bei dieser Übung dürfen Sie nicht einfach verschwinden und hoffen, daß der Hund liegenbleibt. Das ist gut und schön, wenn der Hund nach Ihrer Rückkehr wirklich noch da liegt. Aber es wird problematisch, wenn er es nicht tut. Damit lernt der Hund, sobald Sie weggehen, braucht er nicht mehr liegenzubleiben. Es ist dann zu spät, den Hund zu korrigieren. Sie müssen es tun, wenn er gerade dabei ist aufzustehen.

Zuverlässiger ist es, wenn Sie die Möglichkeit haben, durch eine Tür hinauszugehen, und rasch durch eine andere Tür beobachten können, was er macht. Sobald er sich daran macht aufzustehen, sagen Sie »Nhaa«. Überzeugen Sie den Hund davon, daß Sie jederzeit aus dem Nichts heraus auftauchen können. Er muß glauben, daß Sie ihn sehen können, obwohl er Sie nicht sieht.

Der Hund setzt oder legt sich auf das »Nhaa« hin wahrscheinlich. Tut er es nicht, gehen Sie langsam zurück. *Rennen Sie niemals* zum Hund. Bringen Sie den Hund sanft ins Platz oder Sitz, erinnern Sie ihn »Bleib« und gehen Sie wieder weg, um ihn zu beobachten.

Verlassen Sie den Hund zunächst nur für kurze Zeit. Verlängern Sie diese allmählich mit zunehmender Zuverlässigkeit des Hundes. Kehren Sie unerwartet zum Hund zurück und loben Sie ihn, während er noch immer liegt. Steht er dabei auf, korrigieren Sie mit hartem »Nhaa«. Am Ende der bestimmten Zeit gehen Sie wieder zum Hund, so daß er sich an Ihrer linken Seite befindet. Warten Sie einige Sekunden, entlassen Sie den Hund und loben Sie überschwenglich. Suchen Sie viele verschiedene Plätze zum Üben auf.

Sie sollten die erste mit der nun folgenden Technik abwechseln. Verlangen Sie »Platz, bleib« und verlassen Sie den Raum. Lassen Sie jemanden im gleichen Raum mit dem Hund sitzen. Die Person sollte so tun, als würde sie lesen oder fernsehen. Dabei sollte sie heimlich ein Auge auf den Hund werfen. Sobald der Hund aufstehen will, soll die Person den Hund mit festem »Nhaa« korrigieren. Das überzeugt den Hund, daß während Ihrer Abwesenheit andere Menschen aufpassen und ihn korrigieren, sobald er aufstehen will.

Gehen Sie gelegentlich ins Zimmer und loben Sie den liegenden Hund. Verlassen Sie das Zimmer wieder. Am Ende der bestimmten Zeit gehen Sie zum Hund zurück, entlassen ihn und loben überschwenglich. Bitten Sie viele verschiedene Menschen um Mithilfe. Je mehr Sie üben, desto zuverlässiger wird der Hund.

Wenn der Hund gut auf beide Techniken reagiert, können Sie damit anfangen, ihn für kurze Zeit unbeobachtet zu lassen. Lassen Sie den Hund »Platz« machen und sagen Sie »Bleib«. Gehen Sie zehn Sekunden lang aus dem Zimmer. Kommen Sie zurück und loben Sie den Hund. Belohnen Sie ihn mit einem kleinen Leckerbissen. Entlassen Sie ihn nicht, loben Sie ihn im Liegen. Machen Sie das öfter. Mit zunehmender Sicherheit des Hundes verlängern Sie die Dauer Ihrer Abwesenheit. Schließlich wird Ihr Hund auch zuverlässiger liegenbleiben, wenn er Sie längere Zeit nicht sehen kann.

Seien Sie jedoch fair bei dieser Übung! Lassen Sie den Hund nicht im »Platz, bleib«, wenn Sie zur Arbeit gehen! Das »Bleib« ist unter solchen Umständen unrealistisch und programmiert zwangsläufig den Ungehorsam Ihres Hundes. Gesunder Menschenverstand sollte Ihnen sagen, wann das Bleiben außer Sicht angebracht ist.

Leinenführigkeit: kontrolliertes Gehen und Bei-Fuß-Gehen

Wie oft haben Sie versucht, mit Ihrem Hund um den Block zu gehen, und er zerrte Sie über den Bürgersteig? Ist Ihnen jemals eine Katze über den Weg gerannt und Ihr Hund so losgestürmt, daß er Ihnen beinahe die Arme ausgerissen hat? Vielleicht gingen Sie mit dem Hund schon durch die Stadt, und er wanderte kreuz und quer über den Bürgersteig und behinderte Passanten? Wenn Sie mit Ihrem Hund jemals derartige Erlebnisse hatten, dann brauchen Sie Unterricht in der Leinenführigkeit.

Dieser Abschnitt befaßt sich mit zwei Kapiteln der Leinenführigkeit: kontrolliertes Gehen an der Leine und Bei-Fuß-Gehen. Er beinhaltet auch das Leinenbeißen, ein häufiges Problem.

Viele Leute wissen, was »Bei Fuß« bedeutet. Dabei geht der Hund dicht an der linken Seite des Hundeführers. Was aber ist »kontrolliertes Gehen?« Es ist eine der nützlichsten Übungen, die Sie und Ihr Hund lernen können. Leider wissen nur wenige Ausbilder, was es ist und wie man es beibringt. Ich wußte es auch nicht; bis zu einem Herbsttag am Anfang meiner Karriere als Hundetrainer.

Als ich noch aktiv Hunde für Gehorsamswettbewerbe ausbildete, waren meine Hunde im Ring recht gut. An einem Nachmittag zeigte meine Deutsch-Kurzhaar-Hündin Jena eine nahezu perfekte Bei-Fuß-Übung mit und ohne Leine. Ein Kollege und ich sahen dem nächsten Hund zu, der ebenfalls eine wundervolle Bei-Fuß-Übung vorführte. Ich sprach gerade darüber, wie erstaunlich ich es fand, daß viele wettbewerbsmäßig ausgebildete Hunde, einschließlich meiner eigenen, perfekte Fußübungen zeigten, aber ohne das Kommando »Fuß« ihre Leute über die Straße zerrten. Ich fand es sehr lästig, den Hund stets an meiner linken Seite zu führen. Es gab nur zwei Möglichkeiten: Entweder klebte der Hund an meiner linken Seite, oder er zerrte an der Leine. Es schien leider kein Mittelding zu geben. Doch da klärte mich mein Freund über das »kontrollierte Gehen« auf.

Kontrolliertes Gehen verlangt vom Hund, daß er sich stets des Menschen an der Leine bewußt ist. Bei dieser Übung zieht der Hund nicht an der Leine. Er geht an lockerer Leine stets in unmittelbarer Nähe des Führers. Dazu braucht er den Führer nicht ständig anzuschauen. Er behält ihn aus den Augenwinkeln im Blick und orientiert sich mit Hilfe der Nase und des Gehörs.

Im Gegensatz zum Bei-Fuß-Gehen muß der Hund nicht an der linken Seite gehen. Es spielt keine Rolle, wo er sich befindet, solange er nicht an der Leine zieht und sich auf den Führer konzentriert. Es gibt weder ein Hör-, noch ein Handzeichen für das kontrollierte Gehen. Der Hund wird sich angewöhnen, kontrolliert zu gehen, sobald er angeleint wird.

In diesem Kapitel vermittle ich Ihnen beide Übungen, das kontrollierte und das Bei-Fuß-Gehen. Trotz des unterschiedlichen Endergebnisses habe ich festgestellt, daß es den Hunden leichter fällt, »Bei Fuß« zu lernen, wenn sie kontrolliert gehen können. Kontrolliertes Gehen bringt dem Hund bei, sich auf den Führer zu konzentrieren, und das muß der Hund ebenfalls bei der Bei-Fuß-Übung.

Der Hund lernt kontrolliertes Gehen und die Folgen seines Verhaltens. Kontrolliertes Gehen ist eine der wenigen Übungen, die man einem Hund vorher nicht zeigen kann. Wenn der Hund nicht aufpaßt und an der Leine zieht, bekommt er einen Leinenruck/Lockerlassen am Halsband. Er lernt, diese Korrekturen zu vermeiden, indem er mit dem Führer Schritt hält und nicht an der Leine zieht.

Es ist besonders wichtig, die richtige Halsbandkorrektur anzuwenden. Es ist einfach, die dem Hund angemessene Korrektur herauszufinden. Man beginnt mit sanften Rucks am Halsband. Reagiert der Hund nicht, wird man heftiger. Fahren Sie in kleinen Schritten, immer heftiger ruckend, fort, bis der Hund wie gewünscht reagiert. Schreit der Hund vor Schmerz auf, war der Ruck zu hart. Rucken Sie das nächstemal weniger heftig. Zu harte Korrektur macht dem Hund Angst, und er verbindet die Leine mit etwas Unangenehmem. Hunde sollten niemals während der Ausbildung vor Schmerzen aufschreien. Das ist grausam. Es gibt keine Ausnahme zu der Regel!

Man darf den Hund allerdings auch nicht nutzlos korrigieren, weil man nicht hart genug ist. Solche Handhabung belästigt den Hund nur und bringt ihm nicht bei, künftige Korrekturen zu vermeiden. Der Hund lernt so nie das kontrollierte Gehen. Nur Halsbandkorrekturen im richtigen Maß bringen dem Hund kontrolliertes Gehen bei, ohne daß er sich fürchtet oder verletzt wird.

Wie man dem Hund kontrolliertes Gehen beibringt

Um hier Erfolg zu haben, muß man geschickt beim Ruck/Lockerlassen sein. Wie schon erwähnt, wird das Ausbildungshalsband nur dann zum Würger, wenn es falsch angewandt wird. Ziehen am Halsband würgt den Hund. Es veranlaßt ihn, in die entgegengesetzte Richtung zu ziehen. Man muß das richtige Ruck/Lockerlassen üben.

Ein Hund, der das kontrollierte Gehen beherrscht, wird nicht mehr an der Leine ziehen und lernen, auf den Führer am anderen Ende der Leine achtzugeben.

- Beginnen Sie in einer Umgebung mit minimaler Ablenkung.
- Halten Sie die Leine am Ende mit der rechten Hand, die Linke greift direkt unter dem Handgriff. Halten Sie die Hände während der gesamten Übung zusammen. Lassen Sie die Leine so locker wie möglich, ohne daß sie den Boden berührt oder sich um die Hundebeine wickelt.
- Wählen Sie ein Ziel in etwa 6 m Entfernung. Schauen Sie den Hund

Beginnen Sie mit dem links sitzenden Hund. Lassen Sie die Leine locker und halten Sie beide Hände beieinander.

an, und gehen Sie darauf zu. Gehen Sie in normalem, aber forschem Schritt.

- Während des Vorwärtsgehens gehen Sie in Ihrer Spur rückwärts. Drehen Sie den Körper nicht. Rennen Sie nicht rückwärts. Treten Sie einfach in der gleichen Gangart zurück, in der Sie vorwärts gingen. Schauen Sie immer auf den Hund, damit Sie ihn nicht treten.

- Geht der Hund bei Ihrem Rückwärtsgehen geradeaus weiter, folgt Ruck/Lockerlassen am Halsband mit der Leine. *Ziehen* Sie *nicht*.

- Nach dem Ruck/Lockerlassen wird Sie der Hund anschauen. Sofort, wenn er das tut, überschwenglich loben. Loben Sie beim Rückwärtsgehen weiter, bis Sie den Ausgangspunkt erreicht haben. Wenn der Hund zu Ihnen kommt, streicheln und loben. Er muß nicht an die linke Seite.

- Schaut der Hund Sie an, sobald Sie zurückschreiten, rucken Sie *nicht* an der Leine. Loben Sie überschwenglich, indem Sie beide gemeinsam zum Ausgangspunkt zurückgehen.

- Gehen Sie in der gleichen Richtung vorwärts. Wiederholen Sie das Ganze.

- Üben Sie so lange, bis der Hund sich umdreht und Sie anschaut, ohne daß Sie rucken müssen. Ihr Ziel sind vier erfolgreiche Wiederholungen.

Wenn Sie konsequent bleiben, lernt der Hund, ständig auf Sie zu achten. Der Schlüssel zum Erfolg ist: Lassen Sie *niemals* den Hund an der Leine ziehen. Die Leine muß stets locker durchhängen. Zieht der Hund, gehen Sie zurück in die entgegengesetzte Richtung, in die er zieht, und Ruck/Lockerlassen.

Je mehr der Hund auf Sie achtet, desto mehr Ablenkungen bauen Sie ein. Denken Sie aber daran, daß diese Aufmerksamkeit und gutes Benehmen an der Leine nicht über Nacht gelernt werden.

Während des Gehens treten Sie zurück. Geht der Hund geradeaus weiter, folgen Ruck/Lockerlassen am Halsband.

Sobald sich der Hund umdreht und Sie anschaut, loben Sie ihn tüchtig. Loben Sie weiter und gehen Sie rückwärts zurück zum Ausgangspunkt.

Wird der Hund sicherer beim kontrollierten Gehen, sorgen Sie für Ablenkungen.

Es gibt im täglichen Leben Situationen, die weit über dem Grad der Ablenkung liegen, mit dem Sie gerade arbeiten. Z. B. ist eine über die Straße rennende Katze für jeden Hund eine starke Ablenkung. Zieht der Hund (oder wirft sich gar in die Leine), stellen Sie sich nicht hin und schreien »Nein« und ziehen dabei den Hund zurück. Nehmen Sie die Leine fest in die Hände. Machen Sie mehrmals Ruck/Lockerlassen und *gehen* Sie *rückwärts.* Das Rucken und Rückwärtsgehen läßt dem Hund keine andere Wahl, als sich umzudrehen und mit Ihnen zu gehen. Vergessen Sie nicht, ihn tüchtig zu loben, wenn er sich umdreht. Mit einiger Übung lernt der Hund, was er in einer solchen Situation zu tun hat: Er dreht sich um und schaut Sie zuerst an! Das ist die Art der Aufmerksamkeit, die der Hund mit dem kontrollierten Gehen lernt.

Kontrolliertes Stehen

Wenn Sie während eines Spaziergangs anhalten, um in ein Schaufenster zu schauen oder mit einem Nachbarn zu plaudern, sollte der Hund nicht an der Leine ziehen. Um ihn im Griff zu behalten, sollten Sie ihn nicht an kurzer, fester Leine aufhängen. Das Prinzip des

154

kontrollierten Gehens gilt auch, wenn der Hund stillsteht. Lassen Sie die Leine locker und erlauben Sie dem Hund nicht, zu ziehen.

Die Art und Weise ist ähnlich wie beim Gehen: Ziehen Sie zunächst einen gedachten Kreis um Ihren Körper. In diesem Bereich kann sich der Hund aufhalten, während Sie stehenbleiben. Der Rand des Kreises sollte etwa 1 m entfernt von Ihnen sein. Der Hund sollte sich stets an lockerer Leine innerhalb dieses Kreises befinden. Will er aus diesem Kreis herausgehen, Ruck/Lockerlassen am Halsband. Die Korrektur sollte hin zu Ihrem Körper erfolgen. *Ziehen* Sie *nicht*. Rucken und lassen Sie so lange locker, bis sich der Hund wieder im Kreis befindet. Ist er drin, hören Sie sofort damit auf und loben den Hund.

Der Hund lernt schnell, daß es angenehmer ist, an lockerer Leine bei Ihnen zu bleiben. Er lernt, daß es unangenehm ist, wegzuziehen oder zu springen, denn dann folgt eine Korrektur. Mit einigem Üben können Sie in jeder Umgebung stehenbleiben und haben den Hund an lockerer Leine unter Kontrolle.

Wenn Sie sich einer Ausbildungsgruppe anschließen, ist das kontrollierte Stehen besonders nützlich. Hunde in einer Gruppe finden einander höchst interessant. Aber die Führer versuchen, dem Trainer zuzuhören und den Demonstrationen zuzusehen. Ein an der Leine zerrender, reißender Hund stört – den Hundeführer, die anderen Teilnehmer und den Trainer. Benutzen Sie auch hier das kontrollierte Stehen, um den Hund unter Kontrolle zu halten.

Es nützt nichts, den Hund an kurzer Leine festzuhalten. Mit der kurzen Leine *lernt* der Hund *nichts*. Beim kontrollierten Gehen und Stehen lernen die Hunde, sich selbst unter Kontrolle zu halten, und die Besitzer können sie ohne Mühe überallhin mitnehmen.

Leinenbeißen

Die Leine ist der verlängerte Arm des Besitzers. Erlauben Sie dem Hund, an der Leine zu kauen, ist es das gleiche, als ob er Ihren Hemdsärmel anknabbert. Der Hund testet Sie. Wenn Sie dieses Verhalten erlauben, sagen Sie dem Hund: »Du bist der Boß« (siehe Seite 216, »Vermeidung von Beißproblemen«).

Leinenbeißen muß so schnell wie möglich unterbunden werden. Aber bei acht bis 16 Wochen alten Welpen mache ich daraus keine Affäre. Ich möchte, daß die erste Leinenerfahrung für den Welpen positiv ist. Je nach der Persönlichkeit des Welpen kann ich ihn etwas

Lassen Sie den Hund niemals in die Leine beißen. Es sieht aus wie Spiel, aber in Wirklichkeit testet er Ihre Autorität!

stoppen durch ein grollendes »Nhaa«. Wenn der Welpe an der Leine aber noch unsicher ist, unterbinde ich das Leinenbeißen noch nicht.

Im Alter von vier Monaten sollte der Welpe jedoch härter angefaßt werden. Beobachten Sie ihn genau. Sobald er daran denkt, seine Zähne an die Leine zu legen, grollen Sie fest »Nhaa«. Unterläßt er seinen Plan, loben Sie den Welpen.

Nimmt der Welpe von Ihrem Grollen keine Notiz und schnappt sich die Leine, grollen Sie wieder und geben einen kurzen Ruck/ Lockerlassen nach oben. Diese Korrektur kann man nur schwer beschreiben. Sie darf nicht zu hart sein. Reißen Sie den Welpen nicht von den Pfoten. Geben Sie nur einen plötzlichen Leinenruck, geradewegs nach oben, der die Leine aus dem Fang zieht. Hunde mögen das nicht.

Zwischen viereinhalb und sechs Monaten verliert der Welpe die Milchzähne. Erschrecken Sie nicht, wenn bei dem Leinenruck ein lockerer Zahn ausgeht. Sind die zweiten Zähne erst mal nachgewachsen, macht diese Technik den Zähnen nichts aus.

Nach dem Ruck nach oben, wenn der Hund die Leine losgelassen hat, wedeln Sie mit der Leine vor seiner Nase herum. Wenn er nach ihr schnappt, »Nhaa«. Fängt er sie trotzdem, wiederholen Sie die Korrektur.

Nach einer Weile der Übung wird Sie der Hund beim Leinenwedeln anschauen, als wolle er sagen: »In Ordnung, ich beiße nicht mehr rein.« Loben Sie den Hund, wenn er das tut. Sie sind auf dem richtigen Wege, das Leinenbeißen in den Griff zu bekommen.

Denken Sie daran, daß Hunde selten aus einer ein- oder zweimaligen Erfahrung eine Gewohnheit machen. Aber viele Hunde lassen das Leinenbeißen schon nach drei oder vier Korrekturen sein. Bei anderen Hunden müssen Sie das wochenlang üben. Zeigen Sie Ausdauer, dann gewöhnt sich der Hund an, nicht mehr in die Leine zu beißen. Lassen Sie niemals die Leine an einem unbeobachteten Hund. Er könnte sich angewöhnen, daran zu kauen.

Es gibt auch chemische Produkte als Hilfsmittel gegen das Leinenbeißen. Manche Hunde verabscheuen den Geschmack oder Geruch und lassen eingesprühte Leinen in Ruhe. Aber nach meiner Erfahrung lassen sich die meisten Hunde nicht beeindrucken. Ihnen muß man richtig beibringen, daß Leinenbeißen unerwünscht ist.

Bei Fuß

Die Bei-Fuß-Übung, die ich in diesem Buch beschreibe, ist nicht prüfungsgemäß. Das präzise Bei-Fuß-Gehen wurde für die künstliche Welt der Gehorsamsprüfungen geschaffen. Sie aber brauchen sich keine Gedanken darüber zu machen, daß Sie hie und da einen Punkt verlieren, weil Ihr Hund nicht kerzengerade neben Ihnen sitzt, wenn Sie anhalten.

Ich bringe dem Familienhund aus zwei Gründen das Bei-Fuß-Gehen bei. Einer ist, dem Führer die Möglichkeit zu geben, seinen Hund von hier nach da zu bewegen und ihn dabei unter vollkommener Kontrolle zu haben. Das kann mit und ohne Leine sein. Zweitens ist die Bei-Fuß-Übung für den Hund geistig ganz toll, denn der Führer kann durch sie eine Situation herbeiführen, in der er mit dem Hund als Team arbeitet. Nicht nur, daß der Führer dabei der Kapitän des Teams ist, sondern in der Hundesprache ist Kapitän des Teams gleichbedeutend mit Rudelführer. Gehörten Sie einer Wolfsmeute an, wären Sie als Kapitän des Teams der Anführer bei einer Hirschjagd. Die anderen Rudelmitglieder würden, als Team zusammenarbeitend, Ihren Anweisungen folgen. Natürlich wollen Sie nicht mit Ihrem Hund auf Hirschjagd gehen, aber Sie können Situationen nachempfinden, mit dem Hund als Team zu arbeiten. Die Bei-Fuß-Übung ist eine solche Möglichkeit.

»Fuß« bedeutet für den Hund, an der linken Seite des Führers zu gehen und sich dessen Ganggeschwindigkeit und Gangrichtung anzupassen. Die rechte Schulter des Hundes sollte sich am linken Bein des Führers befinden. Stoppt der Führer, muß sich der Hund automatisch setzen. Im Gegensatz zum kontrollierten Gehen braucht der Hund zum Bei-Fuß-Gehen ein Hörzeichen.

Lebenslage und Lebensraum bestimmen, ob »Bei Fuß« oder kontrolliertes Gehen praktischer ist. Im Park, wo Ihr Hund ein Plätzchen zum Lösen sucht, wollen Sie nicht von Baum zu Baum gezerrt werden, aber genausowenig wollen Sie, daß der Hund an Ihrem linken Bein klebt. Er könnte Sie anpinkeln! Hier ist das kontrollierte Gehen sehr viel praktischer. Wohnen Sie inmitten einer Großstadt an einer belebten Straße, dann ziehen Sie sicherlich vor, den Hund bei Fuß gehen zu lassen. Oder Sie gehen mit Ihrem Hund zum Tierarzt. Sie kommen an und stellen fest, daß Sie die Leine vergessen haben. Jetzt stehen Sie vor dem Problem, den Hund vom Auto in die Praxis zu befördern. Kein Problem, wenn der Hund ohne Leine bei Fuß geht.

Wie man »Bei Fuß« beibringt

Es ist nicht schwer für den Hund, »Bei Fuß« zu lernen. Sie müssen jedoch üben, um die Ausführung zu vervollkommnen. Üben Sie vor der Bei-Fuß-Übung stets einige Minuten kontrolliertes Gehen, damit der Hund auf Sie achtet und nicht an der Leine zieht.

Wie man anfängt

- Beginnen Sie mit dem links sitzenden Hund. Setzen Sie ihn so, daß sich seine Schulter an Ihrem linken Bein befindet. Das nennt man die »Grundstellung«. Sagen Sie zum Hund »Bleib«, während Sie sich vorbereiten.
- Legen Sie die Leine über die Schulter (siehe Foto). Nehmen Sie die linke Hand von der Leine. Halten Sie die Leine mit der rechten Hand am Griff.
- Wählen Sie ein Ziel, ca. 6 m entfernt.
- Rufen Sie den Namen des Hundes und geben Sie das Hörzeichen »Fuß«. Mit der linken Hand geben Sie ein Ruck/Lockerlassen nach vorne. Gleichzeitig gehen Sie forsch nach vorne auf Ihr Ziel zu. Nehmen Sie rasch die linke Hand von der Leine weg.
- Gehen Sie zügig in einer geraden Linie zum Ziel. Zögern Sie nicht, egal, was der Hund auch tut. Wenn Sie zögern, passen Sie sich der Ganggeschwindigkeit des Hundes an. Es soll jedoch umgekehrt sein.
- Befindet sich der Hund in der Fuß-Position, loben Sie ihn überschwenglich. Bleiben Sie mit der linken Hand von der Leine weg, damit kein Druck auf den Hundehals entsteht.

Beginnen Sie mit dem links sitzenden Hund. Legen Sie die Leine über die Schulter. Halten Sie die Leine mit der rechten Hand und lassen Sie die Linke frei.

Beim Angehen geben Sie das Hörzeichen »Fuß« zusammen mit einem sanften Ruck vorwärts an der Leine.

Befindet sich der Hund in der Fuß-Position, loben Sie ihn und lassen die linke Hand ganz von der Leine.

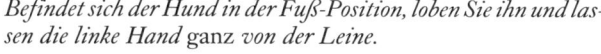

- Wandert Ihr Hund aus der Fuß-Position ab, geben Sie das Hörzeichen »Fuß«. Gleichzeitig mit dem Hörzeichen bringt ein Ruck/Lockerlassen den Hund zurück in die Fuß-Position. Ist Ihr Hund dort, *nehmen Sie schnell die linke Hand von der Leine* und loben ihn tüchtig. Gehen Sie weiter. *Zögern Sie nicht.*
- Kommen Sie zum Ziel, stellen Sie sich darauf ein, den Hund links sitzen zu lassen. Noch im Gehen fassen Sie mit der rechten Hand die Leine nahe am Haken. Machen Sie noch ein paar Schritte. Wenn Sie stehenbleiben, sagen Sie »Sitz«. Ziehen Sie die Leine mit der rechten Hand nach oben und drücken Sie mit der Linken den Hund in die Sitzposition. Das zeigt dem Hund, sich sofort zu setzen, wenn Sie stehenbleiben. Um den Hund nicht an ein Schema zu gewöhnen, arbeiten Sie gelegentlich eine Sitzübung mit ein, nicht nur, wenn Sie dem Ziel nahe sind.

Die Methode, die Leine über die Schulter zu legen, hat zwei Vorteile. Einmal zwingt sie Sie zum Ruck/Lockerlassen. Die Technik hindert Sie auch daran, mit gespannter Leine zu arbeiten. Die lockere Leine läßt den Hund unabhängiger von der Leine werden und vereinfacht den Übergang zum »Bei Fuß« ohne Leine.

Korrekturen mit dem Halsband

Der Hund kann sich in vier Richtungen aus dem Fuß-Bereich hinausbewegen. Sie müssen den Leinenruck in die richtige Richtung geben, um den Hund zurück in die Bei-Fuß-Position zu bringen. Begleitet wird das Ruck/Lockerlassen stets von dem Hörzeichen »Fuß«, gefolgt von überschwenglichem Loben.

Nach vorne zerren ist der häufigste Bei-Fuß-Fehler. Sie sollten gerade nach hinten rucken, zur richtigen Position hin. Ein weiterer Fehler ist, wenn der Hund einen zu großen Abstand zum Bein hat. Die Korrektur erfolgt nun in Richtung des Beines. Manchmal drücken sich die Hunde an den Führer. Dabei preßt der Hund seinen Körper an Ihr linkes Bein. Geben Sie den Ruck nun weg vom eigenen Körper. Der vierte Fehler ist das Zurückbleiben. Hunde hängen aus zwei Gründen nach. Entweder sind sie nervös, ängstlich oder gelangweilt und faul. Der noch ungeübte Hund bleibt möglicherweise aus Angst zurück. Der Hund, der seine Sache bisher gut machte und nun nachhinkt, langweilt sich wahrscheinlich und ist faul.

Bleibt der Hund aus Nervosität oder Scheu zurück, locken Sie ihn mit einem interessanten Gegenstand zu sich heran. Machen Sie es genauso wie in der Einführung des »Bei Fuß« ohne Leine (siehe Seite

Weicht der Hund aus der Fuß-Position ab, sagen Sie »Fuß«, ergreifen die Leine, und mit einem Ruck/Lockerlassen bringen Sie den Hund an Ihre linke Seite.

165). Während Sie ihm das Objekt zeigen, sagen Sie »Fuß« und rucken sanft nach vorne an der Leine. Loben Sie den Hund überschwenglich, sobald er sich wieder in der Fußstellung befindet.

Ist der Hund faul, heißt es »Fuß« mit einem etwas kräftigeren Leinenruck nach vorne. Dem sollte sofort ein ganz besonders überschwengliches Lob folgen. Langweilt sich der Hund, ist wahrscheinlich der Führer schuld. Es liegt an ihm, die Übung lebhaft, fröhlich und interessant zu gestalten.

Angenehm und unangenehm

Erfolgreiches Bei-Fuß-Gehen erfordert Übung. Bleiben Sie bei den Übungsmethoden. Gute Ergebnisse beruhen auf genauer Ausführung der Technik.

Sehen Sie die Fuß-Übung im Sinne von angenehm und unangenehm. Angenehm ist es, wenn sich der Hund bei Fuß befindet und die linke Hand die Leine nicht berührt. Sie loben den Hund tüchtig.

Unangenehm ist es, wenn der Hund abweicht. Passiert das, sagen Sie »Fuß«. Gleichzeitig ergreifen Sie die Leine mit der linken Hand und geben Ruck/Lockerlassen. Der Ruck erfolgt in die Richtung, die den Hund zurück in die Fuß-Position bringt. Sobald der Hund sie

Wenn Sie stehenbleiben, fassen Sie über dem Körper mit der rechten Hand die Leine. Drücken Sie den Hund sanft mit der linken Hand ins Sitz.

eingenommen hat, nehmen Sie die linke Hand wieder von der Leine und loben.

Gestalten Sie die Fußübung angenehm contra unangenehm, lernt der Hund schnell, den angenehmen Weg zu gehen, und das ist richtig »bei Fuß«. Er lernt, das Unangenehme zu meiden, nämlich nicht richtig »bei Fuß« zu gehen. Sie verwirren den Hund, wenn Sie die Technik nicht einhalten, indem Sie z. B. mit dem Hund bei Fuß gehen und die Leine in der linken Hand halten. Oder wenn der Hund sich an der richtigen Stelle befindet, Sie ihn aber nicht loben. Eine weitere Quelle der Verunsicherung ist es, den Hund zurück in die Fuß-Position zu bringen, aber zu vergessen »Fuß« zu sagen. Als Ausbilder sind Sie verantwortlich für die Ausbildungstechniken, damit der Hund nicht verwirrt wird.

Bei-Fuß-Varianten

Wenn Sie fast ohne Korrektur die gerade Strecke schaffen, dann können Sie Abwandlungen einbauen. Denken Sie daran, das kontrollierte Gehen stets vor der Fußübung zu machen. Das hebt die Aufmerksamkeit des Hundes und verhindert Zerren an der Leine. Beides erleichtert die Fuß-Übung.

Kehrtwendung

- Während der Fußübung biegen Sie im rechten Winkel ab, *weg* vom Hund. Bei der Wendung geben Sie Ruck/Lockerlassen.
- Gehen Sie in der entgegengesetzten Richtung weiter. Dabei geben Sie einen zweiten Ruck/Lockerlassen und bringen den Hund in die Fußposition.
- Achten Sie darauf, den Hund überschwenglich zu loben, wenn Sie die Korrekturen mit dem Halsband anwenden.

Der Hund muß vor der Kehrtwendung bei Fuß gehen. Geben Sie bei der Kehrtwendung immer zweimal Ruck/Lockerlassen. Manchmal bedarf es dreier Rucke/Lockerlassen, bis sich der Hund wieder in der richtigen Lage befindet. Bleibt er bei Fuß während der Kehrtwendung, fühlt er keinen Ruck. Wandert er ab, wird er korrigiert.

Bei Fuß im langsamen Schritt

- Beim Geradeausgehen verlangsamen Sie Ihre Ganggeschwindigkeit bedeutend. Beim Langsamerwerden Ruck/Lockerlassen nach hinten, um den Hund bei sich zu halten. Nehmen Sie die linke Hand schnell von der Leine.
- Machen Sie langsame, gleichmäßige Schritte, keine hüpfenden, unruhigen Bewegungen.
- Achten Sie darauf, daß Sie seine Aufmerksamkeit weiterhin erregen. Der Gang wird zwar langsamer, aber das Loben nicht.
- Gehen Sie wieder zum normalen Schritt über, geben Sie den Ruck mit der Leine nach vorne. Loben Sie den Hund, wenn er wieder bei Fuß geht.

Bei Fuß im schnellen Schritt

- Während Sie geradeaus gehen, gehen Sie rasch in ein Laufen mit hochgezogenen Knien über (Sie brauchen nicht wie ein Sprintstar zu starten). Gleichzeitig erfolgt Leinenruck/Lockerlassen nach *vorne*. Nehmen Sie rasch die linke Hand vor der Leine.
- Lassen Sie den Hund bei Fuß gehen, lassen Sie ihn nicht herumtoben. Fängt er an zu albern, verändern Sie die Stimme vom lobenden Ton ins grollende »Nhaa« und gehen weiter. Loben, wenn sich der Hund am richtigen Platz befindet.
- Ruck/Lockerlassen nach hinten, während Sie langsamer werden und in den normalen Schritt zurückfallen.

Rechte Wendung bei Fuß

- Während der Fußübung in gerader Linie machen Sie eine rechte Wendung weg vom Hund (achten Sie darauf, daß sich der Hund bei Fuß befindet). Gehen Sie dann geradeaus weiter.
- Bei der rechten Wendung greifen Sie die Leine und machen ein Ruck/Lockerlassen zu Ihrem Körper hin, über die Taillenlinie.
- Loben Sie den Hund überschwenglich, wenn Sie den Winkel angehen.

Linke Wendung bei Fuß

- Während der Fußübung in gerader Linie machen Sie eine linke Wendung zum Hund hin. (Achten Sie darauf, daß sich der Hund bei Fuß befindet.) Gehen Sie dann geradeaus weiter.
- Machen Sie einen Ruck/Lockerlassen weg vom Körper, über die Schulter des Hundes, während Sie sich ihm zuwenden.
- Loben Sie den Hund überschwenglich, während Sie korrigieren.

Automatisches Sitz bei Fuß

- Achten Sie darauf, daß Sie erst stehenbleiben, wenn sich der Hund bei Fuß befindet.
- Planen Sie den Stop. Haben Sie sich darauf eingestellt, stoppen Sie *plötzlich* ab. Geben Sie den Ruck/Lockerlassen nach oben und zurück zur Rute hin. Das veranlaßt den Hund zu sitzen. Währenddessen sagen Sie »Sitz«.
- Loben Sie den Hund tüchtig, wenn er sitzt. Es ist egal, wenn er schief sitzt. Ihr Ziel ist es, daß der Hund Sie beobachtet und sich setzt, wenn Sie anhalten.

Es ist sehr wichtig, daß Sie den Hund während der Bei-Fuß-Wendungen überschwenglich loben, um die Leinenrucks auszugleichen. Gehen Sie mit dem Hund geradeaus, heißt es immer »Fuß«, wenn Sie rucken und lockerlassen. Loben Sie den Hund, sobald er in die richtige Position zurückkehrt. Beim Richtungswechsel (Kehrtwendung, Wendung) sagen Sie nicht »Fuß«, sondern begleiten den Leinenruck lediglich mit noch überschwenglicherem Lob.

Sie haben nun alle Fuß-Varianten gelernt. Achten Sie darauf, dem Hund kein Schema anzugewöhnen, weil Sie immer am selben Ort zur selben Zeit in der gleichen Reihenfolge arbeiten. Machen Sie die Wendungen jedesmal in anderer Reihenfolge.

Bei Fuß ohne Leine

Es gibt keinen Zaubertrick, dem Hund das beizubringen. Gutes Bei-Fuß-Gehen ohne Leine ist nur eine Fortführung des guten »Bei Fuß« an der Leine. Die meisten Hunde haben damit Schwierigkeiten, wenn sie leinenabhängig sind. Sie haben nicht gelernt, wo die richtige Bei-Fuß-Position ist und daß es angenehm ist, sich dort zu befinden.

Fangen Sie erst dann ohne Leine an, wenn mit der Leine alles klappt und nicht mehr als zwei Korrekturen nötig sind. Selbst wenn der Hund soweit ist, sollten Sie ihn beim Üben zu 98% an der Leine haben. Ohne Leine können Sie den Hund nicht korrigieren, wenn er Fehler macht. Wenn der Hund soweit ist, testen Sie ihn ein- oder zweimal in der Woche ohne Leine.

Beginnen Sie das Training ohne Leine damit, in einer geraden Linie anzugehen, ebenso wie mit dem angeleinten Hund. Bauen Sie die Wendungen allmählich ein, wenn der Hund sicherer wird. Beim

Lernt der Hund die Bei-Fuß-Position korrekt, dann ist das »bei Fuß« ohne Leine leicht zu schaffen.

165

ersten Versuch ohne Leine halten Sie einen interessanten Gegenstand vor der Gürtelschnalle. Wandert der Hund während des »Bei Fuß« ohne Leine von der linken Seite ab, sagen Sie »Fuß«. Halten Sie ihm den Gegenstand vor die Nase und locken Sie ihn so in die richtige Position. Ist er dort, führen Sie den Gegenstand zur Gürtelschnalle zurück und loben den Hund.

Macht der Hund wiederholt Fehler ohne Leine, leinen Sie ihn sofort wieder an und üben an der Leine weiter. Das ist ein gutes Zeichen dafür, daß der Hund noch nicht soweit war. Machen Sie nicht alle Arbeit an der Leine zunichte, indem Sie den Hund mit langen, erfolglosen Fuß-Übungen ohne Leine frustrieren. Es gibt keine Zeitvorgaben für das Erlernen dieser Aufgabe. Versuchen Sie es ein andermal wieder.

Kommen auf Kommando

Kommt Ihnen folgende Szene bekannt vor? »Rover, hier!« Rover schaut weg. »Rover, hierher!« Rover schnüffelt an einem Busch. »Rover, hier!« Rover rennt zum Nachbarn hinüber. »Rover, HIER!« Sie erraten es. Rover kommt nicht, wenn man ihn ruft. Sie brauchen sich nicht zu schämen, Rover und Sie sind nicht die einzigen, die das erleben.

Einen Hund zu veranlassen, auf das Hörzeichen »Hier« oder »Komm« zu reagieren, scheint eines der größten Probleme zu sein, die Menschen mit Hunden haben. Ironischerweise ist dies die Übung, die ein Hund am schnellsten lernt und in all meinen Trainingsprogrammen am meisten liebt. Für eine erfolgreiche Ausbildung muß man ganz spezielle Techniken anwenden, die dem Hund zeigen, wie er auf das Hörzeichen »Hier« zu reagieren hat. Gleichzeitig muß sich der Ausbilder der vielen, vielen Faktoren bewußt sein, die ein erfolgreiches Kommen beeinflussen können.

Hunde lernen das Herankommen nicht von alleine. Man muß ihnen beibringen und dann angewöhnen. Meist gibt es drei Gruppen, die unterschiedlich auf das »Hier« reagieren.

Die erste Gruppe hat wenig Bindung an den Besitzer. Dies ist der Hund, der in den Keller oder in einen Schuppen am Ende des Gartens verbannt wurde. Seine Verbindung zum Herrn besteht oft nur aus einer Futterschüssel, die ihm einmal am Tag hingestellt wird. Wahrscheinlich hat dieser Besitzer schon alle Fehler begangen, die möglich sind, um den Hund zum Herankommen zu bringen. Dieser Hund wird *niemals* kommen, wenn man ihn ruft. Er wird wahrscheinlich die erste Gelegenheit wahrnehmen auszubüchsen. Ruft man ihn, stellt er sich taub. Er kommt zur Futterzeit oder am nächsten Tag – wenn ihm danach ist. Er kommt aber ganz bestimmt nicht, wenn sein Besitzer dies will. Streunende Hunde fallen ebenso in diese Gruppe (siehe Seite 223, »Streunen«).

Gruppe zwei besteht aus Hunden, die eine enge Verbindung zum Herrn haben und Teil der Familie sind. Aber solch ein Hund wurde nie dazu erzogen zu kommen. Wahrscheinlich haben es die Besitzer versucht und Fehler gemacht. Dieser Hund kommt, wenn ihm danach ist. Gelegentlich kommt er, weil er seine Leute mag. Sie füttern ihn, spielen mit ihm, gehen mit ihm spazieren usw. Hat er etwas Wichtigeres zu tun – zum Beispiel einen Busch zu beriechen, nach der Nachbarskatze zu schauen oder die Kinder vom Schulbus abzuholen –, kommt er nicht.

Besitzer solcher Hunde sagen oft: »Er *weiß*, was »Hier« bedeutet. Aber er kommt nur, wenn er es will.« Das ist nur teilweise richtig. Diese Hunde haben aus Erfahrung gelernt, daß sie nicht kommen *müssen*. Wenn ein Hund ein Verhalten gelegentlich zeigt, bedeutet das noch lange nicht, daß er daraus eine Gewohnheit gemacht hat.

Zur dritten Gruppe gehört der Hund, der beim Ruf »Hier« aufhorcht, alles liegen- und stehenläßt und zu 99 % so schnell er kann zu seinem Besitzer läuft. Dieser Hund wurde konditioniert bzw. hat sich das Verhalten zur Gewohnheit gemacht. (Ich sage 99 %, denn kein gelerntes Verhalten ist bei Mensch oder Tier unfehlbar. Selbst ein gut erzogener Hund kann Fehler machen. Deshalb setzen Sie Ihre Hunde nie einer gefährlichen Situation aus, in der Sie sich auf das Befolgen des Kommandos »Hier« verlassen müßten!)

Die meisten Leute hätten ihren Hund gerne in Gruppe drei. Aber tatsächlich sind es nur sehr wenige Hunde. Warum? Der Grund liegt in den vielen Dingen, die das Kommen beeinflussen können. Es ist leicht, viele Fehler zu machen. Aber mit ein wenig Verständnis für das hundliche Verhalten und einem guten Trainingsplan kann man die meisten Hunde zuverlässig dazu erziehen, auf Kommando zu kommen. Es hilft Ihnen auch, zu verstehen, was auf den Hund einwirkt, wenn er das Hörzeichen »Hier« hört.

Faktoren, die das Herankommen auf Hörzeichen beeinflussen

Die ideale Zeit, einem Hund das Herankommen auf Hörzeichen beizubringen, ist in seiner instinktiven Lernphase (siebte bis 16. Woche). Hunde reagieren sehr gut in diesem Alter, wenn man sie ruft, denn ihr Überleben hängt davon ab, dicht bei den erwachsenen Rudelmitgliedern zu bleiben. Die besten Ergebnisse erzielt man, wenn man schon früh die Verhaltensweise des Herankommens auf Kommando prägt, ehe die Junghunde in die Unabhängigkeitsphase eintreten (vier Monate bis ein Jahr). Leider sind sich die meisten Besitzer der auf sie zukommenden Problematik nicht bewußt, die daraus entstehen kann, daß sich der Welpe nicht mehr so abhängig fühlt.

Am meisten beeinflußt man die Reaktion des Hundes, auf Ruf zu kommen, in den ersten Wochen seiner Ankunft im neuen Heim. Hört sich folgende Begebenheit vertraut an? Sie bringen Ihren Welpen in den Hof, damit er sich lösen kann. Hat er es getan, loben Sie ihn. Dann soll er zurückkommen, und Sie rufen »Hier!« Reagiert er nicht, sagen Sie: »Hund, ich habe gesagt, du sollst kommen!« Noch immer keine Reaktion. Sie haben das Gefühl, sich als Rudelchef durchsetzen zu müssen, und versuchen es wieder, diesmal etwas lauter: »Hund, ich habe gesagt »hierher«.« Es tut sich nichts. Der Welpe schaut Sie nur an. Sie brüllen: »Komm sofort hierher! Komm! Ich habe gesagt, KOMM!« *Und Sie laufen dem Welpen nach.*

Ihr Welpe hat keine Ahnung, was »Hier« oder »Komm her« bedeutet. Er weiß nur, daß Sie riesig sind und er klein – und daß der Riese (Sie) harsche, laute Töne von sich gibt, während er ihn jagt. Versuchen Sie, sich die Situation aus der Sicht des Welpen vorzustellen! Wenn Sie so vorgehen, fühlt sich der Welpe bedroht, eine Abwehrreaktion wird ausgelöst. Passiert dies, hat der Hund drei Möglichkeiten: einmal, sich zu ergeben, d. h., er rollt sich auf den Rücken und gibt auf. Zweitens: Er greift an. Ich habe noch nie gehört, daß ein Welpe diese Wahl traf, aber theoretisch wäre es möglich. Drittens, und das passiert fast immer bei Welpen: Der Fluchtinstinkt ergreift ihn. Er hat den Drang zu verschwinden, weit weg.

Betrachten Sie nun diese Tatsache: Hundeerziehung ist im Grunde einfach. Sie finden einen Weg, daß der Hund tut, was Sie wollen, und Sie wiederholen das so lange, bis er eine Gewohnheit daraus gemacht hat. Nun, Sie haben einen Weg gefunden, den Hund

Versuchen Sie nicht, den Hund einzufangen.

dazu zu bringen wegzulaufen. Schreien Sie »Komm« und rennen Sie ihm nach. Wiederholen Sie diese Szene täglich. Endlich wird Ihr Hund daraus eine Gewohnheit formen. Er wird intensiv dazu ausgebildet, *auf Kommando wegzulaufen!*

Wie man die erwünschte Reaktion bekommt

Was sollen Sie also machen, damit der Welpe kommt? Sie dürfen niemals bedrohlich wirken. Rufen Sie mit freundlicher Stimme. Hocken Sie sich hin, auf die Sichthöhe des Hundes; das nimmt Ihnen die dominante Körperhaltung. Wedeln Sie mit einem interessanten Gegenstand vor seinem Gesicht herum (Leckerbissen, Lieblingsspielzeug, Tennisball usw.). Machen Sie ein großes, ansprechendes Theater mit Händeklatschen und vielen angenehmen, glücklichen Lauten, die seine Aufmerksamkeit erregen. Die meisten Hunde, insbesondere Welpen, finden dies unwiderstehlich und kommen angerannt. Nun, *das* ist die Reaktion, die Sie wollen.

Bringt das alles nichts und der Hund schaut Sie nur an, versuchen Sie dies: Stehen Sie auf und rennen Sie in der entgegengesetzten Richtung weg vom Hund. Das löst den Hetztrieb aus, der in allen

Hunden schlummert und sie schnell vorbeisausenden Objekten nachlaufen läßt. (Das macht Katzen zum immerwährenden Hundespaß.) Die Bewegung bringt den Welpen dazu, Ihnen nachzulaufen. Tut er das, wedeln Sie mit dem Gegenstand vor seinem Gesicht, hocken sich hin und loben ihn, während er herankommt. Hat er Sie erreicht, loben Sie ihn wie verrückt. Lassen Sie ihn glauben, er sei das großartigste Wesen, das je als Hund geboren wurde.

Die Verwendung eines interessanten Gegenstandes kann den Unterschied zwischen Erfolg und Mißerfolg ausmachen. Wie oben beschrieben, ist der erste Ausbildungsschritt, den Hund dazu zu bringen, das erwünschte Verhalten zu zeigen. Wenn Sie mit dem Wedeln eines Gegenstandes den Hund dazu bringen, zu kommen, wenn Sie rufen, dann haben Sie ein nützliches Hilfsmittel, um aus dem Herankommen eine dauerhafte Angewohnheit zu machen.

Wählen Sie diesen Gegenstand sorgfältig. Es kann fast alles sein, das Ihren Hund interessiert. Für die meisten Hunde ist dies ein Ball, Frisbee oder Hundekuchen, Quietschtier usw. Einmal rief Barbara und mich ein Mann bei unserer Radioshow über Hundeerziehung an und klagte, daß sein Hund so dickköpfig sei. Er sagte, er könne den Hund zehnmal rufen, und er höre nicht. Er brauchte nur das Frisbee zu ergreifen, es herumzuwedeln und den Hund zu rufen, und schon renne dieser direkt ins Haus. Unsere Frage war, warum er das Frisbee nicht gleich benutze. Wenn man weiß, daß der Hund auf dieses Zeichen hin kommt, warum sollte man es nicht benutzen? Benutzen Sie es so lange, bis der Hund eine Gewohnheit daraus gebildet hat, auf Ruf zu kommen. Nur dann kann man den Hund testen und rufen, ohne Frisbee – und auch erwarten, daß er kommt.

Ein weiterer wichtiger Faktor: Wann immer der Hund zu Ihnen kommt, muß das für ihn eine angenehme Erfahrung sein. Kommt er und Sie strafen ihn, verbindet er das Kommen mit einer unangenehmen Erfahrung. Nach einer Weile wird er gar nicht mehr kommen.

Vor vielen Jahren machte ich diesen Fehler mit meiner Deutsch-Kurzhaar-Hündin Jena. Sie war neun Monate alt und arbeitete auf den Titel Begleithund hin. Rief ich sie, kam sie bis auf etwa 1 m heran, aber nicht näher. Ich verstand nicht, warum. Nachdem ich ziemlich frustriert war, sprach ich darüber mit einer Gehorsamstrainerin. Sie fragte alles ab, was ich mit Jena von morgens bis abends machte. Endlich stießen wir auf die »Sockengeschichte«.

Ich ließ meine Socken im Zimmer verstreut liegen. Jena hob sie auf und trug sie herum. Ich sagte: »Jena, hier.« Kam sie heran, riß ich ihr die Socke aus dem Maul und sagte: »Böser Hund, du sollst meine

Das Herankommen soll angenehm sein. Begeben Sie sich auf die Ebene des Hundes und rufen Sie ihn mit angenehmer Stimme. Lassen Sie dem Kommando viel Lob folgen.

Socken nicht fressen! Böses Mädchen!«Jena verstand nie, warum sie ausgeschimpft wurde. Sie verband es nicht mit den Socken, weil das Timing nicht stimmte. Ich glaubte, sie wegen der Socken zu tadeln, aber für sie war es genau der Augenblick, in dem sie zu mir kam. Jena konnte mein Schimpfen nur noch mit dem Herankommen verbinden. Immer wenn der Hund kommt, soll er den Eindruck gewinnen, etwas Großartiges vollbracht zu haben. Rufen Sie nie den Hund heran, um mit ihm zu schimpfen.

Ganz wichtig ist auch, niemals das *Nicht-Kommen* zu üben. Was heißt das? Hier ist ein gutes Beispiel. Ich bekomme ständig Anrufe folgender Art: »Mein Hund kommt nicht, wenn ich ihn rufe. Jeden Morgen lassen wir ihn raus in den Hof, wenn wir uns zur Arbeit fertigmachen. Wir duschen, ziehen uns an, und wenn wir ihn hereinrufen, will er nicht kommen.« Meine erste Frage lautet, wie lange das schon so gehe. »Seit er ein halbes Jahr alt ist.« »Wie alt ist er jetzt?« »Etwa 10 Monate.«

Diese Leute haben unbeabsichtigt ein perfektes Trainingsprogramm entwickelt. Sie haben einen Weg gefunden, dem Hund beizubringen, nicht zu kommen. Sie haben ihn einfach in den Garten gelassen und dann gerufen. Das haben sie jeden Tag vier Monate lang geübt. Mit welchem Ergebnis? Der Hund wurde darauf trainiert, das Kommando »Hier« nicht zu beachten.

Die Moral der Geschichte ist: Üben Sie niemals das *Nicht-Kommen*. (»Üben« bedeutet, ein Verhalten so lange zu wiederholen, bis es zur

Gewohnheit wurde.) Vermeiden Sie es, den Hund in Situationen zu bringen, von denen Sie genau wissen, daß er nicht reagiert, wenn Sie das Wort »Hier« benutzen.

Bis der Hund zuverlässig ausgebildet ist, gibt es nur zwei Fälle, in denen er das Hörzeichen »Hier« hören sollte. Erstens, wenn Sie aus Erfahrung wissen, daß er in jedem Fall kommt. Meine Hunde kommen immer angerannt, sobald sie die Futterschüsseln klappern hören und ich sie rufe. Fein. Unter diesen Umständen können Sie das Hörzeichen anwenden.

Zweitens nur dann, wenn Sie das Hörzeichen »Hier« beim Üben anwenden, wie ich es in meinen Methoden beschrieben habe, um dem Hund zu zeigen, was »Hier« bedeutet. Wenn Sie das Wort »Hier« benutzen und genau das Gegenteil erreichen, dann üben Sie mit dem Hund, daß er bei diesem Hörzeichen *nicht* zu kommen braucht.

Korrekturen beim Nicht-Kommen

Leider gibt es keine gute Möglichkeit, den Hund zum richtigen Zeitpunkt zu strafen, wenn er nicht kommt. Stellen Sie sich vor, Sie rufen den Hund, und er kommt nicht. Sie rufen ihn noch zehnmal, aber er kommt noch immer nicht. Endlich, beim 12. Mal kommt er, aber Sie schimpfen ihn aus, weil er nicht gleich gekommen ist. Was verbindet der Hund nun mit dem Herankommen? Er kommt und wird angebrüllt. Das ist eine unangenehme Erfahrung. Was lernt der Hund also? Lieber nicht zu kommen.

Nun folgende Situation: Sie rufen den Hund, er kommt nicht. Anstatt ihn anzubrüllen, schleichen Sie sich hinter ihn und packen ihn schreiend: »Du Schlingel! Warum kommst du nicht, wenn ich dich rufe?« Das nächstemal, wenn Sie den Hund rufen, schaut er sich um, sieht Sie kommen und rennt davon.

Auch hier kann man den Hund nicht rechtzeitig strafen. Sie müssen das Herankommen für den Hund so angenehm wie möglich gestalten, er muß sich für den besten Hund der Welt halten. Dies in Verbindung mit ständigem Üben der Kommen-auf-Kommando-Techniken hilft, eine zuverlässige Gewohnheit zu formen. Sie dürfen nur niemals das Nicht-Kommen üben.

Unser Ziel ist ein erzogener Hund, der sich angewöhnt hat, bei dem Hörzeichen »Hier« heranzukommen. Denken Sie an den Kindervers: »Mary hat ein kleines...« raten Sie das nächste Wort – rich-

Rufen Sie niemals den Hund heran und korrigieren Sie ihn dann. Der Hund fühlt sich für das Herankommen bestraft.

tig – Lamm. Das ist Ihre konditionierte Antwort. Warum? Weil man Ihnen als kleines Kind den Vers immer wieder vorsagte: »Mary hat ein kleines Lamm.« Hätte es an einem Tag Lamm, am anderen Hund, dann Katze, dann Ziege geheißen, würden Sie sich nie daran erinnern, was Mary wirklich hatte. Das gleiche gilt für Ihren Hund. Wenn 80 % der gerufenen »Hier« bedeutet, daß der Hund kommt, und 20 % nicht, dann kann er keine konditionierte Reaktion zeigen. Beständigkeit ist der Schlüssel. Sie müssen die richtigen Töne anschlagen, so daß der Hund, wann immer er Sie »Hier« rufen hört, herangelaufen kommt.

Die lange Leine

Wenn ich meinen Schülern dies alles erklärt habe, stimmen sie mir zu, daß es Sinn macht. Aber ihre Hunde haben eine zügellose Energie und Bewegungsdrang. Ein Spaziergang an den Strand oder in den Park heißt meist, Leine ab, aber wenn der Hund dann nicht kommt, was soll man tun?

In solchen Fällen empfehle ich die lange Leine. Das ist ein 7,5 m bis 15 m langes Seil oder eine Kordel, die man am Halsband befestigt. Die lange Leine verschafft Ihnen die Oberhand. Ist der Hund abgeleint, dann hat er Oberwasser. Ist ihm nicht nach Kommen, wenn Sie rufen, bleibt Ihnen nichts anderes übrig, als mit dem Hund »Nicht-Kommen auf Ruf« zu trainieren, sobald Sie immer wieder »Hier« rufen.

Benutzen Sie die lange Leine, um nicht das »Nicht-Kommen« zu üben.

Heben Sie die lange Leine auf und rennen Sie rückwärts vom Hund weg.
Zeigen Sie ihm ein Lockmittel, während er auf Sie zurennt.

Befindet sich der Hund an der langen Leine, rufen Sie nur einmal. Reagiert er nicht, brauchen Sie sich keine Gedanken darüber zu machen, was er gerade tut. Suchen Sie das Ende der Leine. Treten Sie darauf, ehe Sie sie aufheben, dann rennen Sie mit der Leine in der Hand in der entgegengesetzten Richtung fort. (Greifen Sie niemals nach der laufenden Leine. Sie können sich dabei die Hände äußerst schmerzlich verbrennen). Das Rennen in die entgegengesetzte Richtung löst den Hetztrieb aus und veranlaßt den Hund, Ihnen nachzulaufen.

Benutzen Sie einen für den Hund interessanten Gegenstand, um ihn direkt zu sich heranzulocken. (Das hindert ihn daran, geradewegs an Ihnen vorbeizulaufen.) Loben Sie den Hund beim Heranlaufen. Ist er angekommen, lassen Sie ihn spüren, daß er eine Glanzleistung vollbracht hat. Loben und streicheln Sie ihn.

Die lange Leine ermöglicht Ihnen, den Hund zum Herankommen zu bringen, bis er eine Angewohnheit daraus gemacht hat. Hat der Hund schon gelernt, auf das Kommando »Hier« in die entgegengesetzte Richtung zu laufen, dann benutzen Sie ein anderes Wort, das ebenfalls bedeutet: »Komm jetzt angerannt.« Das hört sich alles sehr arbeitsintensiv an, Sie haben recht. Aber wie ich schon sagte: Wenn die Hundeerziehung einfach wäre, hätten alle Menschen wohlerzogene Hunde. Die meisten Menschen haben jedoch nicht das Vergnügen. Doch anhand der folgenden Technik können Sie die üblichen Fehler vermeiden, die ich schon beschrieb. Sie können Ihrem Hund beibringen, etwas zu tun, das längst nicht alle Hunde können – zuverlässig auf Ruf heranzukommen.

Wie man Kommen auf Hörzeichen beibringt

Schritt 1: Hetztrieb

Bei dieser Technik profitieren Sie von dem instinktiven Hetztrieb oder Nachlaufinstinkt des Hundes. Wir benutzen ihn bei jedem der ersten vier Schritte. Wenn Sie mit der Ausbildung beginnen, achten Sie auf die beiden wichtigen Regeln:

Regel 1: Rennen Sie niemals hinter Ihrem Hund her, nachdem Sie ihn gerufen haben und er nicht kam. Das löst seinen Fluchtinstinkt aus, und er lernt, bei dem Wort »Hier« davonzulaufen.

Regel 2: Rufen Sie den Hund nicht in einer Situation, von der Sie genau wissen, daß er sowieso nicht kommt. Dies bringt ihm nur bei, das »Hier« zu mißachten. Sie üben statt dessen mit dem Hund »Nicht-Herankommen«.

- Beginnen Sie mit dem links sitzenden Hund. Der Hund sollte angeleint sein und das Ausbildungshalsband tragen. Halten Sie die Leine in beiden Händen. Die Leine sollte locker durchhängen, ohne daß der Hund sich jedoch mit den Beinen verheddert. Sagen Sie »Bleib«.

Schritt 1: Beginnen Sie mit dem links sitzenden Hund. Halten Sie die Leine wie beim kontrollierten Gehen.

Nach dem Rufen des Namens und dem Hörzeichen »Hier« rennen Sie rückwärts weg vom Hund. Hindern Sie den Hund mit Hilfe des Lockmittels, an Ihnen vorbeizurennen.

- Rufen Sie den Hund beim Namen, gefolgt von dem Hörzeichen »Hier!« Gleichzeitig laufen Sie rückwärts, weg vom Hund. Drehen Sie sich nicht um. Sie sollten den Hund stets anschauen.
- Wenn Ihnen der Hund nicht folgt, Ruck/Lockerlassen. Rucken Sie sanft. Reißen Sie den Hund nicht um.
- Wird der Hund auf dem Wege zu Ihnen abgelenkt und läuft davon, Rucken/Lockerlassen. Die Leine soll entweder locker durchhängen, oder Sie rucken gerade daran. Sie darf *niemals* straff sein. Ziehen Sie nicht am Hund wie an einem Fisch an der Angel. Lassen Sie die Leine locker, während der Hund herankommt.
- Hat Sie der Hund erreicht, darf er nicht vorbeilaufen. Locken Sie ihn mit einem Leckerbissen oder seinem Lieblingsspielzeug heran. Ziehen Sie ihn nicht mit der Leine heran.
- Loben Sie den Hund überschwenglich, wenn er herankommt. Ist er angekommen, hocken Sie sich nieder und loben ihn eine ganze Minute lang. Er soll glauben, daß er die größte Tat seines Lebens vollbracht hat.

Achten Sie darauf, daß das Hörzeichen »Hier« klar und angenehm klingt. Die besten Ergebnisse erzielt man mit zehn Übungen am Tag. Sie brauchen nicht an einem Stück durchgeführt zu werden.

Schritt 2: Hetztrieb aus 2 m Entfernung

Für diese Übung muß der Hund das »Sitz, bleib« beherrschen.

- Beginnen Sie mit dem *links* sitzenden Hund.
- Benutzen Sie sowohl das Hör- als auch das Handzeichen (offene Handfläche kurz vor das Hundegesicht gehalten) und sagen Sie »Bleib«. Gehen Sie ans Leinenende und drehen Sie sich zum Hund. Gehen Sie *nicht* rückwärts weg. (Das kann den Hund veranlassen, Ihnen nachzulaufen). Schauen Sie über die Schulter zurück, ob er auch sitzt. Steht er auf, »Nhaa« und zurücksetzen.
- Am Leinenende angekommen und mit Gesicht zum Hund, halten Sie die Leine in beiden Händen in Brusthöhe. Die Leine sollte locker sein, aber auch nicht zu lose. Halten Sie sie gerade so, daß sie nicht straff ist.
- Rufen Sie den Hund beim Namen und geben Sie das Hörzeichen »Hier!«. Eine Sekunde später Ruck/Lockerlassen, und nun rennen Sie rückwärts weg vom Hund. Schauen Sie weiterhin den Hund an, während Sie weglaufen.

Schritt 2: Wenn Sie das Leinenende bei ausgestrecktem Arm erreicht haben, drehen Sie sich um und schauen den Hund an. Die Leine sollte nicht ganz straff sein.

- Achten Sie darauf, den Hund dabei zu loben. Halten Sie die Leine locker, während er auf Sie zuläuft. Ziehen Sie ihn nicht wie einen Fisch an der Angel.
- Benutzen Sie weiterhin ein Lockmittel, um die Aufmerksamkeit des Hundes auf Sie zu lenken. Lassen Sie ihn nicht vorbeirennen. Kommt er an, hocken Sie sich nieder. Loben und streicheln Sie ihn tüchtig. Tun Sie, als habe er die Heldentat seines Lebens vollbracht.

Wie erwähnt, sollte man täglich zehnmal üben und die beiden Trainingsschritte abwechseln. Denken Sie an Regel 1 und 2. Auch wenn der Hund einen Fehler macht, rufen Sie ihn nie heran und schimpfen dann mit ihm!

Das »Bleib« festigen

Üben Sie diese Variante des Schrittes 2: Nachdem Sie das Leinenende erreicht und sich zum Hund gedreht haben, halten Sie die Leine, als ob Sie ihn rufen wollten. Jedoch anstatt ihn heranzurufen, gehen Sie hin zu ihm. Loben Sie den Hund, während Sie zurückgehen. Gehen Sie direkt auf ihn zu. Stellen Sie sich vor ihn, Knie an Nase. Geben Sie dem Hund einen kleinen Leckerbissen als Belohnung für das »Bleib«. Dabei loben Sie ihn überschwenglich, aber erlauben Sie ihm nicht aufzustehen.

Gehen Sie nun langsam um den Hund, bis er sich wieder an Ihrer linken Seite befindet. Lassen Sie ihn dann frei oder üben Sie das Herankommen.

Indem Sie mit beiden Übungen abwechseln – dem Abrufen und dem Abholen –, vermeiden Sie, daß der Hund das Kommando schon erwartet, ehe Sie es geben.

Hörzeichen »Hier« alleine

Wird der Hund bei Schritt 2 sicherer, kann man ihn allein an das Hörzeichen »Hier« gewöhnen. Wenn Sie das Leinenende erreicht und sich dem Hund zugewandt haben, rufen Sie seinen Namen. Will er kommen, sagen Sie »Nhaa«. Gehen Sie, mit dem rechten Bein antretend, zum Hund und Ruck/Lockerlassen, damit er nicht aufsteht. Gehen Sie zurück ans Leinenende.

Wiederholen Sie den Namen des Hundes einige Male. Wenn er sich nicht rührt, gehen Sie zu ihm. Loben und mit einem kleinen Leckerbissen belohnen. Gehen Sie langsam zurück und um den

Hund herum. Bleiben Sie stehen, wenn er sich an Ihrer linken Seite befindet.

Üben Sie folgendes: Rufen Sie den Namen des Hundes ein einziges Mal. Dann rufen Sie den Namen mit dem Kommando »Hier« und rennen rückwärts weg von ihm. Loben Sie den Hund enthusiastisch, wenn er Sie erreicht.

Üben Sie dies täglich. Wechseln Sie zwischen Abrufen und Abholen ab. Halten Sie ihn immer in »Hab-Acht-Stellung«. Arbeiten Sie darauf hin, daß der Hund nur auf das Hörzeichen »Hier« reagiert.

Schritt 3: Hetztrieb aus dem kontrollierten Gehen heraus

- Während des kontrollierten Gehens mit dem Hund rufen Sie den Namen und das Hörzeichen »Hier«. Gleichzeitig laufen Sie rückwärts weg vom Hund. Drehen Sie sich nicht um. Schauen Sie den Hund stets an.
- Loben Sie den Hund, während er auf Sie zugeht.
- Kommt er nicht, folgt leichtes Ruck/Lockerlassen mit der Leine.
- Greifen Sie die Leine auf und halten sie entsprechend der sich verringernden Entfernung nicht zu locker, aber ziehen Sie nicht.
- Ist der Hund bei Ihnen angekommen, halten Sie das Lockmittel

Schritt 3: Rufen Sie aus dem kontrollierten Gehen heraus den Namen des Hundes und »Hier«.

Sowie der Hund herankommt, zeigen Sie das Lockmittel, damit er nicht an Ihnen vorbeirennt.

hoch und hinter den Kopf des Hundes, was ihn dazu veranlaßt, sich zu setzen, und sagen Sie dabei »Sitz«.
- Verlangen Sie »Bleib« und gehen Sie um den Hund herum, bis er sich an Ihrer linken Seite befindet.
- Lassen Sie ihn noch zehn Sekunden sitzen. Entlassen und überschwenglich loben.

Für die besten Ergebnisse müssen Sie diese Übung wenigstens zehnmal täglich wiederholen. Wechseln Sie ab zwischen den Schritten 1, 2 und 3. Schritt 3 hält den Hund davon ab, Sie anzuspringen, wenn er kommt. Vernichten Sie nicht alles bisher Geleistete durch eine Übung »Nicht-Kommen«.

Schritt 4: Hetztrieb mit Ablenkungen

- Beginnen Sie mit dem an Ihrer linken Seite an lockerer Leine stehenden Hund.
- Bitten Sie einen Freund oder ein Familienmitglied, auf den Hund von vorne zuzugehen. Die Person soll durch ein Lockmittel die Aufmerksamkeit des Hundes auf sich lenken.
- Sobald der Hund das Objekt beobachtet, rufen Sie den Namen und »Hier«. Rennen Sie rückwärts weg vom Hund.
- Dreht sich der Hund nicht um und rennt nicht mit, sanftes

Schritt 4: Schaut der Hund während der Ablenkung auf das Lockmittel, rufen Sie den Namen und »Hier«. Hört er nicht, Ruck/Lockerlassen am Halsband und rückwärts wegrennen. Das zeigt dem Hund, auf das Hörzeichen »Hier« zu kommen, auch wenn er abgelenkt wird.

Ruck/Lockerlassen an der Leine. Denken Sie daran, sich nicht umzudrehen.

- Loben Sie den Hund, sobald er Ihnen folgt.
- Locken Sie den Hund direkt mit einem Lockmittel zu sich.
- Wenn der Hund kommt, lassen Sie ihn sitzen und loben überschwenglich.

Üben Sie diese Technik im Zusammenhang mit den anderen drei Komm-Übungen. Ihr Ziel sind eine Million Wiederholungen. Machen Sie Ihre Arbeit nicht zunichte durch eine einzige Übung »Nicht-Kommen«.

Schritt 5: Abrufen

Nachdem Sie die vier Hetztrieb-Schritte geübt haben, können Sie den Hund testen. Dies ist ein kontrollierter Test, den man Abruf nennt. Achten Sie darauf, mit dem Hund ohne Ablenkungen zu arbeiten. Wird er in dieser Übung sicherer, können Sie in abwechslungsreicherer Umgebung üben. Üben Sie *niemals* an einer belebten Straße, wo ein einziger Fehler des Hundes eine Tragödie auslösen kann.

Schritt 5: Nach dem »Bleib« gehen Sie mit dem Rücken zum Hund weg. Beobachten Sie ihn über die Schulter.

Nach etwa 10 m drehen Sie sich um und schauen den Hund an. Warten Sie zehn Sekunden, hocken Sie sich hin und rufen Sie seinen Namen und »Hier«, gefolgt von überschwenglichem Lob.

Sowie der Hund herankommt, zeigen Sie das Lockmittel, damit er nicht vorbeirennt.

- Beginnen Sie mit dem an linker Seite sitzenden Hund. Lösen Sie die Leine.
- Geben Sie Hand- und Hörzeichen »Bleib« (offene Handfläche kurz vor das Gesicht des Hundes halten). Beobachten Sie ihn 15 Sekunden lang. Bewegt er sich, »Nhaa« und zurücksetzen.
- Sieht es so aus, als würde sich der Hund nicht rühren, wiederholen Sie das Kommando »Bleib«. Gehen Sie mit dem Rücken zum Hund von ihm weg. Gehen Sie nicht rückwärts. Das kann ihn veranlassen, Ihnen zu folgen. Gehen Sie etwa 10 m weit.
- Schauen Sie über die Schulter, so daß Sie sehen, was der Hund macht. Wenn Sie glauben, daß er darüber nachdenkt aufzustehen, erinnern Sie ihn mit »Bleib!«. Steht er auf, geben Sie ein festes »Nhaa«. Gehen Sie zum Hund und setzen Sie ihn hin. Sagen Sie »bleib« und gehen Sie wieder weg.
- Am Ziel drehen Sie sich um und schauen den Hund an. Sagen Sie wieder »Bleib«.
- Zählen Sie nun still bis zehn. Hocken Sie sich hin und wiederholen Sie dabei das Kommando »Bleib«, wenn Sie es für nötig halten.
- Zählen Sie nun wieder still bis zehn. Mit gleichem Kommando und in gleicher Stimmlage wie bei den Hetztrieb-Schritten, rufen Sie den Hund beim Namen und das Hörzeichen »Hier«.
- Sobald Sie gerufen haben, loben Sie den Hund überschwenglich. Machen Sie keine Pause zwischen Ruf und Loben.
- Loben Sie weiter, während der Hund herankommt. Damit er nicht an Ihnen vorbeiläuft, zeigen Sie ihm das Lockmittel, um ihn direkt vor sich zu locken. Hat er Sie erreicht, streicheln und loben Sie ihn überschwenglich.

Kommt der Hund angerannt und rennt an Ihnen vorbei, machen Sie keinen Satz, um ihn einzufangen. Das würde die Erfahrung des Kommens für den Hund sehr unangenehm machen. Wenn Sie im Freien üben, wäre es besser, zunächst die lange Leine zu benutzen, damit er nicht anfängt zu toben.

Bleibt Ihr Hund ungerührt sitzen, wenn Sie rufen, prüfen Sie, ob Sie das richtige Kommando im richtigen Ton gegeben haben. War das nicht der Fall, gehen Sie zum Hund zurück. Bleiben Sie etwa 2 m vor dem Hund stehen. Rufen Sie Namen und »Hier« und rennen Sie rückwärts weg vom Hund (nicht mit dem Rücken zum Hund). Das Rückwärtsrennen löst den Hetztrieb aus, mit dem Sie in Schritt 1 bis 4 gearbeitet haben.

Nach drei oder vier Wiederholungen dieser Auffrischungsübung versuchen Sie es wieder mit dem Abruf. Kommt der Hund nicht, dann ist er noch nicht soweit für diese Übung. Üben Sie die ersten vier Schritte. Üben Sie alle vier zwei Wochen lang, versuchen Sie es dann wieder mit dem Abruf.

Manchmal taucht noch ein Problem auf: Der Hund bleibt nicht dort, wo Sie ihn absitzen ließen. Das ist aber kein echtes Problem des Herankommens, sondern des »Sitz, bleib«. Lesen Sie Seite 113 und üben Sie täglich mit dem Hund.

Üben Sie aber trotzdem auch die vier Schritte des Hetztriebs beim Herankommen. Wenn Ihr Hund zuverlässig sitzenbleibt und er einige zusätzliche Übungen der Schritte 1 bis 4 hinter sich hat, wird der Abruf ein Erfolg.

Wenn alles gut klappt, üben Sie wenigstens acht- bis zehnmal täglich. Gelegentlich üben Sie auch einen oder mehrere der »Hetztrieb beim Herankommen«-Schritte. Das festigt das Herankommen auf Kommando.

Festigen des »Bleib« während des Abrufs

Es ist außerordentlich wichtig, das »Bleib« zu festigen, wenn man ins Teststadium fürs Herankommen auf Kommando (Abruf) kommt. Tut man das nicht regelmäßig, erwartet der Hund den Abruf. Ihr Ziel ist es aber, ihm beizubringen, *ausschließlich* auf Kommando zu kommen. Er muß lernen, auf das Kommando zu warten. Ein Hund, der ein Kommando absehen kann, wird nie ein wohlerzogener Hund. Er zeigt ein bestimmtes Verhalten, wenn ihm danach ist – und nicht, wenn Sie es ihm sagen.

- Wiederholen Sie das Verlassen des Hundes wie in Schritt 5 beschrieben.
- Sind Sie am Ziel, drehen Sie sich um und schauen den Hund an. Zögern Sie einige Sekunden lang.
- Während Sie sich hinhocken, sagen Sie »Bleib«. Zählen Sie still bis zehn.
- Kehren Sie nun zum Hund zurück.
- Loben Sie ruhig, während Sie auf ihn zugehen. Sie können ein »Bleib« einfügen während des Lobens, wenn Sie das Gefühl haben, daß der Hund aufstehen will.
- Beim Hund angekommen, stellen Sie sich vor ihn, Knie an Nase. Loben Sie den Hund und geben Sie ihm einen kleinen Leckerbissen als Belohnung für das Bleiben.
- Gehen Sie ruhig um den Hund herum, bis er sich an Ihrer linken Seite befindet.
- Entlassen Sie den Hund aus dem Bleib und loben Sie ihn.

*Gelegentlich festigen Sie das »Bleib«, indem Sie zum Hund zurück-
gehen und ihn belohnen.*

Gelegentlich sagen Sie »Bleib«, gehen wieder weg und üben den
Abruf.

Sie sollten zur Festigung des »Bleib« oft zum Hund zurückkehren.
Scheint der Hund das Herankommen vorauszusehen, üben Sie öfter
»Bleib« als Abruf. Wird der Hund im Warten sicherer und rennt
rasch auf Sie zu, wenn er gerufen wird, testen Sie ihn weiter. Rufen Sie
seinen Namen wie bei Schritt 2 der Hetztrieb-Übung.

Kommt er schon auf seinen Namen hin, sagen Sie *nicht* »Nhaa«.
Der Hund hat sich das »Hier« schon gedacht, Sie sollten ihn dafür
nicht hart strafen. Gehen Sie einfach und ruhig zum Hund zurück.
Führen Sie ihn sanft am Halsband zurück zu seinem Ausgangsplatz
und lassen Sie ihn wieder sitzen und sagen Sie »Bleib«. Wiederholen Sie dies. Rührt er sich nicht mehr bei seinem Namen alleine,
gehen Sie zurück und loben ihn liebevoll.

Üben Sie gelegentlich während der Abrufübungen folgendes:
Rufen Sie mehrmals den Namen des Hundes. Dann rufen Sie ihn mit
»Hier«. Kommt er, überschwenglich loben. Das hilft dem Hund bei
der Feineinstimmung des Kommandos »Hier«. Scheint der Hund
verwirrt, üben Sie aus 1 m Entfernung. Begreift er, gehen Sie allmählich weiter weg. Üben Sie dies während aller vier Testschritte
des Abrufs (Schritte 5–8).

Schritt 6: Abruf mit Vorsitzen

Um den Hund zu verlassen, gehen Sie vor wie bei Schritt 5. Rufen Sie den Hund wie beschrieben.

- Ist der Hund bei Ihnen angekommen, sagen Sie »Sitz«. Damit er es tut, halten Sie das Lockmittel über und hinter den Kopf.
- Möglicherweise müssen Sie den Hund mit Druck in die Position zwingen. Tun Sie dies sanft. Das Herankommen muß immer eine *angenehme* Erfahrung für den Hund sein. Ein Ringkampf um das »Sitz« ist unangenehm.
- Loben Sie den Hund überschwenglich, wenn er vor Ihnen sitzt. Sagen Sie »Bleib« und gehen Sie um ihn herum, bis er sich an Ihrer linken Seite befindet.
- Lassen Sie ihn zehn Sekunden lang sitzen. Entlassen und loben.

Schritt 7: Abruf, Ausbilder steht auf

Gehen Sie vor wie bei Schritt 5, um ihn zu verlassen und zu rufen.

- Nach dem Ruf loben Sie den Hund, solange er auf Sie zugeht. Stellen Sie sich hin, wenn er zwei Drittel des Weges zurückgelegt hat. Wenn der Hund ankommt, sollten Sie aufrecht stehen.

- Wie Sie sich hinstellen, sagen Sie dem Hund »Sitz« und bringen ihn mit Hilfe des Lockmittels in die Sitzposition.
- Sitzt der Hund vor Ihnen, loben Sie freundlich. Sagen Sie »Bleib«. Lassen Sie ihn zehn Sekunden lang sitzen, danach gehen Sie um den Hund herum, bis er wieder links neben Ihnen sitzt.

Wenn der Hund zuverlässig herankommt, veranlasssen Sie ihn mit einem Lockmittel, sich zu setzen.

- Lassen Sie ihn zehn Sekunden lang sitzen. Entlassen und loben. Vergessen Sie nicht, das »Bleib« immer wieder aufzufrischen, indem Sie gelegentlich zum Hund zurückgehen und ihn für das Bleiben belohnen.

Schritt 8: Abruf, Ausbilder steht

- Beginnen Sie mit dem links sitzenden Hund.
- Geben Sie Hand- und Hörzeichen »Bleib«.

Rufen Sie den Hund in stehender Haltung.

Loben Sie überschwenglich, während er herankommt. Lenken Sie seine Aufmerksamkeit mit dem Lockmittel auf sich.

Bringen Sie den Hund mit dem Lockmittel in die Sitzposition.

- Verlassen Sie nun den Hund. Gehen Sie geradeaus weiter – so weit weg wie bei den vorigen Übungen.
- Am Ziel drehen Sie sich um und schauen den Hund an.
- Hocken Sie sich *nicht* hin. Stehen Sie aufrecht, aber entspannt. Rufen Sie den Hund mit Namen, gefolgt von »Hier«. Achten Sie darauf, mit Ihrer üblichen klaren, festen und freundlichen Stimme zu rufen. Sobald der Hund aufsteht und auf Sie zugeht, loben Sie ihn überschwenglich.
- Loben Sie weiter, während er kommt.
- Kommt der Hund heran, sagen Sie »Sitz«. Tun Sie das entsprechend der Geschwindigkeit des Hundes. Zeigen Sie ihm das Lockmittel. Halten Sie es über und hinter den Kopf, damit er sich setzt. Gleichzeitig sagen Sie »Sitz«. Sie dürfen den Hund in die Sitzlage drücken, aber sehr sanft.
- Loben Sie den Hund, entlassen Sie ihn aber nicht. Sagen Sie »Bleib« und gehen Sie um ihn herum, bis er sich an Ihrer linken Seite befindet.
- Lassen Sie ihn dort etwa zehn Sekunden lang sitzen. Entlassen und loben Sie den Hund überschwenglich.

Kommt der Hund nicht auf Ruf, üben Sie die Hetztrieb-Schritte (siehe Seite 175).

Achten Sie auch im Tagesablauf darauf, den Hund nie zu rufen, wenn Sie *nicht* sicher sein können, daß er auch wirklich kommt. *Üben Sie niemals das Nicht-kommen!* Das macht all Ihre harte Arbeit zunichte.

Am Strand, im Park oder auch im eigenen Garten lassen Sie die lange Leine mitschleifen. Sie haben damit die Garantie, wenn Sie den Hund rufen, das Kommen auch zu erreichen, indem Sie mit ihm üben, auch wenn es Ablenkungen gibt, die Ihren Hund am Gehorchen hindern.

Schritt 9: Kommen während des Freilaufens

Um die formelle Übung aus dem »Sitz, bleib« heraus zu unterbrechen, bauen Sie folgenden Schritt in Ihr Übungsprogramm ein.

- Gehen Sie mit dem Hund auf einen leeren Schulhof, ein Fußballfeld oder in einen Park mit offenem Gelände.
- Machen Sie die lange Leine am Lederhalsband zum Schnallen, nicht am Ausbildungshalsband fest. Sagen Sie zum Hund »Lauf« und lassen Sie ihn rennen.
- Mit Handschuhen geschützt, halten Sie das Leinenende fest.
- Schnüffelt Ihr Hund herum, rufen Sie seinen Namen und »Hier«.
- Sobald Sie »Hier« sagen, laufen Sie rückwärts vom Hund weg.
- Rennt er Ihnen nicht nach, wird er es spätestens tun, wenn die Leine am Halsband zieht.
- . Kommt er angerannt, hocken Sie sich hin und loben ihn überschwenglich. Benutzen Sie ein Lockmittel, damit er nicht an Ihnen vorbeiläuft (oder über Sie hinweg!).
- Kommt der Hund heran, locken Sie ihn direkt mit dem Lockmittel zu sich und loben und streicheln ihn tüchtig.

Üben Sie dies mit dem Hund täglich. Wenn der Hund zuverlässig kommt, lassen Sie die lange Leine fallen und nachschleifen. Bleiben Sie dicht genug am Hund, so daß Sie schnell drauftreten, sie aufnehmen und in die entgegengesetzte Richtung rennen können.

Lassen Sie den Hund wenigstens ein Jahr an der langen Leine, wann immer Sie ihn ableinen. Wenn Sie das täglich üben und keine Fehler machen, dann gewöhnen Sie Ihrem Hund an, auf Ruf zuverlässig zu kommen.

Körpersprache für das Kommen auf Kommando

Obwohl sich Hunde auch verbal durch Bellen, Knurren und Heulen verständigen, ist die Körpersprache das wichtigste Verständigungsmittel. Ohren- und Rutenhaltung z. B. übermitteln spezielle Nachrichten, ebenso die Körperhaltung. Im Wolfsrudel nähern sich die unterlegenen Mitglieder den ranghöheren in geduckter Haltung. Der Rudelführer grüßt seine Mitglieder, indem er sich groß macht, auf den Zehen steht, das Nackenfell sträubt und die Rute hebt.

Bei der Hundeausbildung ist es wichtig, sich der Nachrichten bewußt zu sein, die man durch die Körpersprache dem Hund vermittelt. Aus praktischen Gründen haben wir in diesem Buch mehr auf Hörzeichen gesetzt. Aber der Hund liest instinktiv *zuerst* Ihre Körpersprache. Für den Hund ist das das stärkere Signal. Es ist wichtig, dies zu wissen, denn Sie wollen dem Hund ja nicht unbeabsichtigt falsche oder irreführende Meldungen durchgeben.

Das ist ganz besonders wichtig beim Herankommen. Dabei wollen Sie den Hund daran gewöhnen, die Vorderseite Ihres Körpers mit dem Kommando »Hier« zu verbinden. Im täglichen Leben ist es sehr unwahrscheinlich, daß Sie den Hund jemals rufen und ihm den Rücken zudrehen.

Sie sollten den Hund ebenso daran gewöhnen, den Anblick Ihres *Rückens* mit dem *Bleib* zu verbinden. Das bedeutet, wann immer Sie dem Hund »Bleib« abverlangen, müssen Sie mit dem Rücken zu ihm weggehen. Sie müssen jedoch über die Schulter hinweg beobachten, ob er bleibt. Man kann *nur* getimte Korrekturen anbringen, wenn man den Hund beobachtet.

Sie würden verwirrende und falsche Signale geben, wenn Sie auch beim »Bleib« rückwärts weggingen, ebenso wenn Sie ihn rufen und ihm den Rücken zuwenden.

Tun Sie das, bekommt Ihre Körpersprache verschiedene Bedeutungen. Der Hund weiß nicht, ob er kommen oder bleiben soll, wenn Sie rückwärts weggehen. Trotz des Hörzeichens wäre die Körpersprache ein weiteres Kommando – und das würde verwirren. Jedes Kommando darf nur *eine* Bedeutung haben.

Mein Australian Shepherd Drifter zeigt dies sehr schön. Ich habe auf meine Körpersprache immer sehr geachtet, als ich Drifter Kommen und »Bleib« beibrachte. Wenn ich ihn rief, schaute ich ihn an. Wenn ich »Bleib« sagte, ging ich mit dem Rücken zu ihm davon.

Wenn ich ihn heute aus dem Bleib heraus in 10 m Entfernung mit zugedrehtem Rücken rufe, rührt er keinen Muskel. Obwohl meine Stimme »Hier« sagt, sagt mein Körper »Bleib«. Instinktiv verläßt sich Drifter auf die Hundesprache – und das ist die Körpersprache.

Drehe ich mich um und schaue Drifter an, rennt er nach dem Hörzeichen »Hier« schnell herbei. Rufe ich ihn außer Sicht, kommt er angerannt. In dieser Situation gibt es nur ein Kommando, das Hörzeichen. Hier gab es keine Konflikte.

Dies ist nur ein Beispiel dafür, wie die Körpersprache die Ausbildung beeinflußt. Aber es ist wichtig. Achten Sie stets auf Ihre Körperhaltung, wenn Sie dem Hund »Bleib« und »Hier« auf Kommando beibringen.

Herankommen auf Handzeichen

Das Handzeichen ist in Situationen wichtig, in denen Sie der Hund nicht hören kann. Ich finde es außerordentlich nützlich, wenn Wind und Gischt am Meer die Stimme verschlucken. Auch ältere Hunde, die nicht mehr so gut hören, sind gute Kandidaten, um das Handzeichen zu lernen.

Im Zusammenhang mit dem Hörzeichen ist das Handzeichen die Körpersprache für den Hund. Man erreicht dadurch oft zuverlässigere Reaktionen. Der einzige Nachteil ist, daß der Hund den Ausbilder anschauen muß, um es überhaupt zu sehen.

Für das Handzeichen beginnen Sie mit dem *rechten* Arm am Körper. Mit offener Handfläche des rechten Arms schlagen Sie nun einen weiten Bogen mit dem Arm zur Brust. Führen Sie nach dem Signal den Arm zum Körper zurück.

Schritt 1: das Handzeichen beibringen

- Beginnen Sie mit dem links sitzenden Hund.
- Sagen Sie »Bleib«. Gehen Sie ans Leinenende, Rücken zum Hund. Beobachten Sie ihn über die Schulter.
- Will er folgen, »Nhaa«. Setzen Sie ihn sanft zurück in die Ausgangsposition. Wiederholen Sie »Bleib«.
- Am Leinenende drehen Sie sich um und schauen den Hund an.
- Halten Sie die Leine in der linken Hand. Die Leine darf weder zu straff noch zu locker sein. Sie sollte fast gerade straff sein.
- Rufen Sie den Hund mit Hörzeichen »Hier« und benutzen Sie

Das Handzeichen für »Hier« ist eine schwingende Bewegung über die Brust.

gleichzeitig das Handzeichen. Gleichzeitig geben Sie ein sanftes Ruck/Lockerlassen an der Leine in Richtung auf Ihre Brust.

- Rennen Sie rückwärts weg vom Hund, wie bei Schritt 2 des Hetztriebs (siehe Seite 177). Hier ist es nicht wichtig, ob Sie der Hund anschaut oder nicht.
- Sowie der Hund auf Sie zukommt, ausgiebig loben. Holen Sie ihn nicht mit der Leine ein wie ein Angler einen Fisch.
- Locken Sie den Hund mit einem Lockmittel direkt zu sich heran. Ist der Hund angekommen, locken Sie ihn mit dem Gegenstand über und hinter seinem Kopf in die Sitzposition. Klappt das nicht, drücken Sie ihn sanft ins Sitz.
- Gehen Sie langsam um den Hund herum, bis er sich wieder an Ihrer linken Seite befindet.
- Entlassen und loben Sie den Hund, oder machen Sie eine weitere Übung des Herankommens auf Kommando.

Üben Sie viele Male Herankommen mit Handzeichen in einer Woche. Denken Sie daran, ebenso wie bei Schritt 2 der Hetztrieb-Übung: Rufen Sie den Hund *nicht* immer, wenn Sie am Leinenende ankommen. Gehen Sie manchmal zu ihm zurück und festigen Sie die Bleib-Übung, damit er das Kommando nicht absehen kann.

Schritt 2: das Hörzeichen weglassen

Wenn Sie Schritt 1 täglich zwei Wochen lang geübt haben, können Sie mit Schritt 2 anfangen.

- Beginnen Sie mit dem links sitzenden Hund. Sagen Sie »Bleib« und gehen Sie fort. Am Leinenende drehen Sie sich um und schauen den Hund an.
- Geben Sie mit dem rechten Arm das »Hier«-Handzeichen ohne das Hörzeichen. Rennen Sie nun rückwärts weg vom Hund.
- Es macht nichts, wenn der Hund das Handzeichen nicht beachtet. Aber geben Sie ein sanftes Ruck/Lockerlassen, wenn er nicht kommt.
- Sowie der Hund auf Sie zugeht, loben Sie ihn überschwenglich. (Das Hörzeichen wegzulassen bedeutet nicht, daß Sie den Hund nicht mit Worten loben dürfen.)
- Greifen Sie die Leine auf und lassen Sie den Hund vorsitzen, wenn er herankommt, entweder durch Locken oder sanften Druck. Denken Sie daran, die Leine darf nic straff sein. Wenn der Hund kommt, loben!

Üben Sie dies täglich mit dem Hund. Wenn er zuverlässig auf Handzeichen reagiert, versuchen Sie das gleiche ohne Leine. Erreichen Sie Schritt 7 des Herankommens auf Kommando, bauen Sie das Handzeichen in die Übung ein. Versuchen Sie schließlich Schritt 7 nur mit dem Handzeichen.

Das 10-Punkte-Fehlersystem

Mit wenigen Ausnahmen scheitern Hunde nicht am Erziehungsprogramm, aber ihre Besitzer! Ein Hund *kann* geistig krank sein, obgleich das sehr ungewöhnlich ist. Chemische Unausgeglichenheiten im Gehirn, ein Gehirntumor oder Krankheiten des Rückenmarks können das zentrale Nervensystem beeinträchtigen und verursachen, daß der Hund nicht lernfähig ist. Sollte Ihr Hund gar nichts lernen wollen, dann lassen Sie ihn vom Tierarzt gründlich untersuchen. Ehe man mit dem Training fortfährt, müssen alle gesundheitlichen Probleme ausgeschlossen werden.

Wenn der Hund aber gesund ist und trotzdem Probleme auftauchen, dann machen Sie etwas verkehrt. Hundebesitzer, die keinen Erfolg bei der Hundeerziehung hatten, haben vieles gemeinsam. Es gibt 10 Kategorien.

1. Nicht täglich üben

Damit Hunde ein konditioniertes Verhalten zeigen, muß es ständig wiederholt werden. Hunde lernen selten aus nur einer Erfahrung heraus. Man muß üben, üben, üben.

2. Sich nicht an das Trainingsprogramm halten

Unerfahrene Hundebesitzer trainieren nach Gutdünken. Erfahrene Ausbilder entwickeln ein logisches Schritt-für-Schritt-Programm und halten sich daran. Sie haben das Glück, ein fertiges bewährtes Programm in diesem Buch vorzufinden. Halten Sie sich daran. Lassen Sie keinen Schritt aus.

3. Ausbildungstechniken nicht richtig ausführen

Erfolg ist nur zu erwarten, wenn die Ausbildungstechniken richtig angewandt werden. Stellen Sie sich vor, Sie nehmen Golf- oder Tennisunterricht. Ein Profi zeigt Ihnen einen Vorgang, und Sie machen ihn zu 30 % nach und zu 70 % nach eigenem Gutdünken. Die Chancen sind groß, daß Sie niemals die erwünschten Erfolge erreichen. Dies gilt auch für die Hundeausbildung. Es liegt an Ihnen, die Techniken genauso auszuführen, wie sie dargelegt wurden.

Mangelhafte Ausrüstung schmälert ebenfalls den Erfolg. Ob Sie nun Schlittschuh- oder Rollschuhlaufen lernen oder Ihren Hund erziehen – man braucht die richtige Ausrüstung.

4. Man baut die Übungen nicht in den Tagesablauf ein

Gehorsamsübungen sind keine Zaubertricks. Sie sollen als Kontrollmechanismus dienen. Benutzen Sie sie im täglichen Leben. Lassen Sie den Hund während des Spaziergangs sitzen und bleiben, wenn ein Jogger vorbeikommt. Beim Abendessen üben Sie »Platz, bleib«. Das sind nur zwei Beispiele. Alle Übungen in diesem Buch haben einen praktischen Nutzen. Es ist wichtig, sie auch dort anzuwenden, wo sie sich als nützlich erweisen.

5. Nicht lernen wollen

Sich mit Besserwissern abzugeben, ist für Gehorsamstrainer eine mühselige Angelegenheit. Wann immer sie solche Menschen mit Tatsachen und Rat unterrichten wollen, wird widersprochen. Trainer haben in jahrelanger Forschung und praktischer Arbeit Kenntnisse gesammelt. Die Erfahrung der Besserwisser beruht auf unerzogenen Hunden, die sie besaßen oder die sie irgendwann einmal kennenlernten. Wollen Sie lernen? Dann hören Sie zu!

6. Der Hund ist körperlich nicht ausgelastet

Alle Hunde sind verschieden. Sie wurden für bestimmte Aufgaben gezüchtet. Einige temperamentvolle Rassen können nie erzogen werden, wenn sie mit ihrer Energie nicht wissen, wohin. Mein erster Hund war Jason, ein Irish Setter. Ich schreibe 50 % meines Ausbildungserfolges der Tatsache zu, daß ich seine überschäumende Energie durch einen täglichen Ein-Stunden-Lauf zügeln konnte. Dadurch konnte sich Jason beruhigen und während der Übungen konzentrieren.

7. Das Trainingsprogramm ist nicht auf den Hund abgestimmt

Hund und Hundeführer sind ein Team. Teammitglieder müssen reibungslos zusammenarbeiten, um Erfolg zu haben. Teammitglieder müssen sich ergänzen. Wenn Sie einen unterwürfigen Hund haben und ihn auch noch unterdrücken, dann verläuft die Ausbildung nicht reibungslos. Ist Ihr Hund dominant und Sie sind ein unsicherer, weichherziger Mensch, dann müssen Sie versagen.

Oft tun sich auch starke körperliche Gegensätze schwer. Jeder Hundetrainer kennt die liebe, alte Dame mit dem 110-Pfund-Rottweiler im Unterricht. Es liegt an Ihnen, sich einen Hund anzuschaffen, den Sie handhaben und erfolgreich erziehen können.

8. Sie können die Welt nicht durch Hundeaugen sehen

Hunde können nicht wie Menschen denken und handeln. Aber die meisten Menschen können sich in die Denkweise und das Handeln der Hunde hineinversetzen. Menschen, die das können, verständigen sich mit ihrem Hund. Oft sind Hunde, die als dumm oder eigensinnig bezeichnet werden, nur verwirrt. Raten Sie mal, wer sie verwirrt? Es liegt an Ihnen als Ausbilder, die Hundesprache zu lernen.

9. Versagen bei der Gruppenarbeit

Ich kenne einige Angewohnheiten der Ausbilder, die in Ausbildungsklassen nicht weiterkommen. Hie und da einen Unterricht zu versäumen, bedeutet Versagen. Der Kurs, für den Sie sich entschieden haben, baut auf einem Schritt-für-Schritt-Programm auf. Man muß alle Stunden mitmachen.

Ein weiterer Grund des Versagens ist das ständige Zuspätkommen. Abgesehen davon, daß Sie die Klasse stören, versäumt der späte Schüler wichtige Informationen. Ironischerweise hat diese Person die Informationen immer am nötigsten.

Schüler, die während des Unterrichts nicht aufpassen, sind ein Ärgernis für den Lehrer. Sie führen Gespräche am Rande oder erlauben ihrem Hund, den des Nachbarn zu belästigen. Es ist unhöflich gegenüber dem Lehrer, den Unterricht zu unterbrechen. Natürlich ist der Lehrer dafür verantwortlich, daß Ordnung in der Klasse herrscht. Aber die Schüler müssen aufpassen und sich an die Regeln halten.

10. Der Hund ist nicht gesund

Kranke Hunde lernen weniger gut. Z. B. kann ein Hund mit Hüftgelenksdysplasie Schmerzen beim Sitzen haben. Fühlt sich Ihr Hund offensichtlich nicht wohl, lassen Sie ihn untersuchen. Achten Sie darauf, daß er keine Spul-, Band-, Haken- oder Peitschenwürmer hat. Lassen Sie zweimal im Jahr vom Tierarzt den Kot untersuchen. Prüfen Sie die Hundeohren auf Entzündungen. Eine jährliche, gründliche Gesundheitsprüfung ist unerläßlich.

Regelmäßige Pflege ist auch wichtig. Achten Sie darauf, daß die Krallen auf die richtige Länge gekürzt werden. Ein verfilztes, unbequemes Fell hindert den Hund daran, richtig zu arbeiten. Prüfen Sie auch unter den Läufen und hinter den Ohren. Verfilzungen an diesen Stellen können besonders lästig für den Hund sein.

Den Rüden kastrieren zu lassen, ist in vielen Fällen ratsam. »Komplette« Rüden können aggressiv werden, ihr Territorium markieren, Kommandos nicht befolgen, wenn sie hinter Hündinnen her sind, usw. Solche Hunde zu erziehen, kann sehr frustrierend sein. Die Kastration kann helfen (siehe Seite 229 »Sterilisation und Kastration«).

Andere Fehler

Wir lernten die zehn häufigsten Gründe kennen, warum Menschen bei der Hundeausbildung versagen. Wenn Sie diese ausschalten, steigen Ihre Chancen für eine erfolgreiche Ausbildung beträchtlich. Aber es gibt noch andere Gründe. Wenn Sie mit einem Trainer arbeiten, muß er oder sie kompetent sein. Trainer können nicht sinnvoll weitergeben, was sie nicht selbst ausprobiert haben. Ohne die richtige Erfahrung können sie kein wirksames Trainingsprogramm aufstellen (siehe Seite 226, »Wie finde ich einen qualifizierten Hundeausbilder?«).

Eine Körperbehinderung kann eine erfolgreiche Hundeausbildung unmöglich machen. Extremes Übergewicht oder zu schwache Konstitution können hinderlich sein. Ein Mensch kann ganz einfach zu alt oder zu nachgiebig sein, um Hunde erziehen zu können. Ich habe Menschen getroffen, die einfach zu dumm oder ungeschickt waren.

Doch man darf die Hundebesitzer nie unterschätzen. Ich bin auf Gehorsamswettbewerben gegen eine junge Frau im Rollstuhl angetreten, die eine Menge Preise gewonnen hat. Menschen in jeder Statur und Größe und in jedem Alter haben erfolgreich Hunde in meinem Unterricht ausgebildet. Ich selbst bin weder hochintelligent noch besonders geschickt, trotzdem habe ich viele Jahre lang Erfolg als Hundetrainer. Mit Ehrgeiz und harter Arbeit schaffen Sie das auch.

Gute Manieren

Im Hause

Die meisten Hunde verbringen 99 % ihres Lebens im Haus. Deshalb sind für einen gut erzogenen Hund gute Manieren unerläßlich. Dieses Kapitel behandelt einige Verhaltensprobleme und beschreibt deren Korrektur. Gehorsamsübungen wie »Platz, bleib«, Kommen auf Kommando und kontrolliertes Gehen dienen der Kontrolle über den Hund. Nutzen Sie diese im täglichen Umgang mit dem Hund, um sein Verhalten zu prägen. Hier sind Tips, wie man die Gehorsamsübungen in der Praxis anwenden kann. Sie helfen bei der Lösung mancher Probleme, die Sie mit Ihrem Hund haben könnten.

Verbellen des Briefträgers

Im Laufe seines Lebens trifft der Hund auf Menschen und Situationen, die ein für Sie unangenehmes Verhalten auslösen. Ein gutes Beispiel ist die typische Reaktion des Hundes auf den Postzusteller. Jeden Tag bringt er die Post. Das löst den Schutzinstinkt des Hundes aus. Passiert das, dreht der Hund durch. Er knurrt und bellt wie besessen. Er springt am Fenster hoch, verziert das Glas mit seinen nassen Nasenabdrücken und zerkratzt die Fensterbank.

Wie bringt man den Hund dazu, die täglichen Besuche des Briefträgers freudig zu erwarten? Sie könnten den Briefträger täglich hereinbitten, um Ihrem Hund einen Keks zu schenken. Oder er oder sie könnte ein Päuschen machen und zehn Minuten Frisbees für Ihren Hund werfen. Danach könnten Sie ihn zu einem Täßchen Kaffee und Kuchen einladen. Das würde den Besuch des Briefträgers für den Hund zu einem freudigen Ereignis machen; aber bei der heutigen Arbeitsbelastung der Postzusteller wäre dies sicherlich kaum praktikabel.

Es ist eher wahrscheinlich, daß es keinen praktischen Weg gibt, Ihrem Hund beizubringen, daß er routinemäßige Eindringlinge in sein Territorium gerne hinnimmt. Immerhin handelt er nach seinen tiefsten Urinstinkten. Aber man kann der Lage Herr werden, wenn der Hund erzogen wurde, auf Kommando hin still zu sein, sich hinzulegen und liegenzubleiben.

Kommt die Post täglich zur gleichen Zeit, lassen Sie den Hund »Platz, bleib« machen, kurz bevor sie kommt. Stellen Sie sich neben den Hund und beobachten Sie ihn. Kommt der Zusteller an die Tür, und der Hund fängt an zu knurren und zu bellen, sagen Sie »Still«. Reagiert er nicht oder versucht sogar aufzustehen, benutzen Sie die entsprechenden Korrekturen, die zu dem Kommando gehören (siehe Seite 141, »Platz, bleib« und Seite 210, »Bellen«).

Der Hund wird dadurch den Zusteller nicht besser leiden mögen. Aber er kann nicht herumtoben und gleichzeitig »Platz, bleib« machen. Mit ausreichender Übung kann der Hund eine Gewohnheit entwickeln, sich zu legen und ruhig zu sein, wenn der Zusteller kommt.

Betteln bei Tisch

Jedes Hundeerziehungsbuch, das ich bisher aufgeschlagen habe, sagte das gleiche zum Thema Betteln: Füttern Sie den Hund niemals vom Tisch, oder er wird immer betteln. Das ist unsinnig. Hunde sind geborene Bettler! Sie sind intelligent und die größten Opportunisten der Welt. Sie sehen und riechen, was Sie essen. Natürlich werden Sie durch Füttern vom Tisch das Betteln verstärken und es damit verschlimmern.

Das Betteln kann man nur mit »Platz, bleib« kontrollieren. Der Hund kann nicht gleichzeitig am Tisch betteln und abliegen. Ich lebe mit drei Hunden zusammen, die alle Futter lieben. Sie liegen grundsätzlich während meiner Mahlzeiten ab. Das geht ganz gut und beeindruckt insbesondere Besucher, die zum Abendessen kommen. (Falls Sie sich fragen – meine Hunde bekommen Essensreste. Byron liebt besonders mexikanische Speisen. Aber alle Hunde warten, bis wir mit dem Essen fertig sind und sie aus dem »Platz, bleib« entlassen werden, um ihren Leckerbissen zu bekommen.)

Mit »Platz, bleib« haben Sie Ihren Hund unter Kontrolle, sei es bei einer Dinner Party oder einem Picknick im Garten.

Auf Möbel klettern

Für mich ist ein Verhalten nur dann ein Problem, wenn es mir nicht paßt. Ganz offen gesagt, mir macht es nichts aus, wenn meine Hunde auf die Polstermöbel steigen. Ich liebe es sogar, mit ihnen beim Fernsehen auf dem Sofa zu schmusen.

Meine Hunde kommen jedoch nur auf das Sofa, wenn ich sie dazu einlade. Sie müssen in Ihrem Hause nicht dulden, daß Hunde auf die Möbel steigen. *Sie* sind der Boß. Sie setzen die Regeln für das Verhalten der Meute in der Höhle fest.

Es gibt im Grunde vier Gruppen von Hunden in bezug auf Möbel: 1) Hunde, die nie hinaufdürfen, 2) Hunde, die nur bestimmte Möbel benutzen dürfen, 3) Hunde, die Möbel nur auf Kommando benutzen dürfen und 4) Hunde, die immer auf die Möbel dürfen.

Hunde auf dem Sofa – niemals!

Lassen Sie uns mit der ersten Gruppe beginnen, dem Hund, der nie auf Möbel darf. Wie erreicht man das? Ausdauer bei allen Familienmitgliedern ist der Schlüssel zum Erfolg. Lassen Sie den Hund *niemals* auf die Möbel. Auch nicht den süßen, kleinen, niedlichen Welpen. Es ist schwer, dem erwachsenen Hund abzugewöhnen, was er sich als Welpe angewöhnt hat.

Beobachten Sie den Welpen. Gut getimte Korrekturen sind wichtig. Korrigieren Sie den Welpen, wenn er sich gerade anschickt, ein Möbelstück zu erklettern. Wenn er erst auf dem Sofa liegt, ist es zu spät. Sie können ihn nur noch runterschicken. Wenn Sie den Hund immer wieder hinunterschicken, bringen Sie ihm nur bei, auf Kommando hinunterzugehen. Sie wollen ihn aber dazu erziehen, daß er gar nicht erst hinaufsteigt.

Ist Ihr Hund aus dem Nagealter heraus und braucht in Ihrer Abwesenheit nicht mehr eingesperrt zu werden, verstellen Sie die Möbel so, daß er nicht aufsteigen kann. Sie können den Hund in der Küche einsperren, die Kissen von Sesseln und Sofa aufstellen, Schlafzimmertüren schließen oder bestimmte Räume durch Babyschutzgitter abtrennen. Jedes Familienmitglied muß mitziehen. Duldet auch nur einer den Hund auf dem Sofa, wenn es der Rudelführer nicht sieht, untergräbt das die Erziehung.

Bestimmte Möbel sind erlaubt

In manchen Haushalten gibt es einen Raum, z. B. das Fernsehzimmer oder das Wohnzimmer, wo der Hund auf die Möbel darf. In anderen Räumen ist dies jedoch unerwünscht. Dort machen Sie es wie oben beschrieben bei dem Hund, der nie auf Möbel darf.

Wenn Sie Unterschiede zwischen bestimmten Räumen machen, müssen Sie sehr konsequent sein. Lassen Sie den Hund grundsätzlich auf kein verbotenes Möbelstück.

Nur auf Einladung

Ich finde es am besten, wenn der Hund nur *auf Kommando* auf Möbel steigt. Dazu müssen Sie den Hund, wie bisher beschrieben, von den Möbeln fernhalten. Erlauben Sie dem Hund erst auf Möbel zu steigen, wenn Sie es ihm sagen. Benutzen Sie dazu ein besonderes Kommando wie »Auf« oder was Sie sonst bevorzugen, solange es nicht mit einem Hörzeichen aus der Gehorsamsausbildung verwechselt werden kann. Seien Sie konsequent. Erlauben Sie dem Hund niemals, ein Möbelstück zu besteigen, ohne daß Sie vorher das Kommando geben.

Jederzeit auf alle Möbel

Endlich gibt es noch die Hunde, die immer auf Möbel dürfen, wenn ihnen danach ist. Solange Sie das nicht stört, ist es ok. Aber es gibt da auch Probleme.

Sie müssen den Welpen im Nagealter sehr gut beobachten. Erlauben Sie ihm nicht, Löcher in die Polster zu fressen. Auch ist ein großer, nasser, haariger Hund, der auf das saubere Sofa springt, kein Vergnügen. Denken Sie daran: Hunde machen keinen Unterschied zwischen Ihrem alten Sofa vom Trödelmarkt und dem neuen Designer-Möbel. Wenn der Hund nur auf Kommando auf die Möbel kommt, können Sie ihn von dem neuen Stück fernhalten. Es ist auch leichter, Möbel sauber zu halten, ehe Besucher kommen, wenn der Hund nur kontrolliert raufkommt. Ebenso brauchen die Gäste nicht mit dem Hund um den besten Platz zu streiten. Im übrigen ist es viel einfacher, mit Hund Freunde und Verwandte zu besuchen, wenn man ihn nicht mit Gewalt von deren Sitzmöbeln fernhalten muß.

Stehlen

Einige Hunde sind Mundräuber. Ich weiß es, denn ich lebe mit einem. Manchmal denke ich, daß mein Australian Shepherd Drifter mit einem Waschbär verwandt ist. Er stiehlt Futter, wann immer er kann.

Andererseits stehlen Barbaras Labradors niemals Essen. Unsere Hunde wurden im wesentlichen auf die gleiche Art und Weise aufgezogen und erzogen. Als Welpen wurden die beiden Labs, Boys genannt, etwa dreimal für Futterstehlen korrigiert. Es handelte sich bei der Korrektur um ein festes »Nhaa«, wenn sie gerade dabei waren. Sie versuchten es nie wieder. Man kann getrost jedes Nahrungsmittel auf Tisch oder Anrichte stehenlassen. Sie rühren nichts an.

Drifter wurde *einmal* als Welpe auf die gleiche Weise korrigiert. Er hat es nie mehr versucht – solange ich ihn dabei beobachtete. In der Minute, in der ich nicht aufpasse, stiehlt er wie ein Rabe. Es hat keinen Sinn, ihn zu strafen, wenn er es schon genommen hat, weil das Timing nicht mehr stimmt. Bis dahin hat er längst alles genüßlich aufgefressen. (Aus reinem Ärger habe ich ihn auch im nachhinein gestraft, jedoch ohne Erfolg.)

Ich habe ihm einmal eine Falle gestellt und den Raum verlassen. Sobald sich Drifter an das Essen heranmachte, kam ich herein und korrigierte ihn. Er ist nur einmal darauf reingefallen. Ich habe ihm nur beigebracht, noch vorsichtiger vorzugehen.

Während eines Seminars zur Hundeerziehung, das ich abhielt, kam das Thema auf. Jemand schlug vor, beim Essen eine Mausefalle aufzustellen. Sobald Drifter an das Essen geht, schnappt sie zu. Ich konnte mir jedoch meinen geliebten Hund nur bildlich mit einer gebrochenen Zehe oder blutig zerschnittener Nase vorstellen. Solche Gewaltakte sind nichts für mich und meine Hunde.

Aber was kann man tun? Das ist das große Problem. Drifter hat Rekorde gebrochen im Futterstehlen. Einmal aß er eine komplette Pastete in zwei Minuten. Ein andermal fraß er einen Karton Trockenpflaumen von meiner Großmutter auf – mit Karton und allem –, ohne Verdauungsprobleme.

Ich habe bei einem Hund wie Drifter nur zwei Möglichkeiten: Ich kann sein Verhalten oder seine Umgebung ändern. Ich kenne keine praktikable, gewaltfreie Methode, um sein Verhalten in unbeobachteten Augenblicken zu verändern. Deshalb muß ich die Umgebung ändern. Das bedeutet, daß ich ihm niemals Gelegenheit gebe, Essen zu stehlen. Wenn ich aus der Küche gehe, muß er mit. Ich stelle ein Babygitter vor den Vorratsraum, damit er in der Nacht nicht über das dort gelagerte Hundefutter herfällt.

Manche Hunde sind ausdauernde, clevere Futterdiebe. Es gibt nichts, um dem Hund seine Vorliebe für Essen und das Bedürfnis, es sich zu nehmen, abzugewöhnen. Man kann den Hund nur im Auge behalten, wenn Essen herumsteht. Man kann die Umgebung ändern, indem man Schränke schließt, Deckel auf Eimer und Dosen legt, Essen weit zurück auf der Anrichte schiebt usw.

Oder der Besitzer entwickelt eine Methode, um dem Hund das Stehlen abzugewöhnen – vorausgesetzt, sie ist praktikabel und gewaltfrei. Z. B. versuchen Sie, den Hund zwei- oder dreimal am Tag mit kleineren Mahlzeiten zu füttern anstelle einer einmaligen großen Mahlzeit. Weniger Hunger schmälert vielleicht sein Verlangen zu stehlen. Oder wenn der Hund Angst vor zerknülltem Zeitungspapier hat, legen Sie es rund um den Mülleimer aus. Solche Tricks können sehr lästig sein, aber bei dem einen oder anderen Hund helfen.

Nach Futter in der Hand schnappen

Manche Hunde haben ein sanftes Maul und schnappen nicht nach den Leckerbissen. Andere Hunde sind wie Haie. Hat Ihr Hund ein Haimaul, dann *können* Sie dies korrigieren.

Erstens hilft es, dem Hund beizubringen, Futter nur auf Hörzeichen aus der Hand zu nehmen. Halten Sie einen Hundekuchen fest in der Hand vor die Hundenase. Grabscht er danach, sagen Sie »Nhaa«. Er darf den Kuchen nicht nehmen können.

Reagiert er nicht auf die verbale Korrektur, wiederholen Sie das »Nhaa« und schütteln Sie ihn dabei im Nackenfell. Halten Sie dabei den Hundekuchen weiter vor die Nase. Warten Sie einige Sekunden, wenn er nicht mehr danach greift, und sagen Sie dann »Nimm«. Schnappt er danach, ziehen Sie die Hand zurück. Er darf ihn nicht bekommen. Sagen Sie »Ruhig«. Geben Sie ihm den Hundekuchen erst, wenn er ihn auf Ihr Hörzeichen hin sanft von der Hand nimmt.

Wenden Sie diese Technik immer an, wenn Sie dem Hund einen Leckerbissen geben. Allmählich wird er das Futter nur noch sanft aus Ihrer Hand nehmen, und nur auf Hörzeichen hin.

Verhalten mit Babys und Kleinkindern

Für den Hund ist ein Baby einfach ein neues Rudelmitglied. Instinktiv sind Hunde gegenüber Kleinkindern tolerant, ob es nun Welpen oder Säuglinge sind. Jedoch können Hunde einer Familie, zu der ein Baby hinzukommt, Kinder nicht gewöhnt sein. Wächst das Baby zum Krabbelkind heran, können seine ungeschickten Bewegungen den Hund verwirren und stören.

Wie stellt man das neue Baby dem Hund am besten vor? Denken Sie daran, daß Hunde Gewohnheitstiere sind. Ist der Hund an seinen morgendlichen Spaziergang nach dem Frühstück gewöhnt, sollten Sie damit fortfahren, auch wenn ein Baby da ist. Spielen Sie stets mit dem Hund ein Ründchen Ball, wenn Sie von der Arbeit nach Hause kommen? Machen Sie weiter, auch wenn sich Ihre Hausarbeiten drastisch durch das Baby verändert haben. Versuchen Sie, die Routine des Hundes so gut wie möglich beizubehalten. Dies gibt ihm Sicherheit in einer Welt, die kopfzustehen scheint. Haben Sie noch keine Routine entwickelt, dann fangen Sie damit an, ehe das Baby kommt, und behalten Sie sie danach bei.

Man sollte Hunde mit Kindern bekanntmachen, ehe das Baby kommt. Nehmen Sie ihn mit zu Bekannten, die Kinder haben. Beobachten Sie die Reaktionen und die Einstellung des Hundes. Sorgen Sie dafür, daß der Besuch für den Hund angenehm verläuft und Kinder eine schöne Erfahrung für ihn sind. Spielen Sie gemeinsam Ball oder gehen Sie spazieren usw. Achten Sie darauf, daß die Kinder nicht grob mit dem Hund umgehen. Erlauben Sie keine Raufspiele, Tauziehen oder Ringkämpfe. Spiele sollten nie so wild ausarten, daß sich der Hund zum Schnappen veranlaßt fühlt.

Wenn das Baby kommt, soll der Hund eine angenehme Erfahrung

Selbst die liebsten Hunde der Welt müssen in Anwesenheit von Babys und Kleinkindern überwacht werden.

damit verbinden. Sie nehmen z. B. das Baby auf den Schoß und geben dem Hund Leckerbissen. Nehmen Sie den Hund mit, wenn Sie das Baby im Kinderwagen spazierenfahren. Streicheln Sie den Hund, wenn Sie das Baby füttern. Das setzt natürlich voraus, daß der Hund ruhig bleibt und Sie ihn kontrollieren können. Deshalb ist die Gehorsamsausbildung so wichtig, ehe Sie alle Hände voll mit einem Neugeborenen zu tun haben.

Wächst das Baby heran, geht der Hund möglicherweise bestimmter mit ihm um. Er kann versuchen, die Hackordnung klarzustellen und knurrt das Kind an oder schnappt nach ihm. Der erwachsene Hund beginnt in der Regel damit, wenn das Kind etwa eineinhalb bis zwei Jahre alt ist. Viele Menschen denken, ihr Hund sei eifersüchtig auf das Kind. Ich glaube nicht, daß Hunde Gefühle wie Eifersucht haben können. Aber ich weiß, daß sie um Aufmerksamkeit streiten.

Ein Beispiel wäre der Hund zu Füßen seines Herrn, um Aufmerksamkeit heischend. Plötzlich klettert das Kind auf den Schoß, und der Hund knurrt und schnappt. Der anthropomorphe Hundebesitzer legt dieses Wettbewerbsverhalten als Eifersucht aus. Wie immer man es auch nennen mag, solches Verhalten darf nicht geduldet werden. Korrigieren Sie den Hund auf der Stelle mit festem »Nhaa«, und lassen Sie ihn »Platz, bleib« machen. Wenn Sie soweit sind, entlassen Sie ihn und schenken ihm viel Aufmerksamkeit und Streicheleinheiten.

Ist der Hund von Natur aus unterwürfig, machen Sie diese Erfahrung vielleicht niemals. Doch ist es außerordentlich wichtig, daß Eltern stets Hunde und Kleinkinder überwachen. Selbst der freundlichste, sanfteste, unterwürfigste Hund kann unbeabsichtigt ein kleines Kind verletzen. Ein großer, lebhafter Hund könnte auf ein Baby treten oder ein Kleinkind umwerfen. Selbst ein kleiner Hund kann das Gesicht eines Kindes mit den Krallen zerkratzen.

Denken Sie daran: Mit einem erzogenen Hund erleben Sie durchschnittlich 14 Jahre voller Freude. Niemand bestimmt, wann ein Hund erzogen ist. Sie bestimmen das für Ihren Hund ganz alleine. Wenn erzogen für Sie bedeutet, »niemals am Tisch zu essen«, dann füttern Sie ihn niemals am Tisch. Wenn erzogen für Sie bedeutet, gemeinsam auf dem Sofa fernzusehen, dann tun Sie das. Solange Sie in der Lage sind, Ihren Hund zu kontrollieren, werden Sie niemals Probleme mit ihm haben.

Stubenreinheit und unerwünschtes Kauen

Hundebesitzer müssen sich stets mit zwei wichtigen Dingen auseinandersetzen: der Erziehung zur Stubenreinheit und dem unerwünschten Kauen. Ein Hund, der das Haus verschmutzt oder wertvolle Dinge anknabbert, wird rasch ein unerwünschter Hausgenosse. Leider ist es für den Hund gar nichts Schlimmes, sich im Haus zu lösen oder ein paar schmackhafte Lederschuhe weichzukauen. Es liegt an *Ihnen,* dem Hund beizubringen, daß diese Verhaltensweisen unerwünscht sind. In den meisten Fällen kommen diese Probleme bei Welpen vor – aber nicht immer. Die folgenden Ratschläge können auf Hunde jeden Alters angewandt werden. Nur werden die Welpen wohl am schnellsten lernen, denn junge Hunde wollen lernen – und es fehlen ihnen liebe alte Angewohnheiten, die erst wieder abgewöhnt werden müssen. Halten Sie sich an die Ratschläge, und Sie können Erfolg erwarten.

Stubenreinheit

Der beste Weg zur Stubenreinheit ist, Nutzen zu ziehen aus der natürlichen Veranlagung des Hundes, seine Höhle reinzuhalten. Dafür benötigen Sie einen kleinen Gitterkäfig oder eine kausichere Abtrennung für einen Teil des Zimmers. Sie können auch einen leichten Drahtkäfig kaufen oder ausleihen. Das wird die Höhle Ihres Hundes.

Die erste Reaktion vieler Menschen angesichts eines welpensicheren Käfigs ist: »Oh nein! Ich kann doch mein kleines Hündchen nicht in einen Käfig stecken.« Für den Menschen bedeutet ein Käfig so viel wie ein Gefängnis. Dem Hund aber bedeutet er Höhle, Wurfnest oder sicheres Versteck. Aus diesem Grunde sollte der Hund nie zur Strafe in den Käfig gesteckt werden. Er ist der sichere Hafen des Hundes, sein eigener, privater Raum. Er ist ebenfalls eine nützliche Ausbildungshilfe. Benutzen Sie den Käfig, wann immer Sie den Welpen nicht beaufsichtigen können – ebenso, wie Sie ein Kind in einen Laufstall brächten.

Ausdauer ist der Schlüssel zur Stubenreinheit. Der Welpe sollte sich nur frei im Hause bewegen, wenn er gerade draußen war und sich gelöst hat. Diese Freiheit muß *immer* unter Beobachtung stehen. Es gibt drei Zeiten, wann ein Geschäft fällig ist: fünf bis zwanzig Minuten nach dem Fressen oder Trinken, nach wildem Spiel, nach dem Aufwachen. Nehmen Sie dann den Hund hinaus und bleiben Sie bei ihm. Macht er draußen sein Geschäft, loben Sie ihn tüchtig dabei. Dann darf er im Hause frei laufen – *unter Aufsicht.*

Löst er sich nach fünf oder zehn Minuten nicht, setzen Sie ihn zurück in seinen Käfig. (Das ist keine Strafe dafür, daß er nichts gemacht hat, sondern vorbeugend, damit er gar nicht erst die Gelegenheit bekommt, sich im Haus zu lösen.)

Lassen Sie ihn 20 Minuten später wieder hinaus und wiederholen Sie die ganze Prozedur. Nur wenn er sich draußen gelöst hat, darf er im Haus herumlaufen. Auch hier heißt Freiheit für den Welpen, sich stets unter Aufsicht zu befinden. Lassen Sie ihn in dem Raum, in dem Sie sich aufhalten.

Wiederholen Sie das alles – seien Sie ausdauernd. Wenn Sie nicht aufpassen und ein Häufchen oder Bächlein finden, dann war es *Ihre* Schuld. Putzen Sie es weg und schimpfen Sie nicht. Schimpfen Sie nur, wenn Sie ihn gerade beim Geschäft erwischen. Zehn Sekunden danach ist schon zu spät. Auch wenn Sie glauben, er zeige Schuldgefühle, versteht er nichts. Vermeiden Sie diesen Fehler (siehe Seite 77 »Schuldig oder nicht schuldig«).

Wenn Sie den Hund dabei erwischen, wie er sich im Hause löst, »Nhaa« mit fester Stimme und sofort hinausbringen. Löst er sich dort, loben Sie ihn.

Eine Regulierung des Trinkwassers kann sehr hilfreich sein. Einige Welpen scheinen sich aus purer Lust vollzutrinken. Wenn sich die kleine Blase wie ein Ballon füllt, wird das Einhalten außerordentlich schwierig. Ich schlage vor, Sie bieten dem Welpen jede Stunde frisches Wasser an und lassen ihn 12 Zungenschläge nehmen. An heißen Tagen geben Sie ihm öfter einen Eiswürfel. Denken Sie daran, daß Hunde ihre Blase erst im Alter von sechs Monaten vollständig kontrollieren können.

Können Sie den Welpen nicht beaufsichtigen, gehört er in den Käfig. Lassen Sie den Hund jedoch *nie* länger als drei oder vier Stunden an einem Stück drin. Längere Dauer ist Mißbrauch des Käfigs und Tierquälerei. (Käfige in allen Größen bekommen Sie im Fachhandel und auf Hundeausstellungen.)

Nachts sinkt der Stoffwechsel des Hundes ab. In dieser Zeit können Blase und Darm sechs bis acht Stunden einhalten. (Ganz junge Welpen schaffen es meist noch nicht.) Sobald der Welpe in den ersten drei Wochen anfängt zu wimmern, bringen Sie ihn hinaus und bleiben Sie bei ihm, um ihn für sein Geschäftchen zu loben. Natürlich ist das bei gutem Wetter angenehmer als bei schlechtem, aber man muß hinaus, denn der Instinkt, sein Nest nicht zu beschmutzen, muß im Welpen gefestigt werden.

Es ist meiner Meinung nach auch notwendig, daß der Welpe lernt, daß Sie ihm in seiner Not helfen. Welpen haben ein instinktives Bedürfnis, versorgt zu werden. Es ist Ihre Aufgabe, dieses Bedürfnis zu erfüllen.

Manchmal macht sich ein Junghund nächtliche Ausflüge zum Hobby. Schaffen Sie Abhilfe, indem Sie die Wasserschüssel einige Stunden vor dem Zubettgehen wegstellen. (Ist es sehr heiß, kann man mit einem Eiswürfel das Wasser kühl halten.) Vermeiden Sie Toben am späten Abend. Bringen Sie den Junghund ein letztes Mal hinaus, ehe Sie zu Bett gehen. Es ist sinnvoller, den Welpen gegen 23 Uhr, wenn Sie noch wach sind, aufzuwecken, als den eigenen Schlaf um 2 Uhr durch einen Wettlauf in den Garten zu stören.

Wenn Sie nachts hinausmüssen, bleiben Sie sehr kühl. Sprechen Sie kaum und spielen Sie nicht mit dem Welpen. Der Welpe soll sich lösen und dann alle Mann wieder ins Bett. Die Muskeln des Welpen reifen rasch heran, und er schafft es bald, die Nacht durchzuschlafen.

Wenn Sie den Käfig sinnvoll einsetzen, dann schadet es dem Welpen nicht – solange Sie Ihre Verantwortung erfüllen und ihm viel Erziehung, Auslauf und Liebe zukommen lassen.

Wo soll der Käfig stehen?

Idealerweise im Schlafzimmer. Es ist natürlicher für den Welpen, zusammen mit seinen Rudelmitgliedern zu schlafen, als von ihnen getrennt zu sein. Die Höhle mit den anderen zu teilen, vermeidet nächtliche Ruhestörung durch den Welpen. Wenn er bellt oder weint, hören Sie es und können ihn sofort hinausbringen.

Es gibt einen weiteren Vorteil, den Welpen im Schlafzimmer unterzubringen. Sind Sie sicher, daß der Welpe nicht muß und trotzdem bellt, können Sie schon mit der »Sei ruhig«-Ausbildung beginnen (siehe Seite 210, »Bellen«). Es gibt noch einen Vorteil: Kommt ein Einbrecher, gibt es keinen besseren Platz für den erwachsenen Hund, um Sie rechtzeitig zu warnen und zu beschützen.

Unerwünschtes Kauen

Gewöhnt sich der Welpe nicht an zu kauen, wird auch der erwachsene Hund kein Zerstörer. Der Drang des Welpen zu nagen und zu kauen beginnt während des Zahnwechsels (so um die 16. Woche). Ich habe jedoch festgestellt, daß der Höhepunkt des Kauzwangs zwischen sechs und neun Monaten liegt. Hat sich der Hund das Kauen bis dahin nicht angewöhnt, flaut es langsam ab, bis der Hund ein Jahr alt ist.

Hunde nagen im allgemeinen, wenn sie sozial isoliert und gestreßt sind. Kauen ist ein hundetypisches Ablaßventil für Unzufriedenheit. Ein Beispiel: Sie gehen aus und lassen den Welpen alleine, er fühlt sich verlassen und nagt etwas an. Passiert das jedesmal, sobald Sie das Haus verlassen, wird daraus eine Gewohnheit. Vergessen Sie nicht: Alles, was Hunde öfter wiederholen, wird zur Gewohnheit.

Vermenschlichen Sie den Hund nicht, er tut es nicht aus Wut. Wut ist ein rein menschliches Gefühl. Streß, Einsamkeit und Langeweile lösen den Nagetrieb aus. Am besten vermeidet man ihn durch regelmäßigen Auslauf, ständige Überwachung und ein welpensicheres Haus. Läuft der Hund in der Wohnung frei, geben Sie ihm Spielzeug, an dem er kauen kann. Gehen Sie aus, legen Sie die Spielsachen zum Welpen in den Käfig.

Erwischen Sie ihn dabei, wie er etwas Unerlaubtes anfrißt, sagen Sie fest »Nhaa«! Nehmen Sie das Objekt weg. Geben Sie ihm etwa 30 Sekunden später sein eigenes Spielzeug und loben Sie ihn. Ebenso wie bei der Stubenreinheit ist zu spätes Schimpfen und Strafen nutzlos. Es ist *Ihr* Fehler, wenn Sie nicht aufpassen.

Denken Sie immer daran, daß die beste Zeit, um den Hund zu korrigieren, die ist, wenn er daran *denkt*, etwas Falsches zu tun. Schnüffelt er an einem Lederschuh, wäre das ein Hinweis. Sagen Sie jetzt sofort »Nhaa«. Die nächstbeste Zeit ist, während des unerwünschten Verhaltens zu korrigieren. Am schlechtesten und vollkommen sinnlos ist es, wenn der Hund erst danach korrigiert wird.

Ich empfehle, den unbeaufsichtigten Hund bis etwa zu einem Jahr im Käfig zu lassen – oder bis man ihm sicher vertrauen kann. Testen Sie ihn in kurzen Phasen der Freiheit, ist er brav, dehnen Sie sie aus. Es kann einige Monate dauern, bis Sie ihm längere Perioden des Freilaufens im Haus während Ihrer Abwesenheit gönnen können. Noch ein Hinweis: Käfige sind nicht billig, aber sie sind selten so teuer wie die Dinge, die ein Hund in Ihrem Haus zerstören kann.

Bellen: Veranlassen und unterbinden

Bellen ist ein normales und natürliches Verhalten des Hundes. Tatsächlich ist Bellen gesund. Dadurch werden Frustrationen abgebaut. Weiterhin ist es eine hundliche Verständigungsform und ein Warnsystem zum Revierschutz.

Dieses Kapitel soll Ihnen nicht zeigen, wie Sie Ihrem Hund verbieten, überhaupt zu bellen. Es gibt elektronische und sogar chirurgische Möglichkeiten, das Bellen ganz zu unterbinden. Ich halte beide jedoch für grausam. Außerdem nehmen sie dem Besitzer eine sehr nützliche Eigenschaft des Hundes. Ich *möchte,* daß mein Hund bellt, wenn ein Fremder ans Haus oder Auto kommt. Aber ich will auch, daß mein Hund auf meinen Wunsch hin aufhört. Das heißt, der Hund muß unmittelbar zu bellen aufhören, wenn der Besitzer ein Signal gibt.

Den Kläffer beruhigen

Es gibt einige Techniken, dem Hund auf Kommando hin das Bellen zu verbieten. Die erste, die ich empfehle, ist, dem Hund den Fang einige Sekunden lang unter dem Hörzeichen »Ruhig« zuzuhalten. Drücken Sie dabei nicht zu fest, denn sonst dreht der Hund den Kopf und wimmert. Halten Sie das Maul nur zu, um ihm zu zeigen, was das Wort »Ruhig« bedeutet. In absehbarer Zeit brauchen Sie nur noch »Ruhig« zu sagen, und der Hund ist still.

Ich will Ihnen erklären, warum das wirkt. Stellen Sie sich vor, Sie besuchen China und sprechen kein Wort chinesisch. Sagt jemand zu Ihnen »Sei still« und Sie verstehen nicht, reden Sie weiter. Würde der Chinese jedoch stets die Hand auf Ihren Mund legen und »Ruhig« auf Chinesisch sagen, wüßten Sie bald, was gemeint ist. Das gleiche gilt für Hunde. Hunde verstehen keine Sprachen. Sie bilden nur Zusammenhänge mit Lauten. Sie müssen dem Hund erst zeigen, was Sie wollen und mit dem Kommando verbinden.

Das Fangzuhalten hilft nicht bei allen Hunden. Ist das bei Ihrem Hund der Fall, nehmen Sie die Sprühflasche (siehe Seite 59, »Aus-

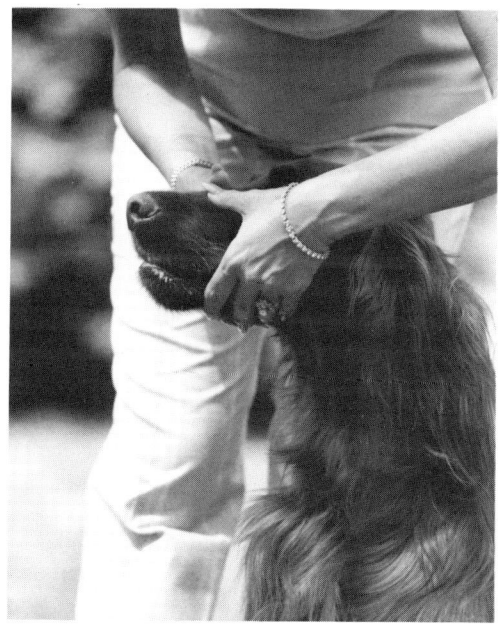

Drücken Sie den Fang nicht zu fest. Halten Sie ihn sanft geschlossen – Sie zeigen ihm ja nur, was er tun soll.

bildungshilfen«). Sobald der Hund anfängt zu bellen, sagen Sie »Ruhig« und spritzen ihm gleichzeitig Wasser ins Gesicht. Das tut dem Hund nicht weh, aber der unerwartete Wasserstrahl wird ihn erst mal unterbrechen. Bald brauchen Sie die Flasche nicht mehr, und das Wort »Ruhig« genügt.

Gewöhnen Sie den Hund an den Käfig, ergibt sich eine andere Situation. Bellt er im Käfig, hauen Sie mit einem Gegenstand lautstark auf den Käfigdeckel. Sagen Sie dazu »Ruhig«. Das laute Geräusch wird den Hund verdutzt innehalten lassen. Gleichzeitig verbinden Sie damit das Wort »Ruhig«. Man muß nicht dauernd auf den Käfig klopfen. Der Hund lernt, auf das Kommando hin still zu sein.

Machen Sie das beim Welpen, gehen Sie sicher, daß er nicht bellt, weil er raus muß. Nur wenn Sie wissen, daß er sich nicht lösen muß, wiederholen Sie dies, wenn der Hund bellt. Wenn Sie faul sind und das Bellen lieber ertragen, dann wird er sich dies zur Angewohnheit machen. Das Schlimmste, was Ihnen passieren kann, ist, den Hund rauszulassen, sobald er bellt. Das würde sein Bellen noch belohnen. Es dauert nicht lange, und der Hund hat Sie dahingehend erzogen, den Käfig zu öffnen, sobald er bellt.

Allein zu Haus

Es gibt mehrere Möglichkeiten, das Problem des bellenden, alleingelassenen Hundes zu lösen. Üben Sie zunächst »Ruhig«, wenn Sie zu Hause sind mit einer oder mehreren der obigen Techniken. Haben Sie den Eindruck, daß der Hund das Kommando versteht, verlassen Sie das Haus und bleiben Sie vor der Tür. Reagiert er nicht auf »Ruhig«, gehen Sie rasch hinein und bringen Sie ihn mit einer der genannten Techniken zur Ruhe.

Einige Hunde fangen erst an zu bellen, wenn sie das Auto wegfahren hören. Weisen die Nachbarn Sie auf diese Tatsache hin, dann brauchen Sie zur Korrektur einen Helfer. Verlassen Sie das Haus wie üblich. Der Helfer wartet draußen, bis Sie weggefahren sind. Fängt der Hund an zu bellen, tritt der Helfer ein und bringt ihn mit den obigen Techniken zur Ruhe.

Man kann auch versuchen, ein Radio spielen zu lassen. Das bringt dem Hund nicht bei, auf Kommando still zu sein, aber es kann ihn ruhig halten. Ausgiebiger Auslauf vor dem Alleinsein kann auch helfen. Erschöpfte Hunde bellen nicht, sie schlafen.

Ruhig – aber wie lange?

Leider kann man dem Hund nicht beibringen: »Sei jetzt und die nächste Stunde lang still.« Der Hund in einem eingezäunten Grundstück zeigt uns das: Ein auf dem Rad vorbeifahrendes Kind reizt den Hund zum Bellen. Der erzogene Hund hört auf Kommando hin auf. Aber fünf Minuten später kommt ein anderes Kind vorbei, und der Hund bellt wieder.

Man kann Hunde trainieren, nicht zu bellen, wenn Kinder auf dem Fahrrad vorbeifahren. Das würde bedeuten, daß man ständig Kinder vorbeifahren läßt und ständig den Hund korrigiert, sobald er bellt. Allmählich würde der Hund lernen, vorbeifahrende Kinder ruhig hinzunehmen.

Aber das hindert den Hund noch lange nicht, dann zu bellen, wenn die Nachbarn ins Auto steigen, ein Eichhörnchen durch die Bäume flitzt oder ein streunender Hund vorbeigeht. Der Hund, der auf Kommando still ist, wurde dazu erzogen, sofort aufzuhören zu bellen, egal warum er bellt. Er ist allerdings nicht dazu erzogen worden, nie wegen irgend etwas zu bellen. Auf Kommando stillzusein ist einfacher beizubringen, als ihm das Verbellen sämtlicher Reizobjekte abzugewöhnen. Man muß halt immer »Ruhig« sagen, sobald er bellt.

Einige Hunde lernen sehr rasch, andere brauchen 100 Übungen. Denken Sie immer daran, daß Hunde, wie Menschen, Individuen sind. Wenn Sie ausdauernd und konsequent sind, werden Sie Erfolg haben.

Bellen auf Kommando

Man kann Hunden beibringen, eine ernsthafte Bedrohung zu sein. Man kann ihnen beibringen, zu bellen, zu beißen und anzugreifen. Manchen Rassen fällt das leichter als anderen, aber alle Hunde mit Stimmbändern und Zähnen haben die Möglichkeit zu drohen. Bellen auf Kommando ist eine Form der Bedrohung. Ich möchte hierzu etwas allgemein zum Thema Schutz sagen.

Ich befürworte nicht die Schutzhundausbildung für den Familienhund. Ich habe zu viele traurige Dinge gesehen bei Leuten, die sich von einem Schutzhundausbilder dazu überreden ließen. Während vieler Berufsjahre beim Tierarzt habe ich zahllose Hunde kennengelernt, die eingeschläfert werden mußten, weil sie bissig waren. Nicht

alle hatten eine Schutzhundausbildung, aber viele. Einige Schutzhundausbilder sagen, daß der richtige Hund, richtig ausgebildet,
niemals unberechenbar und bissig wird.

Das mag so sein; Tatsache ist jedoch, daß die durchschnittliche
Familie gar nicht in der Lage ist, einen solchermaßen ausgebildeten
Hund zu halten. Die meisten Leute finden es schwer genug, den
Hund dazu zu bringen, auf Kommando heranzukommen und sie
nicht an der Leine über die Straße zu zerren. Ausgebildete Schutz-
hunde sind sehr wertvoll im Polizei- und Militärdienst, und dahin
gehören sie auch. Die durchschnittliche Familie braucht ganz sicher
keinen Hund, der dazu erzogen wurde, auf Kommando anzugreifen
und zu beißen.

Die meisten Hunde haben einen angeborenen Schutztrieb und
benötigen selten eine Ausbildung, um Fremden gegenüber mißtrauisch zu sein. Das gilt ganz besonders für die Rassen, die aus-
drücklich dazu gezüchtet wurden, zu schützen, zu hüten und zu
verteidigen. Beispiele sind Deutsche Schäferhunde, Border Collies
und Rottweiler.

In Freiheit schützen Caniden natürlicherweise ihr Revier und
Rudelmitglieder. Der Schutztrieb ist ausgeprägter, wenn sich der
Hund als Rudelmitglied betrachtet. Denken Sie daran: Ihr Hund
betrachtet Ihre Familie als sein Rudel. Er lebt in Ihrem Haus und ist
Teil Ihrer Familie, er wird aller Wahrscheinlichkeit nach Schutztrieb
entwickeln.

Dieser Schutztrieb kommt mit dem Alter. Ich habe mit vielen
Menschen gesprochen, die ungehalten waren, weil ihr fünf Monate
alter Hund noch keinen Schutztrieb zeigte. Es ist nicht die Aufgabe
des Junghundes! Ein gut geprägter Welpe jeder Rasse sollte freundlich und liebenswürdig zu jedem sein. Es ist Aufgabe der erwachsenen Rudelmitglieder zu schützen. Der Welpe erwartet, daß Sie
ihn beschützen. Bei den meisten Hunden beginnt der Sinn für Verantwortung im Alter von etwa einem Jahr, je nach Rasse oder
Hund kann es eher oder später kommen. Der erwachsene Hund im
Alter von 18 Monaten bis zwei Jahren sollte den Schutztrieb stärker
zeigen.

Ich glaube nicht, daß die meisten Hunde gleich *angreifen*, um die
Familie zu schützen, aber sie bellen. Hunden kann man beibringen,
auf Kommando zu bellen. Gemeinsam mit der Gehorsamsausbildung ist das Bellen auf Kommando für mögliche Einbrecher außerordentlich abschreckend. Kommt ein Fremder ans Tor und Sie lassen
Ihren 50-kg-Schäferhund auf Kommando bellen, wird er sicher
stehenbleiben und überlegen. Sagen Sie dann »Ruhig« und lassen den

Hund Platz machen, stehen die Chancen gut, daß der Fremde niemals ungebeten hereinkommt.

Ist der Fremde ein weitläufiger Bekannter, und der Hund greift an, dann steht Ärger ins Haus. Der gehorsame Hund, der auf Kommando bellt, ist eine große Hilfe. Der auf Angriff trainierte Hund, der beißt, zieht rechtliche Konsequenzen nach sich.

Wie man Bellen auf Kommando beibringt

Zuerst muß man etwas finden, das den Hund zum Bellen veranlaßt, dann muß man damit ein Kommando verknüpfen. Ich sage zu meinen Hunden mit tiefer, wispernder, aufgeregter Stimme: »Wer kommt da?«.

Meine Hunde bellen von selbst, wenn jemand an die Tür klopft. Tut Ihr Hund das auch, nutzen Sie dies als Hilfsmittel für das Bellen auf Kommando. Lassen Sie Bekannte an die Tür klopfen. Sobald der Hund bellt, sagen Sie mehrmals »Wer ist da?«. Loben Sie den Hund beim Bellen.

Hat er etwa zehn Sekunden lang gebellt, sagen Sie »Ruhig«. Bellt er weiter, wenden Sie die entsprechenden Techniken an. Wiederholen Sie das ein paar Wochen lang einige Male. Endlich wird Ihr Hund bellen, sobald Sie sagen: »Wer ist da?« Loben Sie stets, wenn er es tut. Setzen Sie auch durch, daß er auf Kommando wieder still ist. Auch hier muß er wieder gelobt werden.

Immer, wenn der Hund bellt, können Sie sagen: »Wer ist da?« Kommt ein Fremder in die Nähe des Autos, lassen Sie den Hund bellen. Es kann der Tag kommen, an dem Sie eine Bedrohung erkennen, die der Hund nicht bemerkt. Ihn auf Kommando bellen zu lassen, kann große Erleichterung schaffen.

Manche Hunde bellen von Natur aus kaum und sind deshalb keine guten Wachhunde. Haben Sie so einen, werden Sie ihm möglicherweise nie beibringen können, auf Kommando zu bellen. Verzweifeln Sie nicht. Er hat sicher andere Vorzüge. Aber wenn Sie erfinderisch sind, fällt Ihnen bestimmt etwas ein, das ihn zum Bellen bringen kann und Ihnen hilft, diese nützliche Übung durchzuführen.

Vermeiden von Beißproblemen

Beißen ist der natürliche Verteidigungsmechanismus der Hunde. Ein Wolf könnte in der Wildnis ohne zu beißen nicht überleben. Obwohl es ein natürliches Verhalten des Hundes ist, kann man es beim Familienhund nicht dulden. Der Familienhund, der beißt, ist gefährlich für die Familie und deren Bekannte. Es ist für den Hund ebenfalls riskant, denn meist werden bissige Hunde eingeschläfert.

Hunde müssen als Welpen lernen, daß Beißen nicht geduldet wird. Im Alter von drei bis sieben Wochen merken die Welpen, wie sie ihre Wurfgeschwister dominieren können. Eine Möglichkeit ist das Beißen. Der Rudelführer ist derjenige, der am meisten beißt. Unterwürfige Rudelmitglieder lassen sich beißen.

Überzeugen Sie den Welpen, daß Sie niemals *irgendeine* Art des Beißens erlauben. Kaut der Welpe an Händen und Armen seiner Besitzer, dann spielt er nicht. Er testet seine Rudelmitglieder aus, um zu sehen, wie weit er gehen kann. Der Welpe muß lernen, daß Sie der Boß sind und daß den Rudelführer beißen *immer* eine harte Korrektur auslöst (siehe Seite 74, »Rudelführer«).

Tips zum Vermeiden des Beißens

Verhindern Sie Beißverhalten vom ersten Tag an. Kaut der Welpe an Ihren Händen, grollen Sie »Nhaa«. Hört er nicht auf, schütteln Sie ihn sanft am Nackenfell oder schnappen nach seinem Fang. Grollen Sie das »Nhaa« dabei lauter und furchterregender. Unterbinden Sie das Beißen nicht durch einen Gewaltakt; Ausdauer ist der Schlüssel. Bringen Sie dem Welpen bei, daß jedesmal eine Korrektur folgt, wenn er die Zähne an Sie legt.

Eine beliebte Technik ist es, den Welpen vom Beißen durch ein Spielzeug oder Knochen abzulenken. Warten Sie damit aber wenigstens eine Minute nach der Korrektur. Sonst fühlt sich der Welpe für das Beißen belohnt und macht erst recht weiter.

Jedes Familienmitglied muß den Welpen selbst korrigieren. Sonst lernt er rasch, mit wem er's machen kann und mit wem nicht. Erwachsene müssen kleinen Kindern zu Hilfe kommen. Man sollte Kindern unter zehn Jahren nur erlauben, den Welpen mit der Stimme zu korrigieren. Sie dürfen den Welpen nie schütteln oder niemals beißen.

Der Welpe muß auch lernen, sich anfassen, pflegen und behandeln zu lassen, ohne zu beißen. Vermeiden Sie niemals solch wichtige Prozeduren wie das Bürsten, Krallenschneiden, Ohrenreinigen usw., wenn der Welpe beißt. Machen Sie es höchstens öfters, damit Sie ihm beibringen können, das Beißen zu lassen.

Der Hund hat drei Möglichkeiten, einer bedrohlichen Situation zu begegnen. Eine ist zu beißen. Eine weitere, sich zu unterwerfen und widerstandslos hinzunehmen, was immer passiert. Im Extremfall rollt sich der Hund auf den Rücken und zeigt uns den Bauch. Er sagt in der Hundesprache: »Ich gebe auf. Tu mir nichts.« Die dritte Wahl ist davonzulaufen.

Wir wollen einen widerspenstigen Hund bürsten. Der Hund hat drei Möglichkeiten: Er knurrt und beißt, damit Sie zurückweichen. Er unterwirft sich und läßt sich bürsten, oder er haut ab. Wenn Sie den Hund festhalten, bleiben ihm nur noch zwei. Akzeptiert Sie der Hund als Rudelführer, wie es sein sollte, beißt er nicht. Rudelmitglieder beißen niemals den Boß. Er unterwirft sich und läßt sich bürsten.

Schlagen ist bei der Schutzhundausbildung eine Art, den Hund zum Beißen zu bewegen. Es veranlaßt ihn zurückzuschnappen und verschlimmert die Lage höchstens. Schlagen Sie hart genug zu, daß er sich nicht mehr traut zurückzuschnappen, wird er bestenfalls handscheu. Im schlimmsten Fall verletzen Sie den Hund. Vergessen Sie nicht: Niemals darf eine Erziehungsmethode den Hund verletzen!

Der häufigste Fehler, den Hundebesitzer machen, um dem Hund das Beißen zu verbieten, ist, den Finger vor das Hundegesicht zu halten und ihn auszuschimpfen. Dieser Finger wird ihn höchstens reizen, nochmals zuzuschnappen.

Grobes Spiel mit dem Hund ist nicht sinnvoll. Spiele wie Tauziehen fördern das Beißen. Einen Ball zu bringen oder durch den Wald zu streifen dient viel besser dazu, die Energie des Hundes abzulassen.

Korrekturen zum Beißverhalten sind zeitraubend und benötigen viele Wiederholungen. Ausdauer ist der Schlüssel. Auch wenn Sie hundertmal am Tag »Nhaa« sagen müssen, sind auf den Punkt genaue Korrekturen für den jungen Hund wichtig. Sie verhindern spätere ernsthafte Probleme.

Im Welpenalter kann man das Beißproblem am Schopfe packen. Natürlich sind Welpenzähnchen nadelspitz, aber sie können nicht ernsthaft verletzen. Ausgewachsene Zähne jedoch können das. Wenn Sie selbst mit dem Beißproblem beim eigenen Hund nicht fertig werden, dann suchen Sie den Rat eines erfahrenen Hundeausbilders.

Hat der Hund im Alter von zwei Jahren seine volle Persönlichkeit entwickelt, wird das Beißen zum ernsthaften Problem. Ich bin der Meinung, daß man es dann nur mit Hilfe professioneller Trainer mit viel Erfahrung auf diesem Gebiet lösen kann. Selbst mit Hilfe eines Gehorsamsausbilders sind die Besitzer nicht dazu fähig. Leider sind selbst in erfahrenen Händen die Aussichten auf eine vollständige Korrektur bissiger erwachsener Hunde schlecht.

Unterwürfiges Urinieren

Manche Hundebesitzer haben ein Problem mit dem unterwürfigen Urinieren. Zwar uriniert der Hund im Haus, aber trotzdem hat es nichts mit Stubenreinheit zu tun. Es handelt sich um eine schwache Blase, die sich entleert, sobald der Hund aufgeregt oder verängstigt ist. Der Hund weiß gar nicht, was passiert.

Unterwürfiges Urinieren gibt es bei Rüden und Hündinnen, es kommt aber bei Hündinnen öfter vor. Am häufigsten trifft man es beim Welpen an. Es beginnt meist im Alter von vier Monaten, manchmal schon früher. Der übliche Vorgang ist so: Sie kommen von der Arbeit nach Hause, und der Welpe freut sich. Er begrüßt Sie mit schriller, aufgeregter Stimme und wedelt wild mit der Rute. Dann passiert es: Er hockt sich hin und macht einen See. Er scheint gar nicht zu merken, was er da macht. Um das Ganze zu verschlimmern, fegt er noch mit der Rute durch und spritzt den Urin an die Wand. Unwillkürlich kreischen Sie »Nein«.

Der Welpe weiß leider nicht, warum Sie so plötzlich in Zorn ausbrechen. Ihr Geschrei bringt den Welpen dazu, noch mehr Wasser zu lassen. Er rollt sich unterwürfig auf den Rücken, Bauch nach oben, begleitet von einem kleinen Springbrunnen. Sie zeigen ihm den Bach und schimpfen ihn aus, während Sie ihn nach draußen zerren.

Unterwürfiges Urinieren ist ein Problem, denn der Hund kann es nicht verhindern, selbst wenn er wollte. Wut und Strafe helfen nicht, denn der Hund kann einfach seine Blase nicht kontrollieren. Der Welpe wird Ihre ärgerliche Reaktion nicht mit dem Bach verbinden, sondern mit der Tatsache Ihres Nachhausekommens. Wenn sich diese Szene wiederholt, wird der Welpe aus lauter Angst schon urinieren, sobald er Sie auf die Haustür zukommen hört.

Wie kann man das vermeiden? Es gibt keinen Weg, dem Welpen das abzugewöhnen. Man muß ihn herauswachsen lassen. Aber in der Zwischenzeit können Sie etwas tun, um den Schaden auf Teppichen, Parkett usw. in Grenzen zu halten.

Was man dagegen tun kann

Zuerst müssen Sie einen Platz suchen, wo Sie den Hund begrüßen. Steht der Welpe mitten auf dem Teppich, ignorieren Sie ihn. Einige Hunde beginnen schon zu urinieren, sobald Sie mit dem Besitzer Augenkontakt bekommen. Trifft das auf Ihren Hund zu, schauen Sie ihn nicht an. Kommen Sie herein und gehen Sie in den Garten. Der Hund wird folgen. Zögern Sie nicht. Gehen Sie zügig weiter, so daß auch der Hund zügig gehen muß. Die meisten Hunde lassen während des Laufens kein Wasser.

Im Garten begrüßen Sie den Hund mit mäßiger Begeisterung. Sprechen Sie ruhig mit ihm und streicheln Sie ihn liebevoll. Uriniert er, übersehen Sie es. Es hilft auch, sich bei der Begrüßung zum Hund auf den Boden zu hocken. Sie erscheinen weniger dominant, und er fühlt sich sicherer. Der selbstsichere Hund hat das Problem nicht.

Begrüßt der Hund Freunde, Nachbarn oder gar Fremde, bitten Sie sie, ebenfalls so mit dem Hund umzugehen. Sie sollten sich hinhocken und ruhig bleiben. Der Hund sollte sich möglichst im Freien befinden, damit man kein Bächlein aufzuputzen braucht.

Angst und Einschüchterung lösen ebenfalls Urinieren aus. Seien Sie bei der Erziehung vorsichtig und nicht zu hart. Solange der Hund unterbricht, was er tut, wenn Sie »Nhaa« sagen, hat er verstanden.

Besprechen Sie das Problem auch mit dem Tierarzt. Er könnte eine Urinanalyse empfehlen, um Blasen- oder Nierenleiden auszuschließen. Das unterwürfige Urinieren ist zwar lästig, aber 99 % aller Hündinnen, die ich damit kennengelernt habe, waren mit einem Jahr herausgewachsen. Bei Rüden waren es 100 %. Ein wenig Geduld und Planung des Besitzers läßt das Problem nur vorübergehend auftreten. Scheint Ihr Hund nie damit aufzuhören, fahren Sie mit den erwähnten Techniken fort.

Geräuschempfindlichkeit

Einige Hunde haben vor Lärm Angst. Es kann ein ererbter Fehler des Nervensystems sein, oder sie verbinden eine unangenehme Erfahrung mit dem Geräusch. Leider kann man einem Hund mit einem angeborenen Defekt des Nervensystems nicht helfen. Jedoch haben viele geräuschempfindliche Hunde nur *gelernt,* daß Lärm Angst macht. Man kann sehr viel tun, um die Tiere von diesem Streß zu erlösen – sei es nun Gewitterangst, Feuerwerk- oder Schußscheue.

Angeborene Geräuschempfindlichkeit

Ich habe einige Jahre lang mit einem solchen Hund gelebt. Tildy hatte Angst vor Gewitter und anderen plötzlichen lauten Geräuschen. Das beste für sie war, sie in einen ruhigen Raum zu bringen und die Rolläden herunterzulassen. Ich schloß die Fenster und machte bei heißem Wetter die Klimaanlage an.

Ich stellte ihren Käfig auf, in dem sie sich zusammenrollte. Sie genoß die Sicherheit ihres Welpenkäfigs. Ich stellte auch das Radio an, um sie zu beruhigen und den Donner und das Knallen der Feuerwerkskörper zu dämpfen. (Klassische Musik oder Gespräche scheinen am besten zu helfen). Wenn möglich, blieb ich bei ihr im Zimmer. Auch wenn sie noch Angst hatte, so schien sie doch durch meine Anwesenheit beruhigt. Ich habe besonders darauf geachtet, sie für ihre Angst nicht zu belohnen. Um einen ängstlichen Hund zu beruhigen, benutzen die Besitzer oft tröstende Worte wie bei einem Kind. Der Hund empfindet dies als Lob. Auch wenn Sie sagen: »Hab keine Angst, alles ist in Ordnung«, sagen Sie es mit der Stimme wie »Guter Hund, dein Verhalten gefällt mir.« Diese Nachricht wollen Sie keinesfalls übermitteln. Statt dessen lenken Sie den Hund mit einem Ball oder Knochen ab. Hilft das nicht, sagen Sie nichts. Beschäftigen Sie sich mit normalen Dingen. Ihr Verhalten sollte dem Hund sagen, daß alles in Ordnung ist.

Man kann bei schwerer Geräuschempfindlichkeit auch mit Medikamenten eingreifen. Der Tierarzt kann Beruhigungsmittel verschreiben, die den Hund sich entspannen lassen. Aber solch ein Mittel braucht eine halbe Stunde, ehe es wirkt.

Diese Zeitverzögerung ist in manchen Situationen unangebracht, z. B. bei Gewitterangst, wenn das Unwetter plötzlich heraufzieht und ebenso rasch verschwindet. Man kann leider nicht viel mehr tun, als den Hund an einem sicheren, ihm vertrauten Platz unterzubringen. In vorhersehbaren Situationen jedoch kann das Beruhigungsmittel helfen. Obige Maßnahmen und ein Medikament lassen den Hund Silvester mit weniger Streß überstehen.

Der Lernvorgang

Ein sehr großer Anteil der geräuschempfindlichen Hunde, insbesondere der schußscheuen, wurde von seinen Besitzern dazu gemacht. Das Buch befaßt sich natürlich nicht mit der Jagdhundausbildung, sondern dem gut angepaßten Familienhund. Aber manchmal ist ein Jagdhund beides. Das Vermeiden der Schußscheu dient als gutes Beispiel für andere Geräuschempfindlichkeiten. Egal, welche Rolle Ihr Hund erfüllt – Jagdgefährte oder Sofawolf –, die beschriebene Methode kann für alle möglichen Geräusche angewandt werden.

Der Schlüssel ist, das Geräusch mit etwas Angenehmem zu verbinden. Das kann schon beim jungen Welpen beginnen. Benutzen Sie zum Füttern eine Metallschüssel. Lassen Sie ihn bei der Zubereitung zusehen. Wenn Sie die Schüssel zum Eßplatz tragen, klopfen Sie mit einem Metallöffel dagegen. Loben Sie dabei den Welpen. Werden Sie jeden Tag etwas lauter. Er wird schnell den Krach mit etwas schönem verbinden: seinem Futter! Machen Sie das ein paar Monate lang.

Apportiert der Hund gerne, haben Sie Glück. Kaufen Sie eine Spielzeugpistole. Ich habe eine harmlose Luftpistole, die ein leises Klicken auslöst. Werfen Sie einen Tennisball oder sonst ein Lieblingsspielzeug. Rennt der Hund hinterher, »schießen« Sie mehrmals. Loben Sie den Hund beim Zurückbringen.

Nach einigen Monaten gehen Sie zu einer Startpistole über. Die meisten Waffengeschäfte führen sie, und man braucht keinen Waffenschein. Auch wenn es sich nicht um eine echte Waffe handelt, lesen Sie die Bedienungsanweisung gründlich. Zielen Sie *niemals* auf Mensch oder Tier. Ein klein wenig Schießpulver entweicht der Trommel und könnte Verbrennungen verursachen.

Nun brauchen Sie einen Helfer. Gehen Sie mit dem Hund auf ein großes, freies Feld. Der Helfer sollte mit der Startpistole etwa 100 m weit weg stehen. Werfen Sie den Ball, und schicken Sie den Hund, ihn zu holen. Sobald der Hund ansetzt nachzurennen, soll der Helfer schießen. Loben Sie den Hund überschwenglich, wenn er mit dem Ball zurückkommt. Wiederholen Sie dies sechsmal täglich, wenigstens zwei Wochen lang.

Stört sich der Hund nicht am Knall, kann der Helfer allmählich näher kommen. Machen Sie ca. 20-m-Schritte. Stört sich der Hund auch dann nicht, wenn der Helfer neben Ihnen schießt, können Sie eine echte Jagdsituation nachvollziehen.

Lassen Sie den Hund mit oder ohne Helfer neben sich sitzen. Werfen Sie den Ball, aber der Hund soll sitzenbleiben. Er darf dem Ball nicht nachlaufen. Feuern Sie mit der Startpistole auf den Ball, als wollten Sie ihn abschießen. Setzt der Ball auf dem Boden auf, schicken Sie den Hund. Der Hund soll das Geräusch mit dem geliebten Vorgang des Zurückbringens verbinden. Wiederholen Sie das einige Monate lang, sooft Sie können.

Hat sich der Hund vollkommen an das Geräusch gewöhnt, dann können Sie es mit dem Gewehrschuß versuchen. Ich empfehle die gleiche Vorgehensweise wie mit der Startpistole. Stellen Sie den Helfer in 100 m Entfernung auf. Das Gewehr sollte in eine sichere Richtung abgeschossen werden, wenn der Hund zurückbringt. Nach zwei Monaten kann sich der Schütze allmählich näher aufstellen. Der Schuß soll immer gleichzeitig mit dem Zurückbringen erfolgen.

Manchen Leuten mag dieses Vorgehen sehr methodisch erscheinen. Aber eine langsame, systematische Prozedur lohnt sich auf lange Sicht. Hastige, gedankenlose Fehler können einen gesunden, normalen Hund geräuschempfindlich machen. Die dumme Idee, Welpen oder unerfahrene Hunde mit zur Jagd zu nehmen und über ihre Köpfe knallen zu lassen, löst in den meisten Fällen Schußscheue aus. Auch den Hund zum Tontauben- oder Sportschießen mitzunehmen ist großartig, um ihm die Schußscheue beizubringen.

Ob Sie nun mit dem Hund zur Jagd gehen wollen oder ob Sie lediglich einen hysterischen Hund zu Silvester vermeiden wollen – der Schlüssel zum Erfolg ist stets das systematische Gewöhnen des Hundes an eine angenehme Erfahrung mit dem Lärm.

Streunen

Erlauben Sie dem Hund zu streunen, erschwert das die Ausbildung sehr. Hunde lassen sich in erster Linie von Menschen erziehen, weil sie von Natur aus unterwürfig sind. Als Ausbilder geben wir eine Rangordnung vor und benutzen den Unterwerfungsinstinkt, damit der Hund uns für den Rudelführer hält. Die Rolle des Hundes ist die des Mitläufers im Rudel. Der Streuner hat einen schwächeren Unterordnungsinstinkt. Streunen und tun, was man will, steht im Gegensatz dazu, einem Rudelführer zu folgen.

Abgesehen von den Erziehungsschwierigkeiten, spielt man mit dem Leben des Hundes Russisches Roulette. Bitten Sie den Tierarzt einer Klinik um eine Führung. Sie werden die schmerzlichen Ergebnisse des Streunens sehen. In den sieben Jahren, in denen ich bei Tierärzten gearbeitet habe, sah ich von Autos angefahrene Hunde, Hunde, die von Streunern gebissen wurden, Hunde, die Gift gefressen hatten. Dies sind nur einige Beispiele, was einem Streuner alles passieren kann. Es gibt noch viele mehr. Nur diese Beispiele:

Hunde fühlen sich angezogen vom Geruch und Geschmack von

Hunde mögen Frostschutzmittel. Diese häufig benutzte Chemikalie ist für den Tod vieler streunender Hunde verantwortlich.

Frostschutzmitteln. Wenigstens sechsmal im Jahr behandelte der Tierarzt Hunde, die aus dem Auto tropfendes Frostschutzmittel aufgeleckt hatten. In den meisten Fällen starb der Hund.

Ich habe verwundete Hunde gesehen, auf die Hundefeinde unerlaubt geschossen hatten, weil sie deren Grundstück nicht betreten sollten. Jedes Jahr werden freilaufende Hunde in den USA von Farmern legal abgeschossen, um ihr Vieh zu schützen.

Streunende Hunde geraten manchmal in Fallen. Sie verlieren ein Bein oder verhungern nach einer kaum vorstellbaren Leidenszeit.

In meiner Heimatstadt gibt es viele kleine Teiche und Seen. Jedes Frühjahr ertrinken Hunde unter dem einbrechenden Eis. Man könnte solche Tragödien vermeiden, ließe man Hunde nicht streunen.

Verletzungen und Tod können jeden streunenden Hund treffen. Die Hunde, die den Weg zum Tierarzt finden, haben Glück – sofern man ihnen noch helfen kann. Viele andere schaffen es aber nie.

Andere Probleme

Nachbarn lieben es nicht, wenn Hunde ihr Grundstück beschmutzen. Rüden heben zur Markierung ein Bein und urinieren gegen Büsche und Bäume. Rüden und Hündinnen lösen sich, wo immer sie möchten, wenn sie streunen. Niemand macht gerne die Haufen von Hunden anderer Leute weg oder tritt gar hinein.

Jedes Jahr werden Tausende von Hunden unerwünscht abgeschoben. Streunende Hunde – Rüden und Hündinnen – tragen zur Vermehrung des Hundeelends bei. Rüden sind ungeheuer clever, wenn es darum geht, einen Weg zu finden, um zu einer heißen Hündin zu gelangen. Viele unerwünschte Welpen werden auf diese Weise geboren.

Ihr streunender Hund kann Sie mit dem Gesetz in Konflikt bringen. Was ist, wenn er ein Kind beißt? Ihr kleiner Zigeuner kann zu Hause ein Schatz sein und auf der Straße zum Rowdy werden. Man weiß das nie.

Streunende Hunde verursachen regelmäßig Verkehrsunfälle. Was ist, wenn Menschen verletzt oder getötet werden? Die Hunde werden nicht zur Verantwortung herangezogen, sondern ihre Besitzer.

Entschuldigen Sie sich nicht damit, daß Ihr Hund Auslauf brauche. Sie müssen dafür sorgen, daß er unter Ihrer Aufsicht seinen Auslauf bekommt. Sie sind verantwortlich dafür, den Hund wie ein Familienmitglied zu behandeln und ihn vor Unheil zu bewahren.

Wenn Sie kein eingezäuntes Grundstück haben, gehen Sie mit dem Hund an der Leine täglich zweimal spazieren. Sind Sie den ganzen Tag weg, bitten Sie Nachbarn darum oder mieten Sie sich einen »Hundespaziergänger«. Bauen Sie einen ausbruchsicheren Auslauf oder informieren Sie sich über elektrische Hundezäune, die oft billiger sind als ein normaler Zaun.

Es gibt viele Alternativen zum Streunenlassen. Wählen Sie eine! Wenn Sie den Hund unter Aufsicht haben, fördert das seine Aufnahmefähigkeit bei der Erziehung. Sie haben Ihren Seelenfrieden und der Hund eine viel größere Chance auf ein langes, gesundes Leben.

Was jeder Hundebesitzer wissen sollte

Wie finde ich einen qualifizierten Hundeausbilder?

In den meisten Ländern braucht man als Hundeausbilder keine vorgeschriebene Berufsausbildung. Jeder kann sich als Hundeausbilder oder Trainer ausgeben. Sofern der Betreffende nicht gegen das Tierschutzgesetz verstößt, mischt sich keine Behörde ein.

Leider behandeln viele sogenannte Hundeerzieher die Hunde grausam. Wenn Sie mit Hilfe eines professionellen Ausbilders und diesem Buch arbeiten wollen, bemühen Sie sich, einen erfahrenen Menschen zu finden. Stellen Sie die richtigen Fragen, ehe Sie sich in einen Ausbildungskurs einschreiben.

Die erste und wichtigste Frage ist:

Wie hat der Ausbilder die Hundeerziehung gelernt?
Man kann diese Kenntnisse auf vielfältige Weise erwerben. Der Betreffende könnte für eine Blindenführhundschule gearbeitet haben, wo er den neuen Hundebesitzern den Umgang mit Hunden beibrachte. Eine weitere Möglichkeit wäre die Arbeit bei Militär und Polizei mit Schutzhunden, Bomben- oder Rauschgiftsuchhunden. Man kann aber auch Erfahrung sammeln, wenn man selbst sportlich mit Hunden arbeitet, sei es für Schutzhundprüfungen, Fährtenhund oder in der Jagdhundausbildung.

Wertvolles Wissen kann man sich aneignen, wenn man bei einem Tierarzt als Helfer arbeitet, um die Tiere während der Behandlung zu beruhigen. Auch die Arbeit als Hundefriseur oder in einer Hundepension vermittelt Erfahrung. Nur wer mit Hunderten oder Tausenden von Hunden umgegangen ist, kann Hundeverhalten und -wesen wirklich verstehen. Engagierte und erfolgreiche Ausbilder mit derartigem Hintergrund haben die Voraussetzungen, einen Hund zu erziehen. Aber ein großartiger Ausbilder ist durchaus nicht immer ein guter Lehrer für Menschen. Die nächste Frage lautet demnach:

Welche Erfahrung hat der Ausbilder im Unterrichten?
Manche Rassezuchtvereine halten Ausbildungsseminare ab. Nimmt der Ausbilder daran teil? Erfahrung im Unterrichten von Menschen kann man in verschiedenen Berufen sammeln. Kann der Ausbilder seine Vorstellungen klar weitervermitteln? Dies ist eine absolute Notwendigkeit für einen guten Lehrer. Weiterhin gibt es zahlreiche gute Bücher über Hundeerziehung. Ein qualifizierter Ausbilder sollte die meisten kennen.

Weitere gute Fragen an den Ausbilder:

Wie lange bilden Sie Hunde aus? Wie lange haben Sie Menschen in der Hundeerziehung unterrichtet?
Beide Fähigkeiten kann man nicht über Nacht entwickeln. Achten Sie darauf, daß der Ausbilder/die Ausbilderin viel Erfahrung besitzen.

Fragen Sie, ob der Ausbilder einen Hund besitzt. Wenn ja, sehen Sie selbst, wie dieser Hund gehorcht. Tut er es nicht, dann stehen die Chancen schlecht, daß der Ausbilder Sie und Ihren Hund erfolgreich unterrichten wird. Fragen Sie auch, wie viele verschiedene Rassen er besessen hat oder mit wie vielen er arbeitete. Waren es nur ein oder zwei, kann der Ausbilder mit Ihrem Hund und seinen speziellen Bedürfnissen Schwierigkeiten haben.

Fragen Sie, ob Sie zunächst bei seinem Unterricht zuschauen dürfen. Welche Techniken wendet er an? Wirken einige davon unnötig hart? Hängt er die Hunde z. B. am Halsband auf, schlägt sie mit dem Leinenende oder reißt am Halsband, bis der Hund aufjault? Sie brauchen kein Erziehungsfachmann zu sein, um zu erkennen, daß solche Methoden grausam sind. Es gibt keinen Grund, einen Hund zum Zweck der Ausbildung zu quälen.

Wie kreativ ist die Gruppe andererseits? Üben die Hundebesitzer im endlosen Kreislaufen »Bei Fuß«? Sind unterschiedliche Übungen Bestandteile des Programms? Benutzen Sie Ihren Verstand, um zu beurteilen, was Sie sehen.

Noch ein Punkt bezüglich des Kurses:

Wird der Hund oder der Hundebesitzer ausgebildet?
Eine gemischte Gruppe ist für keinen unerzogenen Hund das ideale Umfeld zum Lernen. Neue Gerüche, verschiedene Hunde, eine

fremde Umgebung lenken den Hund ab, insbesondere den temperamentvollen, jungen Hund.

Stellen Sie sich vor, Sie wollen eine Fremdsprache erlernen und gleichzeitig laute Rockmusik hören – und dauernd würde Sie jemand für Fehler strafen. Genauso kann es in einer Anfänger-Gruppe aussehen. Der Hund wird am besten in einer ruhigen, vertrauten Umgebung erzogen, wo er sich konzentrieren und lernen kann. In einer guten Erziehungsklasse sollte der Schwerpunkt in der Ausbildung des Besitzers liegen, nicht wie der Hund die Übungen während des Unterrichts ausführt.

Wenn ein Besitzer 1. versteht, eine Technik anzuwenden, 2. den Sinn der Übung versteht, 3. schriftliches Material zur Erinnerung zu Verfügung hat und 4. motiviert genug ist, mit seinem Hund zu Hause zu üben, dann werden Hund und Besitzer Erfolg haben.

Letztlich fragen Sie den Ausbilder, ob er die Tätigkeit als Beruf ausübt. Wie in vielen anderen Bereichen kann nur der erfahrene Profi professionelle Ergebnisse erzielen. Der »Hobby-Hundeausbilder«, der sich nebenbei ein paar Groschen verdienen möchte oder einfach nur Spaß an Hunden hat, ist möglicherweise gar nicht in der Lage, Ihnen die Fachkenntnis zu vermitteln und Ihnen sinnvoll zu helfen, Ihr Ziel, den gehorsamen Hund, zu erreichen.

Scheuen Sie auch nicht davor zurück, Referenzen bei Leuten, die seine Kurse schon besucht haben, einzuholen. Ein guter Ausbilder gibt sie Ihnen mit Stolz, und die Liste der zufriedenen Kunden ist sicher lang.

Die Auswahl eines qualifizierten Hundeausbilders ist einer der wichtigsten Schritte bei der Hundeerziehung. Vergessen Sie nicht, die richtigen Fragen zu stellen!

Kastrieren und Sterilisieren

Wer sollte Hunde züchten?

Ich finde, daß ziellos Hunde zu züchten grausam ist. Ich glaube jedoch nicht, daß man die Hundezucht ausschließlich in die Hände der verbandsangeschlossenen Züchter legen sollte. Solche Züchter züchten Hunde zu einem bestimmten Zweck, für Hundeausstellungen, Gehorsamswettbewerbe, Jagdausbildung usw.

Jedes Jahr arbeite ich mit Dutzenden wundervoller, liebevoller, lernfähiger Mischlinge. Ich möchte nicht, daß sie von der Bildfläche verschwinden. Jedoch sollte jeder Wurf, ob reinrassig oder gemischt, von Leuten mit Fachkenntnissen geplant werden.

Die Kunst der Hundezucht entwickelt sich mit der Zeit, Erfahrung und Ausbildung. Gute Züchter wissen, wie die Vererbungsvorgänge sowohl das Äußere als auch das Wesen des Hundes beeinflussen. Hüftgelenksdysplasie, die Hunde zu Krüppeln macht, und Augenkrankheiten, die zur Blindheit führen, sind ernsthafte Erbkrankheiten. Gute Züchter wissen darum und lassen ihre Zuchttiere daraufhin untersuchen. Frühzeitiges Erkennen verhindert die Weitergabe an künftige Generationen. Viele Verhaltensweisen sind ebenfalls ererbt. Scheue, schreckhafte Hunde bringen oft Welpen mit den gleichen Fehlern zur Welt. Unberechenbare Hunde haben oft ebensolche Nachkommen.

Es gibt eine seltsame Erscheinung bei allen Hundebesitzern: Nämlich zu glauben, daß »der eigene Hund der beste ist, der je lebte.« Leider verführt diese Ansicht der Besitzer, daß ihr Hund so wunderbar ist, zu dem Wunsch, daß er sich fortpflanzen sollte. Man muß schon sehr viel Sachkenntnis und Objektivität besitzen, um die Entscheidung, ob man mit einem Hund züchten sollte oder nicht, richtig zu treffen.

Die Freude der Geburt

Ein Argument, das ich oft höre, ist, daß die Kinder die Freude der Geburt erleben sollten. Ein fadenscheiniger Grund, um zehn oder mehr neue Hundeleben zu verantworten. Welpen werden oft nachts geboren. Die Geburt ist für die Mutter alles andere als ein Vergnügen. Eine Geburt ist mit Blut verbunden. Es können mißgebildete oder tote Welpen geboren werden. Solch ein Wurf macht sehr viel Arbeit. Ganz sicher ist eine Hundegeburt nicht die Freude, die man sich vorstellt.

Kinder können sich Videobänder über Tiere ansehen und Bauernhöfe besuchen. Lenken Sie Ihre Bemühungen lieber in solche Bahnen. Zeigen Sie Ihren Kindern, daß ein gut gepflegter Hund, der ein langes und glückliches Leben in einer liebevollen Familie verbringt, das wirkliche Wunder ist.

Der Deckrüde

Rüdenbesitzer erzählen mir oft, daß sie so gerne einmal ihrem Rüden einen Deckakt ermöglichen würden, aber enttäuscht darüber sind, daß die Züchter daran nicht interessiert seien. Fast alle Züchter wollen Rüden mit Championtiteln in Schönheit, Ausbildung etc. Solche Zuchtrüden stehen im ganzen Land zur Verfügung, und es kann in einer Rasse Hunderte von hervorragenden Siegertieren geben. Ihr durchschnittlicher, freundlicher Hausgenosse – egal wie toll Sie ihn auch finden – hat nicht die Voraussetzungen, die ein guter Züchter für eine planvolle Zucht braucht!

Natürlich können Sie Ihren Rüden mit der Nachbarshündin verpaaren. Selbst wenn beide Hunde eine gute Abstammung haben, kann man für gute Ergebnisse nicht garantieren. Wahllos einen Rüden mit einer Hündin zu verpaaren, ist nichts anderes, als zum Hundeelend beizutragen.

Sterilisieren der Hündin

Man muß ernsthaft überlegen, ob man züchten will. Jährlich werden Hunderte von unerwünschten Hunden geboren. Viele beenden ihr Dasein vernachlässigt und verlassen auf dem Tisch des Tierarztes. Um das zu verhindern, empfehle ich dringend, daß Sie Ihre Hündin sterilisieren lassen. Dabei werden Eierstöcke und Gebärmutter entfernt. Nach dieser Operation wird die Hündin nicht mehr läufig. Sie kann keine Jungen mehr bekommen.

Es ist auch aus gesundheitlichen Gründen sinnvoll, eine Hündin, mit der nicht gezüchtet werden soll, zu sterilisieren. Viele Tierärzte, mit denen ich sprach, finden, daß Hündinnen, die *vor* ihrer ersten Hitze operiert werden, länger und gesünder leben. (Fragen Sie Ihren Tierarzt nach dem besten Zeitpunkt.) Häufig leiden ältere, nicht sterilisierte Hündinnen unter Brustkrebs. Hündinnen, die noch vor der ersten Hitze unfruchtbar gemacht werden, haben noch kein voll entwickeltes Brustdrüsengewebe, was das Auftreten von Brustkrebs erheblich mindert.

Eine lebensbedrohende Krankheit ist die Pyometra, die Gebärmutterentzündung. Sie tritt etwa eine bis einige Wochen nach Ende der Hitze auf. Eine Notoperation ist nötig, um das Leben der Hündin zu retten. Fast immer muß die Gebärmutter entfernt werden.

Zur unsinnigen Vermehrung der Hunde nicht beizutragen und die gesundheitlichen Aspekte sind zwei gute Gründe, eine Hündin sterilisieren zu lassen. Es gibt einen dritten. Ganz einfach: Eine heiße Hündin ist lästig.

Die Hündin wird zweimal im Jahr läufig oder heiß. Die Hitze dauert etwa 21 Tage. Je nach Hündin tritt die erste Hitze zwischen sechs und 15 Monaten ein. Kleine Hunde sind oft früher dran als große. Fast während der ganzen Hitze blutet die Hündin oder verliert tropfenweise Blut. Es gibt spezielle Höschen, die ein Verschmutzen der Wohnung verhindern. Manche Hündinnen mögen sie aber gar nicht und weigern sich, sie anzuziehen.

In den ersten neun Tagen der Hitze versucht sie, Rüden anzulocken. Aber so sehr sie sich auch bemühen mögen, die Hündin läßt sie noch nicht an sich heran. Sie schnappt, knurrt, setzt sich und springt auf, wenn sich die Rüden nähern. Zwischen dem 9. und 16. Tag findet die Ovulation statt, die sich etwa über vier Tage erstreckt. In dieser Zeit wird die Hündin zugänglich und erlaubt dem Rüden, sie zu besteigen. Sie unternimmt alles, um einen Partner zu finden, und versucht auszureißen. Ich kenne empfängnisbereite Hündinnen, selbst winzige, die über Zäune springen oder sich darunter durchgraben. Jeder streunende Hund aus der näheren und weiteren Umgebung hält sich nun in Ihrer Nachbarschaft auf.

Ich hatte einmal Kunden, die eine Deutsche Schäferhündin besaßen, die heiß wurde. Sie wurde sorgfältig unter Verschluß gehalten. An einem ungewöhnlich lauen Märztag sperrte die Besitzerin die Hündin im Wohnzimmer in einen Hundekäfig und ging einkaufen. Weil so schönes Wetter war, ließ sie die Tür offen und schloß nur das Fliegengitter.

Als sie eine Stunde später nach Hause kam, war ein großer Riß im Fliegendraht. Im Hause wanderte ein großer, schwarzer Mischlingshund herum. Er hatte zwar die Hündin nicht gedeckt, weil sie sicher im Käfig war, aber dafür hatte er jedes Möbelstück im Wohn- und Eßzimmer angepinkelt. Er hatte das Revier markiert, damit alle Konkurrenten sofort wissen, daß dies sein Herrschaftsbereich ist.

Dies ist nur eine von vielen Schauergeschichten, die mit heißen Hündinnen passieren. Bis es keine streunenden Hunde mehr gibt, sind heiße Hündinnen problematisch, wenn nicht eine Katastrophe. Hat ein Besitzer nicht vor, seine Hündin einer sinnvollen Zucht zuzuführen, dann sollte er sie sterilisieren lassen.

Kastrieren des Rüden

Ich möchte Ihnen nicht sagen, ob Sie den Rüden kastrieren lassen sollen oder nicht, sondern darlegen, wann eine Kastration das Leben mit dem Hund erleichtert. Auch sollen die Ammenmärchen um diese Operation ausgemerzt werden.

Bei der Kastration werden beide Hoden entfernt. Der Hodensack wird dabei nicht entfernt, sondern nur geöffnet und wieder geschlossen. Einige Zeit nach der Operation geht die Schwellung zurück, der Hodensack schrumpft und legt sich flach an den Körper.

Ich finde es nicht unbedingt notwendig, jeden Rüden zu kastrieren, der nicht in die Zucht gehen soll. Ich habe selbst Rüden besessen und gekannt, die nur geringen Sexualtrieb zeigten. Sie hatten keine Verhaltensprobleme aufgrund männlicher Hormone, wie z.B. Aufreiten, Beinheben im Hause oder aggressives Revierverteidigungsverhalten. Diese Hunde wurden von ihren Besitzern beaufsichtigt, liefen nur im eingezäunten Garten frei, wo sie keine streunende heiße Hündin decken konnten.

Diese Hunde waren wahrscheinlich die Ausnahme und nicht die Regel. In den meisten Fällen ist die Kastration nötig und nützlich. Lassen Sie mich zunächst sagen, daß ich niemals von Problemen aufgrund der Kastration hörte. Nach meiner Erfahrung hat die Kastration keine nachteiligen Auswirkungen oder keine merklichen. Die Kastration hat das Verhalten eines Hundes nie verschlimmert. Selbst Hunde, die nicht notwendigerweise kastriert wurden, zeigten kein nachteiliges Verhalten oder körperliche Nebenwirkungen.

Es gibt viele gute Gründe, sowohl vom Verhalten her als auch gesundheitliche, um einen Hund kastrieren zu lassen. Viele unerwünschte Verhaltensweisen sind sexueller Natur. Theoretisch werden Hündinnen zu bestimmten Jahreszeiten heiß. Aber die Haushunde – anders als die Wölfe – halten sich nicht streng an diese Regel. Welpen werden in jedem Monat geboren. Das bedeutet, daß jeden Monat Hündinnen heiß werden, die die Rüden ständig auf Trab halten.

Zwar beruht ein großer Teil des unerwünschten Verhaltens auf mangelnder Erziehung, aber auch sexuelle Frustration kann zu Verhaltensproblemen führen. Starke Erregbarkeit und Frustration des Rüden kann zu unerwünschten Verhaltensweisen führen, wie z. B. Streunen, Beinheben an Möbeln und Aufreiten auf Menschenbeinen. Auch nicht offensichtlich sexuelle Verhaltensweisen können durch sexuelle Frustration hervorgerufen werden. Die Kastration kann überreiztes Bellen, ständiges Umherlaufen und Beißen beenden.

Betrachten Sie folgende gesundheitliche Faktoren, wenn Sie abwägen, einen Rüden kastrieren zu lassen. Einige Tierärzte finden, daß ältere Rüden unter Erkrankungen im Hodenbereich leiden. Da beim Kastraten die Hoden entfernt wurden, ist das Risiko sehr viel geringer, daß ernsthafte Krankheiten wie Prostataentzündungen oder Krebsgeschwüre am After auftreten. Ich empfehle Ihnen, all diese Möglichkeiten mit dem Tierarzt durchzusprechen.

Die ideale Zeit, einen Rüden zu kastrieren, ist etwa mit einem Jahr. Viele Tierärzte glauben, daß es besser für den Hund ist, wenn er zuerst seine sexuelle Reife erreicht, damit er rüdenhaftes Verhalten zeigt. Als ich vor Jahren beim Tierarzt arbeitete, war es üblich, Rüden im Alter von sechs Monaten zu kastrieren. Andererseits gibt es Forschungsberichte über positive Auswirkungen bei Rüden, die im Alter von zehn Jahren kastriert wurden. Fragen Sie den Tierarzt, wann seiner Meinung nach der beste Zeitpunkt ist. Haben Sie Zweifel, holen Sie eine zweite Meinung von einem anderen Tierarzt ein.

Märchen über die Kastration

Viele Menschen zögern vor der Kastration eines Rüden. Meist hat dies nichts mit der Operation als solcher zu tun. Vielmehr sind Ammenmärchen daran schuld, die diese Menschen als Fakten hinnehmen.

Märchen Nr. 1 – Mein Hund wird ein Schwächling

Die Kastration vermindert in keiner Weise die Stärke oder Widerstandskraft des Rüden. Barbaras gelber Labrador Bentley wurde im Alter von 14 Monaten kastriert. Ich kenne keinen athletischeren Hund. Bentley kann stundenlang ohne Pause am Strand laufen. Er rennt die Sanddünen hinauf und schwimmt voller Begeisterung im Februar im eisigen Atlantikwasser. Dieser Hund ist alles andere als ein Schwächling.

Märchen Nr. 2 – Durch die Kastration ist ein Hund nicht mehr wachsam
Mein Australian Shepherd Drifter wurde im Alter von einem Jahr kastriert. Ich rate keinem, ungebeten in mein Auto zu steigen oder mein Haus zu betreten. Drifter ist ein hervorragender Wachhund.

Märchen Nr. 3 – Kastration beeinträchtigt die jagdliche Leistung des Rüden
Das ist nicht der Fall. Im Gegenteil, die jagdlichen Eigenschaften können dadurch besser werden. In all den Jahren, in denen ich meine Deutsch-Kurzhaar-Hündin Jena jagdlich führte, habe ich zahllose Rüden beobachtet, die die meiste Zeit im Feld damit verbrachten, Hündinnen zu besteigen oder Büsche zu markieren. Der kastrierte Rüde kann sich ganz auf seine jagdliche Arbeit konzentrieren.

Die Kastration fördert auch das Konzentrationsvermögen bei der Erziehung. Die männlichen Instinkte überwiegen immer. Z.B. bedeutet einem Rüden das Kommando »Hier« überhaupt nichts, wenn er gerade dabei ist, eine Hündin aufzuspüren.

Märchen Nr. 4 – Durch die Kastration wird der Hund fett
Nicht die Operation macht ihn fett, sondern die Kalorien. Es stimmt, daß manche Rüden danach nicht mehr so viele Kalorien verbrauchen. Wenn der Hund durch die Nachbarschaft gerannt ist auf der Suche nach einer Hündin oder im Haus aus lauter Frust endlos auf und ab trabte, hat er natürlich durch die Bewegung mehr Kalorien verbraucht. Fallen diese Aktivitäten weg, müssen Sie den Hund mehr beschäftigen und weniger füttern.

Auch die menschliche Natur spielt eine Rolle. Viele Leute schieben die Schuld am übergewichtigen Hund lieber der Operation zu, als zuzugeben, daß Rover zu viele Hundekuchen oder Leckerbissen bekommt. Barbara und ich besitzen drei kastrierte Rüden, keiner ist fett. Auslauf und ausgewogene Kost halten sie in Form.

Märchen Nr. 5 – Was ich nicht selbst an mir tun lassen möchte, soll auch mein Hund nicht erdulden müssen
Diese Macho-Einstellung vertreten viele Menschen – insbesondere Männer –, wenn es um die Kastration ihres Rüden geht. Leider können sich solche Männer mit ihrem Hund nicht richtig identifizieren. Männer haben Frauen und Freundinnen, mit denen sie eine dauerhafte Verbindung eingehen können. Rüden können das nicht. Nicht kastrierte Rüden leiden meist ihr ganzes Leben unter Frustration. Männer sollten ihre Rüden nicht als ihresgleichen sehen.

Zudem ist es fast überall verboten, Hunde streunen zu lassen. Doch man verstößt nicht nur gegen das Gesetz, es ist viel schlimmer, noch mehr unerwünschte Hunde in die Welt zu setzen. Wie im Falle der Hündinnen sollten auch mit Rüden nur kompetente Leute sinnvoll züchten.

Märchen Nr. 6 – Mein Hund wird es mir übelnehmen, daß er nie Sex haben darf

Oder wenn er es einmal erfahren durfte, denken Sie, er weiß nun, was er verpaßt, und ist traurig.

Diese Einstellung ist reine Vermenschlichung. Es gibt keine Romantik beim Sexualtrieb des Hundes. Sex ist ein instinktiver Trieb. Soweit wissenschaftliche Studien belegen, befassen sich Rüden nicht mit Sex, sofern sie nicht erregt werden. Aus den Augen, aus dem Sinn!

Märchen Nr. 7 – Es ist unnatürlich, einen Rüden zu kastrieren

Unsere Haushunde haben einen hohen Grad der Abhängigkeit vom Menschen hinsichtlich Futter, Unterkunft und Pflege erreicht. Sie sind keine Wölfe mehr. Es gibt zwar Hunde, die verwildern und ein kurzes, trauriges Leben in der Meute verbringen, aber die meisten Hunde würden keine Woche überleben. Wir haben den Haushunden die »natürliche« Lebensweise genommen. Sie leben in Häusern und Wohnungen. Sie müssen Halsbänder tragen und an der Leine gehen. Sie müssen lernen, auf Ruf zu kommen und zu bleiben, wenn man es ihnen sagt. Leute, die davon träumen, ihrem Hund ein natürliches Leben zu bieten, haben zu viele Lassie-Filme gesehen.

Jeder einzelne Besitzer muß für sich selbst entscheiden, ob es in seiner Situation sinnvoll ist, einen Hund sterilisieren bzw. kastrieren zu lassen. Lassen Sie sich bei Ihrer Entscheidung aber von Tatsachen und nicht von Märchen, menschlichen Schwächen oder Ammen-märchen beeinflussen.

Der Verlust eines geliebten Hundes

Das schlimmste an der Hundehaltung ist der Tag, an dem man sich von seinem geliebten Gefährten trennen muß. Es gibt viele Parallelen in der Aufzucht von Hunden und Kindern, aber bei Kindern ist es im Normalfall so, daß sie die Eltern überleben. Das ist bei den Hunde->>Kindern<< anders. *Wir* überleben sie in der Regel. Mit dem Tod eines geliebten Gefährten muß jeder Hundebesitzer rechnen.

Ich habe geliebte Hunde verloren. Sie vielleicht auch. Dann verstehen Sie die beiden folgenden Geschichten. Wenn nicht, helfen Ihnen vielleicht meine Gefühle und Erfahrungen, mit dem Unausweichlichen fertig zu werden.

Woody

Ich verlor meinen Golden Retriever Woody im Alter von fünf Jahren an Krebs. Woody war ein temperamentvoller, lebhafter, 80 Pfund schwerer Hundeathlet. Er konnte stundenlang nach dem Frisbee springen und Tennisbälle bringen. Er holte trotz meterhoher Wellen Stöcke aus dem Ozean. Dieser Hund wäre ein hervorragender Fußballprofi geworden, wäre er als Mensch geboren worden.

Woody war auch sehr intelligent. Schon im Alter von sieben Monaten erreichte er den Titel >>Begleithund<<. Er schaffte das in zwei aufeinanderfolgenden Wochenenden und qualifizierte sich dreimal hintereinander. Einmal gewann er einen ersten und einen zweiten Platz. Ich brauche nicht zu betonen, wie stolz ich auf Woody war und wie sehr ich ihn liebte.

An einem heißen Tag im Juli, er war gerade fünf Jahre alt, wollte er nicht fressen. Das war zwar ungewöhnlich, aber wegen der großen Hitze dachte ich mir nichts dabei. Nach zwei Tagen verweigerte er die Wasseraufnahme. In kürzester Zeit wirkte Woody niedergeschlagen und magerte ab. Ich brachte ihn zum Tierarzt.

Der erste Bluttest zeigte eine leichte Fehlfunktion der Nieren, aber nichts Ernstes. Alles andere schien normal. Leider konnten wir Woody noch immer nicht zum Fressen oder Trinken bewegen. Er wurde per Tropf künstlich ernährt und mit Medikamenten versorgt. Er wurde auch geröntgt. Trotz aller Maßnahmen ging es ihm immer schlechter.

Endlich stellte sich heraus, daß er Lymphdrüsenkrebs hatte. Er bekam hohe Dosen Steroide. Daraufhin fühlte er sich besser und fraß wieder, aber nur für kurze Zeit. Am 15. Oktober des gleichen Jahres baute er erschreckend ab, die Medikamente wirkten nicht mehr. Ich brachte ihn zum Tierarzt, kraulte seine Ohren und sprach mit ihm, als er die Spritze bekam.

In der ganzen Zeit war ich verzweifelt und habe viel geweint. Meine Deutsch-Kurzhaar-Hündin Jena war damals 10 Jahre alt und liebte Woody ebenfalls sehr. Auch sie war traurig und vermißte ihn, aber auch weil ich so litt.

Ich hatte glücklicherweise Familie und Freunde, die mich verstanden und meine Trauer ernst nahmen. Ein guter Freund, der Woody ebenfalls sehr mochte, erlaubte mir, stundenlang meine Gefühle in Worten auszudrücken. Das half ungemein.

Es gibt Klischees wie: »Die Zeit heilt alle Wunden.« Vielleicht stimmt das, aber ich war traurig.

Nach einigen Monaten passierte etwas Interessantes. Meine Trauer wandelte sich in Wut. Ich fühlte mich beraubt, so als ob man mir etwas Wertvolles gestohlen habe. Woodys Tod schien so ungerecht. Warum ich? Dieser Haß kam ganz unerwartet in mir hoch.

Es gibt keinen besseren Freund als einen liebevollen Hundegefährten, der sein Leben mit uns teilt.

237

Beim Autofahren dachte ich plötzlich an Woody und hätte am liebsten das Auto demoliert.

Ich mußte mit diesen Gefühlen ein gutes Jahr umgehen. Eines Tages fuhr ich nach Florida und sah an einer Tankstelle ein Schild: »Australian-Shepherd-Welpen zu verkaufen.« Ich ging hinein. Sieben kleine Fellkugeln tollten herum. Sie waren acht Wochen alt. Einer kam auf mich zu, und ich nahm ihn hoch. Es war Liebe auf den ersten Blick. Ich bezahlte den Preis und ging mit meinem Bündel Lebensfreude hinaus.

Als ich wegfuhr, fühlte ich eine Zentnerlast von mir weichen. Die Trauer und der Haß waren verflogen. Ich wußte, daß ich Woody nie vergessen würde, aber nun hatte ich wieder etwas, das meine Liebe und Energie beanspruchte.

Es hatte ein Jahr gedauert, ehe ich für einen neuen Hund bereit war. Ich glaube, daß es in den meisten Fällen nicht gut ist, sofort einen neuen Hund anzuschaffen. Ich denke, man sollte einige Zeit trauern und warten, bis man wirklich für einen neuen jungen Hund aufnahmebereit ist.

Wenn man einen neuen Hund bekommt, darf man nicht vergessen, daß jedes Tier, wie jeder Mensch, ein Individuum ist. Es ist ein großer Fehler, wenn man den verlorenen Hund wiederfinden will. Manche Leute versuchen es mit einem Hund gleicher Rasse, oder sie rufen ihn beim Namen des Vorgängers. Solche Menschen sind meist enttäuscht, wenn sie feststellen, daß der junge Hund seine eigene Persönlichkeit hat.

Nachdem Woody tot war, wußte ich, daß ich einen ganz anderen Hund haben mußte. Mein kleiner Australian Shepherd Drifter war genau der richtige Einstieg zu einer neuen Hundeliebe.

Jena

Fünf Jahre nach Woody starb Jena, meine Deutsch-Kurzhaar-Hündin. Sie war 15 Jahre alt. Auch diesmal war ich traurig, aber es war anders. Ich fühlte mich nicht beraubt. Ich wußte, daß Jena ein erfülltes Leben hatte. Jena ist mit mir durchs ganze Land gereist. Sie schwamm im Atlantik, im Golf von Mexiko und in Dutzenden von Seen. Wir haben oft zusammen auf den Florida Keys gecampt. Sie hat zwei Gehorsamschampionate erworben. In zehn Jagdsaisons konnte sie ihre Passion bei der Fasanenjagd ausleben. Jena wurde zu einer alten, ehrwürdigen Hundedame.

Auch als Jena starb, weinte ich, doch die Umgewöhnungszeit war nicht so lang. Auch bei ihrem Tod hatte ich gute Freunde, die meine Gefühle teilten. Damals hatte ich gerade eine wöchentliche Sendung über Hunde im Radio. Ich habe eine Sendung lang nur über ihr Leben gesprochen und darüber, was sie mir bedeutet hat. Barbara und ich bekamen Anrufe von Zuhörern, die die gleichen Erfahrungen gemacht hatten. Es gab während dieses Programms viele Tränen. Am Ende der Sendung fühlte ich mich sehr viel besser.

Mit dem Verlust fertig werden

Die Trauer über den Verlust von irgend etwas, das man liebt, ist niemals dumm oder unbedeutend. Ich finde, es ist wichtig, mit jemandem reden zu können. Reden ist die beste Therapie, die es gibt. Wenn Sie nicht mit Freunden reden wollen, suchen Sie professionelle Hilfe.

Auf zum Schwimmen!

Schwimmen ist eine großartige Bewegungsmöglichkeit für Hunde. Es ist gut für Herz und Lunge. Es erlaubt den Tieren, viele Muskeln zu bewegen, ohne Hüften und Schultern zu belasten. Aus diesem Grunde ist es besonders gut für Junghunde, deren Knochen sich noch in der Entwicklung befinden, und für Hunde mit Knochenproblemen wie Hüftgelenksdysplasie.

Die meisten Hunde lernen schwimmen, wenn man sie richtig ans Wasser heranführt. Einige Rassen, wie z. B. die Bulldogge, sind keine besonders eleganten Schwimmer. Die breite Brust und die kurzen Läufe erschweren den Bewegungsablauf. Die eingedrückte Nase führt zu Atemproblemen. Auch einige andere Rassen sind keine guten Schwimmer, weil sie wegen ihres Körperbaus im Wasser Schwierigkeiten haben, z. B. Dackel oder Basset Hounds. Aber es gibt Ausnahmen zu jeder Regel. Ich bin sicher, daß irgendwo ein Basset lebt, der gut schwimmen kann.

Aus zwei Gründen schwimmen manche Hunde nicht gern. Einmal, weil sie nie Wasser kennenlernten, und zum anderen, weil sie nie richtig ans Schwimmen herangeführt wurden. Der *größte Fehler,* den man als Hundebesitzer machen kann, ist, den Hund ins Wasser zu werfen, damit er schwimmen lernen soll. Ich kenne sowohl Golden als auch Labrador Retriever, die Wasser hassen, weil man sie hineingeworfen hat. (Instinktiv halten sich diese Hunde ansonsten für Delphine.)

Stellen Sie sich vor, eine Person, der Sie vertrauen, wirft Sie als Kind aus einem Boot, damit Sie schwimmen lernen. Sie gehen unter und schlucken Wasser. Mit paddelnden Armen und Beinen gelingt es Ihnen, zum Boot zurückzukommen. Sie überleben zwar, aber Sie haben keine angenehme Erinnerung an das Wasser.

Hunden geht es nicht anders. Zerstören Sie *niemals* das Vertrauen Ihres Hundes, indem Sie ihn ins Wasser werfen. Selbst ein erfahrener Schwimmer liebt das nicht. Von all meinen Hunden war Jena, die Deutsch-Kurzhaar-Hündin, der beste Schwimmer. Sie schwamm Kreise um jeden Golden oder Labrador. Aber Sie brauchte Dutzende von Übungen, bis sie schwamm. Und es brauchte weitere Dutzende von Übungen, bis sie wirklich gut schwamm. Wenn Sie das Glück haben, 14 Jahre mit einem Hund zu leben, wozu die Eile? Nehmen Sie sich Zeit.

Heranführen ans Schwimmen

Je früher Sie den Hund ans Schwimmen heranführen, desto größer die Chancen, daß er es lieben wird. Suchen Sie einen ruhig gelegenen, kleinen See abseits vom Straßenverkehr. Lassen Sie den Hund ohne Leine die Umgebung erkunden. Setzen Sie sich ans Ufer und beobachten Sie den Welpen. Lesen Sie ein Buch oder beobachten Sie die Vögel. Tun Sie so, als beachteten Sie ihn nicht. Versuchen Sie nicht, ihn ins Wasser zu locken. Das macht den unsicheren Welpen nur mißtrauisch. Geben Sie dem Hund eine halbe Stunde, herumzuschnüffeln und alles zu erkunden. Wiederholen Sie dies, sooft Sie können.

Wenn der Hund von selbst anfängt, im Wasser zu planschen, loben Sie ihn. Lassen Sie ihn dies Dutzende Male wiederholen. Danach nehmen Sie den Tennisball oder einen anderen Gegenstand, der auf dem Wasser schwimmt und den der Hund gerne apportiert. Werfen Sie ihn ein kurzes Stück ins Wasser. Ermuntern Sie den Hund, ihn

Alle Hunde können schwimmen lernen – wenn man sie richtig heranführt.

zu holen, zwingen Sie ihn jedoch nicht. Motivieren Sie ihn nur mit der Stimme.

Ist der Hund zu ängstlich, holen Sie den Gegenstand selbst. Dann lassen Sie den Hund den Gegenstand ein paarmal zu Lande apportieren. Das baut seine Begeisterung und Zutrauen auf. Holt er den Gegenstand vom Wasser, loben Sie ihn überschwenglich. Mit ein wenig gesundem Menschenverstand dehnen Sie die Entfernung aus. Nehmen Sie sich Zeit. Das Ausdehnen der Entfernung zum Gegenstand soll sich langsam über Wochen erstrecken.

Loben Sie ihn tüchtig, sobald er anfängt zu schwimmen. Zwei- oder dreimal aus dem Wasser apportiert, reicht für den Anfang. Übertreiben Sie nicht. Es macht auch nichts, wenn er zunächst wie wild mit den Vorderbeinen planscht. Die meisten Hunde tun das. Alle Hunde, die ich kenne, haben damit aufgehört, sobald sie sich im Wasser sicher fühlten.

Behält er diese Technik allerdings lange bei, versuchen Sie folgendes: Nehmen Sie einen kleinen, etwas schwereren Knüppel, den der Hund noch im Fang tragen kann. Der Hund soll ihn apportieren. Das Gewicht zwingt ihn, die Pfoten unter Wasser zu halten. Vielleicht wird er merken, daß man so schneller und bequemer schwimmt.

Apportiert Ihr Hund nicht gerne, ist es am besten, Sie gehen mit ihm ins Wasser. Nehmen Sie ihn nicht auf dem Arm mit hinein. Waten Sie hüfttief ins Wasser und locken Sie den Hund mit Worten und Leckerbissen oder Spielzeug ins Wasser. (Auch hier sollten Sie den Hund zunächst ans Wasser gewöhnen wie eingangs beschrieben.) Ist er zu ängstlich, um Ihnen zu folgen, zwingen Sie ihn nicht. Er wird Ihnen nach zehn- oder zwölfmal schon folgen. Tut er es, loben Sie tüchtig!

Aber Achtung: Vorsicht, wenn Sie mit dem Hund schwimmen. Er könnte Sie unbeabsichtigt mit den Krallen kratzen. Mein Irish Setter Jason versuchte einmal, während des Schwimmens auf mich zu klettern. Ich hatte große Mühe, ihn loszuwerden und nicht zu ertrinken. Schwimmen mit dem Hund kann viel Spaß machen – dennoch ist Vorsicht geboten.

Sie kennen sicher Leute, die ihren Hunden nicht so systematisch das Schwimmen beibrachten und deren Hunde dennoch leidenschaftlich gerne ins Wasser gehen. Das sind die Ausnahmen. Meine Methode mag zwar langwierig sein, aber sie ist zuverlässig. Ich hatte niemals einen wasserscheuen Hund. Neben meinen Jagdhunden, die instinktiv gerne schwammen, hatte ich einen Bullmastiff, einen Pudel und zwei Hütehunde, die ebenfalls gerne schwammen. Ich führte sie auf eine fröhliche und nie bedrohliche Art ans Wasser heran.

Spaß muß sein – Kunststückchen

Die Gehorsamsausbildung ist dazu gedacht, Hunden beizubringen, Kommandos zu befolgen. Damit verfügt der Hundebesitzer über eine Kontrollmöglichkeit über den Hund. Tricks bringt man Hunden nur aus Spaß bei.

Es ist nicht nötig, daß ein Hund Tricks beherrscht, um wohlerzogen zu sein. Ich korrigiere meine Hunde nicht, wenn sie auf ein Trick-Kommando nicht reagieren. Tricks sind lediglich eine zusätzliche Ausbildung, die man aus reiner Freude mit dem Hund macht. Hunde lieben es, Tricks zu lernen, wenn man sie zu einem angenehmen Erlebnis gestaltet. Und wer weiß – vielleicht haben Sie den nächsten Benji, Lassie oder Drifter!

Die Rolle

Dazu muß der Hund zuerst lernen, sich auf Kommando zu legen.
Die Rolle übt man auf Gras oder Teppichboden.
- Bringen Sie den Hund in die Platzlage.

Oben: Drifter rollt sich.
Unten: Es bedurfte einiger Übung, um nicht auf dem Rücken hängenzubleiben.

- Halten Sie einen Hundekuchen oder Leckerbissen in der rechten Hand und stellen Sie sich an eine Seite des Hundes.
- Lenken Sie die Aufmerksamkeit des Hundes mit dem Leckerbissen auf sich. Sagen Sie »Rolle« und führen den Leckerbissen über den Rücken des Hundes in die Richtung, in die er sich rollen soll.
- Der Hund sollte sich, dem Leckerbissen folgend, auf den Rücken rollen, wo Sie ihm durch sanften Druck nachhelfen weiterzurollen. Erschrecken Sie den Hund nicht durch zu heftiges oder plötzliches Drücken.
- Sobald sich der Hund gerollt hat, tüchtig loben und den Leckerbissen geben.

Üben Sie einige Rollen am Tage. Der Hund wird die schwingende Bewegung über seinen Rücken allmählich als Handzeichen zum Rollen betrachten. Es wird nicht lange dauern, und die Handbewegungen mit dem Kommando »Rolle« lassen den Hund rollen. Wenn der Hund das kann, stellen Sie sich anstatt an seine Seite vor ihn hin.

»Wie spricht der Hund?«

Ich weiß nicht, wie man einem Hund das Sprechen *beibringt*. Ihm ein Bellen zu entlocken, braucht einfach Zeit und Geduld.
- Stellen Sie sich vor den Hund und halten Sie ihm einen Lieblingsleckerbissen vor die Nase.
- Sagen Sie »Sitz«.
- Sagen Sie: »Wie spricht der Hund?« Sitzt er vor Ihnen und schaut Sie ratlos an, wiederholen Sie den Satz.
- Der Hund wird nun alles, was er kann, vorführen. Sagen Sie weiterhin: »Wie spricht der Hund?« Sie können auch versuchen, *ihn* anzubellen. Die Chancen stehen gut, daß der Hund aus reiner Verzweiflung anfängt zu bellen.
- Sobald er bellt, wird er überschwenglich gelobt und bekommt seinen Leckerbissen.

Üben Sie das jeden Tag. Belohnen Sie den Hund für das leiseste Wuff. Sobald er versteht, worum es geht, ermuntern Sie ihn zu lautem Bellen. Das erreichen Sie, indem Sie den Leckerbissen erst geben, wenn er lauter bellt.
Ich kenne Hunde, die verstehen »Sprich laut« und »Sprich leise«.

Ein großartiger Schauspieler spricht seine Rolle.

Drifter hat eine besondere Art zu sprechen. Er bewegt den Fang, aber es kommt kein Ton heraus. Er tut das immer wieder, was sehr komisch aussieht. Es macht so viel Spaß, daß ich ihn niemals ermunterte, einen Ton abzugeben. Ich habe ihn immer in diesem stummen Stadium belohnt, um das Verhalten zu festigen.

Manche Hunde bellen nur wenig. Wenn es der Hund nach ein paar Tagen nicht begreift, versuchen Sie es mit einem anderen Trick.

Kriechen

Schritt 1

Der Hund muß hierfür »Platz« beherrschen. Dieses Kunststückchen ist nützlich, um »Feinde auszuspionieren« oder »Verbrecher zu beobachten«. Üben Sie auf Gras oder Teppichboden.

- Lassen Sie den Hund liegen. Stellen Sie sich vor ihn und schauen Sie ihn an.
- Halten Sie einen Leckerbissen in der rechten Hand. Legen Sie die linke Hand auf die Schulter des Hundes.
- Legen Sie den Leckerbissen etwa 15 cm vor die Nase des Hundes. Geben Sie das Hörzeichen »Kriech«.
- Bewegt sich der Hund vorwärts, um an den Leckerbissen zu kommen, loben Sie.
- Halten Sie die linke Hand auf der Schulter. Wenn er aufstehen will, »Platz«.
- Lassen Sie den Hund nicht an den Leckerbissen heran. Legen Sie

ihn wieder 15 cm weit weg, während Sie den Hund ermuntern, vorwärts zu kriechen.
- Ist der Hund etwa 30 cm gekrochen, loben Sie ihn, und er darf den Leckerbissen haben.

Üben Sie diesen Schritt jeden Tag. Erweitern Sie die Kriechstrecke täglich ein wenig, ehe Sie ihn mit Futter belohnen. Achten Sie darauf, ihn *während* des Kriechens mit Worten zu loben. Lassen Sie die Hand auf seiner Schulter. Sie wollen den Hund daran gewöhnen, mit dem Bauch auf dem Boden zu bleiben.

Schritt 2

Kriecht der Hund 3 m weit mit der geschilderten Technik, dann können Sie zu Schritt 2 übergehen.
- Der Hund macht Platz.
- Stellen Sie sich direkt vor den Hund und schauen Sie ihn an. Legen Sie die Hand nicht auf seine Schulter. Beugen Sie sich leicht vorwärts zum Hund.
- Zeigen Sie ihm den Leckerbissen. Sagen Sie »Kriech« und gehen Sie langsam rückwärts.
- Folgt Ihnen der Hund kriechend, loben Sie ihn.
- Will er aufstehen, sagen Sie rasch »Platz« und wiederholen das Kommando »Kriech«.
- Ist der Hund etwa 30 cm vorwärts gerobbt, belohnen Sie ihn mit dem Leckerbissen.
- Gehen Sie weiter rückwärts und belohnen Sie den Hund in 30-cm-Abständen, bis er die drei Meter geschafft hat.

Üben Sie diesen Schritt täglich. Achten Sie darauf, direkt vor dem Hund zu stehen. Wenn er diesen Schritt sicher kann, vergrößern Sie die Abstände zwischen den Leckerbissen. Schließlich belohnen Sie den Hund erst, wenn er die ganzen drei Meter gekrochen ist.

Schritt 3

Wenn der Hund ohne Handauflage 3 m weit robbt, sind Sie für Schritt 3 bereit.
- Sagen Sie »Platz, bleib«.
- Gehen Sie 30 cm weit weg und drehen Sie sich nun zum Hund. Halten Sie einen Leckerbissen in der Hand.
- Sagen Sie »Kriech« und klopfen Sie gleichzeitig mit offener Hand-

fläche auf Ihre Oberschenkel. Der Hund wird es später als Handzeichen zum Kriechen betrachten.

- Gehen Sie etwa 15 cm rückwärts, wenn der Hund auf Sie zuzukriechen beginnt. Loben Sie ihn mit Worten beim Kriechen. Klopfen Sie weiter mit den Händen auf Ihre Oberschenkel und sagen Sie »Kriech«.
- Achten Sie darauf, daß der Hund mit dem Bauch auf dem Boden bleibt. Will er aufstehen, »Platz«.
- Sobald Sie der Hund erreicht, streicheln und loben. Geben Sie ihm den Leckerbissen.

Üben Sie dies täglich. Erweitern Sie den Abstand vom Hund in 30-cm-Schritten, bis er so weit robbt, wie Sie wollen. Gibt es Probleme, gehen Sie einen Übungsschritt zurück.

Toter Hund

Mit diesem Trick kann man immer gut angeben. Das Publikum ist besonders begeistert, wenn der Hund wieder »zum Leben erwacht«. Der Hund muß »Platz, bleib« beherrschen.

Im Gegensatz zu John Wayne stirbt Drifter bei jeder Vorstellung.

- Lassen Sie den Hund »Platz, bleib« machen. Stellen Sie sich an seine Seite.
- Formen Sie mit der rechten Hand eine Pistole oder benutzen Sie eine leere Wasserpistole. (Benutzen Sie keine Knallpistole oder irgend etwas, das den Hund erschrecken könnte.)
- Zeigen Sie mit den Pistolenfingern auf den Hund und sagen Sie »Peng«.
- Legen Sie mit der linken Hand den Hund sanft auf die Seite und halten Sie ebenso sanft seinen Kopf flach auf dem Boden. Sagen Sie »Bleib«.
- Nehmen Sie langsam die linke Hand vom Kopf. Hebt er ihn, legen Sie ihn sanft zurück und wiederholen »Bleib«.
- Bleibt er mit dem Kopf einige Sekunden am Boden, sagen Sie »OK«. Belohnen Sie ihn mit einem Leckerbissen aus der Hosentasche.

Man muß sicher ein paarmal üben, bis es der Hund begriffen hat. Lassen Sie die Futterbelohnung in der Hosentasche. Viele Hunde haben Probleme, sich auf das »tot-Bleiben« zu konzentrieren, wenn sie Futter in der Hand sehen. Verlängern Sie die Dauer des Liegens in der »Totlage« in kurzen Schritten, ehe Sie ihn entlassen und belohnen.

Wenn der Hund das kann, beginnen Sie mit dem Ganzen aus der Sitzposition. Endlich kann es der Hund auch aus dem Stand heraus lernen. Manche Hunde entwickeln einen eigenen, dramatischen Sturz zu Boden. Jeder Hund macht das anders. Deshalb macht dieser Trick so viel Spaß.

Einen Diener machen

Wenn der Hund all das kann, soll er sich beim vor Begeisterung tobenden Publikum auch bedanken. Der Hund muß für diesen Trick das »Steh, bleib« beherrschen.
- Stellen Sie den Hund an Ihre linke Seite. Sagen Sie »Bleib«.
- Legen Sie den linken Arm unter seinen Bauch, kurz vor den Hinterbeinen.
- Halten Sie einen Leckerbissen in der rechten Hand. Wedeln Sie damit vor seiner Nase, um seine Aufmerksamkeit zu erregen.
- Führen Sie die rechte Hand auf den Boden in einer langsamen, schwingenden Bewegung. Sagen Sie »Diener« dabei. Die schwin-

gende Handbewegung wird dadurch zum Handzeichen für den Hund.

- Der Hund wird sich nach vorne runterbeugen, um den Leckerbissen zu erreichen. Ihr linker Arm unter dem Bauch hält das Hinterende hoch.
- Sagen Sie »Bleib«. Loben Sie den Hund in dieser Position.
- Langsam und sanft nehmen Sie den Arm unter dem Bauch weg und wiederholen »Bleib«.
- Loben Sie den Hund dabei. Entlassen und loben Sie ihn überschwenglich und geben Sie ihm den Leckerbissen.

Üben Sie das mit dem Hund täglich. Begreift er es, lassen Sie die Hand unter dem Bauch weg. Verlängern Sie die Zeit der Verbeugung allmählich, ehe Sie ihn entlassen und belohnen. Das Ziel liegt bei 30 Sekunden.

Eine komplette Vorstellung

Kann der Hund all diese Tricks, können Sie eine richtige Vorstellung aufbauen. Ich mache folgendes mit meinem Australian Shepherd Drifter: Ich erzähle dem Publikum, daß Drifter ein Militärsuchhund sei, der Kugeln hinter den feindlichen Linien aufsammelt. Dann sage ich Drifter »Sitz, bleib«, gehe etwa 6 m weit weg und sage »Platz«. Liegt er, bekommt er das Kommando »Kriech« (um den nicht vorhandenen Stacheldraht zu überwinden).

Während Drifter auf mich zukriecht, sage ich »Rolle« (die Kugeln fliegen). Nach der Rolle geht es weiter mit »Kriech«. Ich wechsle mit den Kommandos ab, damit Drifter kriecht und sich zwischendurch rollt. Welch ein tapferer Späher Drifter doch ist!

Kommt er zu mir heran, »Peng«, und der Hund spielt tot (er hatte Pech!). Ich entlasse ihn dann mit einem »OK« (er ist zu zäh, um zu sterben). Drifter springt voller Begeisterung auf und scheint sich zu freuen, daß er noch lebt. Er wird gelobt, umarmt, geküßt und bekommt einen Leckerbissen für seine Vorstellung. Er liebt das sehr, und es macht wirklich Spaß, ihm zuzuschauen.

Es gibt noch viele Tricks, die ich hier gar nicht beschreiben kann. Wichtig ist, daß man dem Hund sanft *zeigt*, was man von ihm will und gleichzeitig damit ein Kommando verbindet. Dann brauchen Sie nur noch Geduld und Ausdauer. Manchmal muß man ein Verhalten Hunderte Male wiederholen, ehe es der Hund lernt.

Drifter verbeugt sich am Ende der Vorstellung. Guter Hund!

Wenn der Hund nicht auf Hundekuchen reagiert, versuchen Sie irgend etwas anderes, was er gerne mag. Manche Trainer benutzen Käse oder Würstchen. Ein berühmter Hollywood-Filmhund bekommt Rinderfilet-Würfel als Belohnung.

Ist der Hund gar nicht an Futter interessiert, wird das Trick-Beibringen schwierig. Man kann als Belohnung ein Spielzeug verwenden. Hilft das auch nicht, zwingen Sie ihn nicht dazu, Tricks zu lernen. Sie machen zwar Spaß, aber sie sind nicht wichtig für einen wohlerzogenen Hund. Jeder Hund kann und muß eine Gehorsamserziehung bewältigen, aber nicht jeder ist für Tricks geboren. Ich habe schon solche Hunde gehabt. Solange sie sich als Familienmitglieder ordentlich benahmen, machten sie mir stets viel Freude. Und das ist es, was wirklich zählt.

Was nun?

Sie haben das Buch gelesen. Sie haben das Trainingsprogramm befolgt. Sie haben nun einen perfekten Hund. Richtig? Natürlich nicht. Aber inzwischen wissen Sie, daß Hunde Lebewesen und keine Roboter sind. Man kann sie genausowenig unfehlbar programmieren wie Sie. Aber Sie und Ihr Hund haben sicherlich eine Menge gelernt. Und mit der gemeinsamen Arbeit konnten Sie den Grundstein für eine lebenslange Freundschaft legen.

HUNDESPRACHE-Ausbildung ist nicht dafür gedacht, daß man sie mal macht und dann wieder nicht. Sie soll zur Lebensgewohnheit werden. Warum soll der Hund seinen einmal erlernten Gehorsamsstand nicht ein Leben lang beibehalten? Wird er nachlässig, dann nur weil *Sie* nachlässig geworden sind. Verzweifeln Sie nicht. Blättern Sie in den Ausbildungskapiteln nach, und frischen Sie das Gelernte wieder auf. Es wird Ihnen und dem Hund wirklich guttun.

Unser letzter Rat: Vergessen Sie nie, wie man einen Hund liebt – aus der Sicht des Hundes. Spielen Sie mit ihm, bewegen Sie ihn, sorgen Sie für seine Gesundheit, und halten Sie auch im Alter Schmerzen von ihm fern. Er schenkt Ihnen sein ganzes Leben lang Freundschaft und Zuneigung. Sie schulden ihm nicht weniger.

Erziehungswörterbuch

Abruf – Testen des Herankommens auf Kommando. Der Abruf wird beigebracht, wenn der Hund sicher mit Hilfe des Hetztriebs kommt. In kontrollierter Situation macht der Hund »Sitz, bleib« und wird vom Ausbilder herangerufen. Die Reaktion des Hundes zeigt, ob er das Wort »Hier« mit dem Verhalten, schnell zu seinem Führer zu laufen, verbindet.

Angenehm – etwas fühlt sich gut an, riecht gut oder schmeckt gut – aus der Sicht des Hundes, natürlich. Hunde wiederholen angenehme Erfahrungen.

Anthropomorphismus – den Hund wie einen Menschen behandeln. Diese Einstellung führt zu einer sehr unglücklichen Mensch-Hund-Beziehung. Sie müssen den Hund als Hund betrachten und sich mit ihm auf hundlicher Basis verständigen.

Aus der Sicht des Hundes – dies ist der Grundstein für das HUNDE-SPRACHE-Erziehungsprogramm. Es bedeutet, daß Sie Ausbildungstechniken anwenden, die der Hund versteht.

Bei Fuß gehen – der Hund geht an der linken Seite des Führers und paßt sich dessen Ganggeschwindigkeit und Richtung an. »Bei Fuß« ist wichtig, wenn man den Hund sicher unter Kontrolle haben muß oder wenn keine Leine vorhanden ist. Für einen Spaziergang um den Block ist das kontrollierte Gehen praktischer.

Beißen – unerwünschtes Verhalten. Hunde dürfen keine Menschen beißen. Keine Ausnahme (außer Einbrecher).

Bewegung – alle Hunde, außer im fortgeschrittenen Alter, benötigen Bewegung. Die meisten Familienhunde bekommen zuwenig Auslauf. Ein ausgelasteter Hund ist leichter zu erziehen und ruhiger im Haus. Bewegen ist auch gut für die Besitzer.

Bindung – das Vertrauen und die Zuneigung des Hundes erreichen. Dazu muß man viel Zeit mit dem Hund verbringen, ihn fair behandeln und ihn zum Mittelpunkt des Lebens machen.

Dominanz – die Selbstsicherheit des Hundes gegenüber Menschen und Hunden. Ein außerordentlich dominanter Hund ist nur schwer zu erziehen. Gute Trainer lernen, selbstsicher zu sein. Sie bringen dem Hund bei, ihren Anweisungen zu folgen – und nicht umgekehrt.

Entlassen – ein Wort oder Zeichen des Ausbilders entläßt den Hund aus dem »Bleib«.

Entwicklungsstadien – Reifeprozesse im Hundeleben. Gute Trainer wissen, was sie von den Hunden in den verschiedenen Entwicklungsphasen verlangen können, insbesondere in der Junghundzeit. Sie geben den Welpen Zeit aufzuwachsen und fördern die Lernfähigkeit und gehorsames Verhalten im Laufe des Erwachsenwerdens.

Extrovertiert – ein Hund, der alle Menschen liebt. Solch ein Hund muß meist lernen, Menschen ohne anzuspringen zu begrüßen (siehe Seite 127).

Gehorsamswettbewerbe – künstliche Situationen, in denen

Menschen präzise Gehorsamsübungen mit den Hunden vorführen. Sie spielen im täglichen Leben des Hundes keine Rolle.

Gesetz der gleichen Zeit – allgemeine Regel für das Abgewöhnen unerwünschter Verhaltensweisen. Zuerst muß ein unerwünschtes Verhalten ausgelöscht werden, ehe man ein erwünschtes einprägen kann. Man muß die gleiche Zeit ansetzen, um das neue Verhalten einzuprägen. Hunde sind Individuen, deshalb ist »gleiche Zeit« eher eine Richtlinie als eine Regel.

Herankommen auf Kommando – sehr wichtig für den Hundebesitzer. Ein Hund, der zuverlässig auf Ruf kommt, ist eine Freude. Aber die wenigsten Hunde lernen das von alleine. Man muß dem Hund das Herankommen auf Kommando in speziellen Ausbildungsschritten beibringen – siehe Seite 166.

Hetztrieb – Reaktion aller Hunde, ein sich schnell bewegendes Objekt zu verfolgen. Man benutzt ihn, um dem Hund das Herankommen beizubringen.

Hundeausbilder – das sind Sie. Mit Hilfe dieses Buches können Sie erstaunliche Ergebnisse bei der Arbeit mit Ihrem Hund erzielen.

Ideale Ausbildungszeit – ist das gleiche wie die »optimale Lernzeit«, die zwischen der 7. und 16. Lebenswoche liegt. Dies ist die ideale Zeit, mit der Erziehung zu beginnen. Jedoch sind Hunde jeden Alters erziehbar. Besonders mit einem ausgeklügelten Schritt-für-Schritt-Programm. HUNDESPRACHE ist genau das.

Konditionierte Reaktion – ein vorhersehbares Verhalten auf einen Reiz oder ein Signal hin. Ein erzogener Hund reagiert zuverlässig auf Kommandos. Er zeigt viele konditionierte Reaktionen.

Kontrolliertes Gehen – Gehen an der Leine, ohne zu zerren, wobei dem Führer am anderen Ende der Leine Aufmerksamkeit geschenkt wird. Man kann diese tolle Übung auf spezielle Weise lehren – siehe Seite 149.

Lange Leine – ein 7,50 m bis 15 m langes Seil, das man am Hund befestigt, wenn er das Herankommen auf Kommando noch nicht beherrscht.

»Nhaa« – HUNDESPRACHE für »Nein! Hör sofort damit auf!« Das Wort sollte tief und grollend gesprochen werden, es soll dem Knurren nachempfunden sein. Hunde verstehen das. Die Hündin hat es jedem Welpen als erste Erfahrung in der Meute beigebracht, sobald er zu heftig saugte oder in ihre Ohren biß. Das Knurren bedeutet:»Hör sofort damit auf!«

»Platz, bleib« – eine der wichtigsten Gehorsamsübungen. Der Hund muß an einem bestimmten Platz liegenbleiben, bis er auf ein Signal des Ausbilders hin entlassen wird. Man hat dadurch in vielen Situationen den Hund unter Kontrolle, angefangen bei Familienfesten bis hin zu Sportveranstaltungen, Picknick im Garten oder Dinnerparties. Ein Hund, der »Platz, bleib« beherrscht, führt ein herrliches Leben, denn er darf überall dorthin mitgehen, wo man einen unerzogenen Hund niemals mitnähme.

Quälen – streng verboten. Es gibt überhaupt keinen Grund, einen Hund während der Ausbildung zu quälen.

Rucken/Lockerlassen – eine Technik, die man mit dem Ausbildungshalsband anwendet. Es bedeutet ein rasches Zusammenziehen und sofortiges Lockerlassen des Halsbands. Man benutzt es zur Korrektur – niemals, um den Hund zu quälen.

Rudelführer – das dominanteste Rudel- bzw. Familienmitglied. Es ist Ihre Aufgabe als Ausbilder, Rudelführer zu sein. Rudelführer sind immer bestimmt, aber niemals grausam.

Schema-Ausbildung – wenn man immer die gleichen Übungen am gleichen Ort jeden Tag durchführt. So ausgebildete Hunde machen diese Übungen nur dort. Sie sind außerhalb dieser Umgebung unzuverlässig. Schema-Training ist langweilig, sowohl für Hunde als auch für Ausbilder.

Schmerzgrenze – die Empfindlichkeit des Hundes gegenüber Schmerz oder Unangenehmem. Wichtig, denn sie bestimmt die Stärke der Korrektur während der Ausbildung.

»Sitz, bleib« – Gehorsamsübung, bei der der Hund an einem angewiesenen Platz sitzen bleibt, bis er mit einem speziellen Signal des Ausbilders entlassen wird. Diese Übung ist nützlich, damit der Hund bei der Begrüßung keine Menschen anspringt, durch offene Tore und Türen stürmt, aus dem Auto springt usw.

Sozialisierung – man gibt dem Hund, besonders dem Welpen, die Möglichkeit, fremde Menschen, andere Hunde und neue Orte kennenzulernen. Nur ein gut sozialisierter Hund ist ein gut angepaßter erwachsener Hund. Er kann sich in die menschliche Welt einfügen.

»Steh, bleib« – eine Gehorsamsübung, bei der der Hund an einem angewiesenen Platz stehenbleibt, bis er durch ein spezielles Zeichen des Ausbilders entlassen wird. Die Übung ist besonders nützlich beim Tierarzt, im Hundesalon, wenn man seine schmutzigen Pfoten abwaschen will usw.

Stillsein auf Kommando – eine Gehorsamsübung, wobei der Hund auf Kommando aufhört zu bellen (siehe Seite 210).

Streunen – sollte ein geliebter Hund niemals. Man tut dem Hund keinen Gefallen, wenn man ihn stromern läßt. Er könnte erschossen, vergiftet, verletzt, vom Auto überfahren oder von anderen Hunden gebissen werden usw. Machen Sie statt dessen mit dem Hund Spaziergänge an der Leine. Oder joggen Sie mit ihm ohne Leine an sicheren Orten wie im Wald oder am Strand. Sie festigen damit die Bindung zu Ihnen ebenso wie die Gehorsamsübungen und halten Ihren Hund so lange wie möglich gesund am Leben.

Timing – unerläßlich für eine erfolgreiche Hundeerziehung. Sie müssen den Hund korrigieren, wenn es Ihnen scheint, daß er darüber *nachdenkt,* ein unerwünschtes Verhalten zu zeigen, oder es gerade tut. Nur dann hat die Korrektur Erfolg. Gutes Timing kommt mit der Übung, und es setzt voraus, daß man sich mit dem Hund beschäftigt.

Unangenehm – etwas, das sich schlecht anfühlt, schlecht riecht oder schmeckt. Hunde vermeiden unangenehme Dinge.

Unterwürfiges Urinieren – unkontrolliertes Entleeren der Blase. Erscheint meist bei aufgeregten oder verängstigten jungen Hunden. Die meisten Hunde machen es im Alter von einem Jahr nicht mehr.

Welpenspinnen – Energieausbrüche des meist jungen Hundes, wobei er wild herumrast, bellt, Spielzeug herumwirft, Dinge schüttelt usw. Sofern der Hund nichts kaputtmacht, schauen Sie nur zu. Es macht viel Spaß, und Ihr Hund amüsiert sich.

Wohlerzogener Hund – ein Hund, mit dem Sie ein Hundeleben lang voller Liebe und Freude leben. *Sie* bestimmen, was in Ihrem Hause gutes Benehmen ist. Die Ausbildungstechniken in HUNDESPRACHE vermitteln Ihnen die nötigen Fähigkeiten, um Ihrem Hund dieses Verhalten beizubringen.

Wurfgeschwister – die Geschwister Ihres Hundes, die mit ihm zusammen geboren wurden. Wurfgeschwister lernen durch Raufen und Spielen, was sie als gut angepaßte Rudelmitglieder können müssen.

Über die Autoren

John Ross, Trainer, Ausbilder, Gastsprecher beim Rundfunk und Autor, befaßt sich seit 1973 professionell mit Hundeerziehung. Seine beliebten Ausbildungskurse in Fairfield County, Connecticut, USA, und Nantucket, Massachusetts, sind speziell darauf ausgerichtet, den Besitzern zu zeigen, wie man Hunde erzieht.

Im Gegensatz zu vielen Ausbildungsprogrammen wendet sich John hauptsächlich dem Familienhund zu. Er konzentriert sich auf gute Manieren im Haus und auf Übungen, die man ins tägliche Leben einfügen kann. Sie sind ohne Gewalt und aufgebaut auf ein Schritt-für-Schritt-Lernen. Militärischer Drill und Exaktheit haben keinen Platz im Übungsprogramm der John-Ross-Hundeschule.

Ehe John seine derzeitige Einstellung zur Hundeerziehung entwickelte, nahm er aktiv an Gehorsamswettbewerben des American Kennel Club (Hundezuchtverband) teil. Er gewann 14 Gehorsamschampionate in sechs Jahren mit neun Hunden sechs verschiedener Rassen. Sieben Jahre lang arbeitete er als Assistent bei Tierärzten und leitete ein Jahr lang eine Hundepension.

Zusammen mit Barbara McKinney hat er ein wöchentliches Radioprogramm über Hunde. »HUNDESPRACHE«-Radio ist eine Stunde lang beliebte und lebhafte Unterhaltung. Dort gibt es Tips zur Erziehung und Haltung, Interviews und Antworten auf Hörerfragen.

John wurde in ganz Amerika durch seine Artikel in der Zeitschrift »Dog World« bekannt. Er unterrichtete ebenfalls bei dem bundesweit bekannten Sommerlager für Hunde und Besitzer, dem »Camp, auf den Hund gekommen« in Putney, Vermont. Daneben trainiert er Drifter, seinen Australian Shepherd Rüden, als Hundedarsteller.

Barbara McKinney ist Herausgeberin seit 1979. Sie spezialisierte sich auf die Zusammenstellung sachlicher Themen für das allgemeine Publikum. Sie hat am Dartmouth College studiert und einen Abschluß als Journalistin an der Universität von Michigan.

Barbara begann 1985 mit der Hundeausbildung und ist nun zeitweise Gehorsamstrainerin an der John-Ross-Hundeschule. Barbara ist mit John Ross Gastsprecherin bei der wöchentlichen Rundfunksendung »HUNDESPRACHE« und hat gemeinsam mit ihm einige Zeitschriftenartikel verfaßt. Barbara besitzt zwei Labrador Retriever. Bentley, der gelbe, veranschaulicht die Übungen im Unterricht.

Register

A

Ablenkung 119
Abruf 251
Abtrennung 207
Alleinsein 212
Aluminiumhalsband 62
angenehm 251
Angst 219
Anthropomorphismus 77, 252
apportieren 241
Atemprobleme 239
Aufgaben 46
Aufmerksamkeit 205
Aufreiten 232
Augenkrankheiten 229
Ausbildungshilfen 44
Ausbildungsleine 59
Ausbildungstechniken 194
Ausbildungszeit 253
Autofahren 57

B

Babys 204
Bächlein 207
Begrüßung 127
Bei Fuß Gehen 252
Beinheben 232
Beißen 216, 252
Beißverhalten 216
Bellen 210
Bellen auf Kommando
  214

Belohnung 70
Betteln 199
Bewegung 252
Bewegungsmöglichkeit
  239
Bindung 252
Blasenleiden 219
Briefträger 198
Brustkrebs 230

D

Deckakt 230
Denkvorgang 28
Diener 248
Dominanz 41, 47, 252
Drahtkäfig 207

E

Eifersucht 205
Einhalten 208
Einsamkeit 209
Einschüchterung 219
elektrische Hundezäune
  225
Energieausbrüche 255
Entlassen 252
Entwicklungsphase 31
Entwicklungsstadien 252
Ersatzhandlungen 39
Erziehungsschwierigkeiten
  223
extrovertiert 252

Die bekannte Kieler Ethologin Dr. Dorit Feddersen-Petersen stellt in **Hunde und ihre Menschen** ihre neuesten Untersuchungen zum Hundeverhalten vor. Für dieses Buch und die zugrundeliegenden Forschungen wurde Dr. Dorit Feddersen-Petersen 1992 der "Felix-Wankel-Tierschutz-Forschungspreis" verliehen. In **Hunde-psychologie** vermittelt die Autorin die biologischen Grundlagen des Hundeverhaltens und trägt dazu bei "hundekundiger" zu werden. Zwei Bücher für alle Hundehalter, die ihre Verantwortung ernst nehmen.

104 Seiten, 41 Abbildungen
ISBN 3-440-05589-2

kosmos Dr. Dorit Feddersen-Petersen

Hunde und ihre Menschen

● Sozialverhalten von Wild- und Haushunden
● Hund-Mensch-Beziehung
● Verhaltensentwicklung von Rassehunden

207 Seiten, 110 Abbildungen
ISBN 3-440-05855-7